Herausgegeben von der Traute- und Hans-Matthöfer-Stiftung
in der Friedrich-Ebert-Stftung

Victor G. Reuther

Verraten in Gorki

Die Tragödie der ausländischen Arbeiter
in den sowjetischen Autowerken in Gorki

Auf der Grundlage eigenen Erlebens,
persönlicher Informationen
und weiterer Forschung

Mit einer Einleitung und Anmerkungen
von Paul T. Christensen

Aus dem Amerikanischen
von Elke Beyer

Verlag J. H. W. Dietz Nachf. GmbH Bonn

Die Deutsche Bibliothek – CIP-Einheitsaufnahme
Reuther, Victor G.:
Verraten in Gorki : Die Tragödie der ausländischen Arbeiter
in den sowjetischen Autowerken in Gorki
Mit einer Einleitung und Anmerkungen von Paul T. Christensen –
Aus dem Amerikanischen übersetzt von Elke Beyer –
Bonn, Dietz, 2002

ISBN 3-8012-0327-1

Copyright © 2002 by
Verlag J. H. W. Dietz Nachf. GmbH
Dreizehnmorgenweg 24, D-53175 Bonn
Übersetzung aus dem Amerikanischen: Elke Beyer M. A.
Lektorat: Prof. Dr. Dieter Dowe
Umschlaggestaltung: Petra Strauch
Satz: Klartext Verlag, Essen
Druck: Ebner & Spiegel, Ulm
Alle Rechte vorbehalten
Printed in Germany 2002

Besuchen Sie uns im Internet: www.dietz-verlag.de

Meiner lieben Frau seit fast drei Dutzend Jahren

Sophie Goodlavich Reuther

deren Liebe und Engagement für gemeinsame Ziele und Werte oft Leid in Freude und Enttäuschungen in Siege verwandelte

ist dieses Buch gewidmet!

Inhalt

Einleitung
von Paul T. Christensen............................... 9

   I.   Das sowjetische Betriebsverfassungssystem:
        Arbeiterschaft, Betriebsleitungen und der Staat 10
   II. Stalinismus als gesellschaftliches
       und politisches System........................... 19
   III. Ausländische Arbeiter, die Komintern
       und Europa in den dreißiger Jahren und danach 25
   IV. Victor G. Reuther und Leonardo Damiano 31
   Anmerkungen 34

Vorwort
von Victor G. Reuther............................... 39

Kapitel 1.. 43
   Der Weg nach Gorki.............................. 44

Kapitel 2.. 49
   Einwanderer aus dem Westen – Das amerikanische Dorf 50

Kapitel 3.. 58
   Familien im Dorf................................ 59

Kapitel 4.. 74
   Das Leben bei den Russen 76

Kapitel 5.. 84
   Amerikanische Autoarbeiter und AMO-Moskau 84

Kapitel 6.. 87
   Die Arbeit im GAZ............................... 88

Kapitel 7.. **97**
   Die Große Säuberung............................... 99

Kapitel 8.. **121**
   Im Gulag.. 122

Kapitel 9.. **135**
   Rehabilitierung nach der Haft...................... 136

Kapitel 10... **149**
   Der trügerische Frieden............................ 150

Kapitel 11... **156**
   Die Kriegsjahre: Ein Déjà-Vu....................... 157

Kapitel 12... **180**
   Rückkehr zur Normalität............................ 181

Kapitel 13... **193**
   Chruschtschows Tauwetter........................... 194

Kapitel 14 und 15.. **209**
   Rückkehr nach Italien und Freiheit................. 210
   Hello Boston – Arrivederci Papa.................... 220

Kapitel 16... **227**
   Leonid Breschnew: Eine Rückkehr zum Stalinismus.... 228

Kapitel 17... **241**
   Enttäuschte Hoffnungen – Erneute Hoffnungen........ 242

Anmerkungen... **253**

Einleitung
von Paul T. Christensen

Diese Erzählung, teils Erinnerung, teils Biographie, eröffnet einen einzigartigen Blick auf die Sozialgeschichte der Sowjetunion und die Geschichte der internationalen Arbeiterbewegung, vor allem für den Zeitraum zwischen den dreißiger und den sechziger Jahren des 20. Jahrhunderts. Das Buch handelt von den ausländischen Arbeiterinnen und Arbeitern, die aus vielfältigen ideologischen, politischen und wirtschaftlichen Gründen in den dreißiger Jahren aus vielen Ländern vor allem Westeuropas und Nordamerikas in die Sowjetunion auswanderten. Die Erfahrungen und Schicksale dieser Arbeiter, wie sie Victor Reuther schildert, bieten uns eine Momentaufnahme des Fabrikalltags während der stürmischen Industrialisierungskampagne des ersten Fünfjahresplanes, als Victor und Walter Reuther in den Autowerken Gorki arbeiteten. Durch die persönliche Geschichte Leonardo Damianos, eines italienischen Arbeiters, der 1932 in die Sowjetunion auswanderte und während des Terrors verhaftet wurde, fügt das Buch zur Geschichte der Großen Säuberungen und ihrer Auswirkungen auf die normalen Mitglieder der sowjetischen Gesellschaft ein neues Kapitel hinzu. Und schließlich geben die Kämpfe Damianos und anderer ausländischer Arbeiter um die Unterstützung ihrer eigenen kommunistischen Parteien – entweder bei Verhaftungen während der Säuberungen oder bei der Repatriierung nach dem Zweiten Weltkrieg – der verwickelten Politik der Komintern und den Beziehungen der Sowjetunion zum Westen eine sehr menschliche Dimension.

Mein Anliegen in dieser Einleitung ist, die Ereignisse und Menschen, von denen „Verraten in Gorki: Die Tragödie der ausländischen Arbeiter in den sowjetischen Autowerken in Gorki" handelt, in den historischen Kontext sowohl der Sowjetunion als auch international einzuordnen. Die Einleitung gliedert sich in vier Teile. Der erste Teil behandelt das sowjetische Betriebsverfassungssystem, wie es aus den dreißiger Jahren hervorging. Der zweite skizziert den größeren Zusammenhang der Säuberungen Stalins und der Kriegsjahre. Der dritte untersucht die Beziehungen der Sowjetunion zur Komintern. Und schließlich werden im vier-

ten Teil die beiden Hauptpersonen dieses Werkes vorgestellt: der Autor Victor G. Reuther und Leonardo Damiano, dessen Erinnerungen einem Großteil der Erzählung in den folgenden Kapiteln zu Grunde liegen.

I. Das sowjetische Betriebsverfassungssystem: Arbeiterschaft, Betriebsleitungen und der Staat

In den dreißiger Jahren reisten Tausende von Arbeiterinnen und Arbeitern aus ideologischer Überzeugung in die Sowjetunion, um beim Aufbau des Sozialismus zu helfen, oder sie wanderten in die UdSSR aus, um wie Leonardo Damiano dem Faschismus und der Unterdrückung kommunistischer und sozialistischer Bewegungen zu entkommen. Die Sowjetunion sollte ein Arbeiterstaat sein, doch das Verhältnis zwischen der Arbeiterschaft, den Betriebsleitungen und dem Staat war kompliziert und wechselhaft. Als die Bolschewiken 1917 die Macht übernahmen, glaubten viele Arbeiter, dass sie nach dem bolschewistischen Slogan „Die Fabriken den Arbeitern!" die Industrien des neuen sozialistischen Staates kontrollieren würden. Bereits 1918 kontrollierte jedoch der Staat wieder die Fabriken, teilweise aus den Erfordernissen des Bürgerkrieges heraus und teilweise aufgrund der Abneigung der Bolschewiken gegen alles, was nach Anarcho-Syndikalismus roch. Die Politik der „Leitung durch einen Mann" hatte die Macht der Betriebsleitungen in den Werken Russlands wiederhergestellt und die Partei vertrat eine „produktivistische Politik", die darauf ausgerichtet war, die Fabriken wieder auf Linie zu bringen und sie so effizient wie möglich zu machen.

Gleichzeitig stellte das neue Fabriksystem keine exakte Replik seines kapitalistischen Gegenstücks dar: Während die Bolschewiken die Kontrolle über die Fabriken forderten, bestanden sie dennoch darauf, dass die Arbeiter die „Herren der Produktion" sein sollten. Demnach sollten Arbeiterinnen und Arbeiter Mitspracherecht bei der Leitung der Werke und Werkstätten haben, in denen sie arbeiteten. Dies zu bewerkstelligen, war eins der schwierigsten Probleme sowohl für die Partei als auch für die Arbeiterschaft. Einerseits argumentierte man, dass die Sowjetunion ein Arbeiterstaat sei, dem Staat die Fabriken gehörten und demnach die Arbeiter beide ohnehin kontrollierten. Andererseits gestand man ein, dass direktere Mechanismen notwendig seien, um sicherzustellen, dass Arbeiterinnen und Arbeiter tatsächlich die Möglichkeit zur Teilnahme an

Entscheidungsprozessen hatten. So entstanden Produktionskonferenzen, Treffen von Repräsentanten des Staates, der Betriebsleitungen und der Gewerkschaften und eine Vielzahl weiterer Komitees und Räte mit dem Ziel, „Arbeiter in Fragen der Produktion einzubeziehen".

Im sowjetischen Betriebsverfassungssystem bestanden daher bereits in seinem Ursprung Spannungen. Die beiden miteinander in Konflikt stehenden Tendenzen bolschewistischer Politik wurden als „produktivistisch" und „inklusionär" bekannt und ihre Betonung schwankte im politischen Wetterwechsel in der Sowjetunion im Laufe der zwanziger bis in die frühen dreißiger Jahre. Während der Jahre der Neuen Ökonomischen Politik (1921–1928), die auf einem gemischten System von Staatskontrolle und Marktmechanismen¹ basierte, wurde zunehmend der „produktivistische" Anteil des sowjetischen Systems der Arbeitsbeziehungen in den Vordergrund gestellt. Dies erweckte bei der Arbeiterschaft bereits laut einem Bericht des Zentralkomitees von 1923 zunehmend den Eindruck, dass die Betriebsleitungen in der Industrie fast als Repräsentanten der alten Fabrikbesitzer betrachtet wurden.²

Die wachsende Unzufriedenheit der Arbeiter mit der Neuen Ökonomischen Politik (NÖP) traf mit zunehmenden Zweifeln an der Richtigkeit dieser Politik in Teilen der Kommunistischen Partei zusammen und die Frage der Rolle der Arbeiterschaft in der Sowjetgesellschaft wurde ein wichtiges Thema der in den zwanziger Jahren lodernden Industrialisierungsdebatten. Das maßvolle Tempo des Industrialisierungsprogramms, das der gemäßigte Flügel der Partei um Bucharin vertrat, forderte Opfer von den Arbeitern, um das unsichere Bündnis zwischen Stadt und Land zu wahren, das für den Erfolg der NÖP entscheidend war. Zusätzlich bedeutete die Ausrichtung der NÖP auf eine allmähliche Industrialisierung des Landes durch die Entwicklung der Leichtindustrie einen nur langsamen und schwierigen Rekonstituierungsprozess der industriellen Arbeiterklasse.

Auf der anderen Seite in der Debatte standen die Vertreter einer schnelleren Variante der Industrialisierung, die der Schwerindustrie Vorrang geben und durch eine Umkehrung der Handelsbedingungen zwischen Industrie und Landwirtschaft zum Nachteil der Bauern bewerkstelligt werden sollte. Befürworter der schnellen Industrialisierung beriefen sich auf die heldenhafte revolutionäre Tradition der Revolution und des Bürgerkriegs, als die Partei und die Arbeiterklasse, wie man argumentierte, allen Widerständen zum Trotz entscheidende Siege errungen hat-

ten. Der Gedanke der Herrschaft der Arbeiterschaft und das Erbe von Fabrikkomitees und Arbeitermobilisierung gehörten zu dieser revolutionären Tradition und die Gegner der NÖP zogen solche Traditionen zur Unterstützung ihres radikaleren Programms heran. Zudem würde ein schnelleres Tempo der Industrialisierung die Rekonstituierung der Arbeiterklasse, die die gesamte Partei als ihre Hauptbasis betrachtete, beschleunigen und die Ausdehnung der Arbeiterklasse würde eine stabilere soziale Basis für das Regime bieten. Gegen Ende der zwanziger Jahre boten all diese Argumente zusätzlich zur wachsenden Unruhe der Arbeiterschaft den Gegnern der NÖP erhebliche Munition gegen Bucharin und andere Verteidiger der bestehenden Ordnung.

Die Führung debattierte noch, wie ein Markt, verantwortungsvolles Management und die Einbeziehung der Arbeiterinnen und Arbeiter in Entscheidungsprozesse in den Fabriken auf politisch wie auch wirtschaftlich wirksame Weise kombiniert werden könnten, aber viele zweifelten die Legitimität der marktorientierten Strukturen der NÖP insgesamt an. In diese Debatte brach im Frühjahr 1928 die „Schachty-Affäre", die den Anfang vom Ende der NÖP signalisierte. Die „Schachty-Affäre", genannt nach dem Ort Schachty in der Ukraine, war die erste von Stalins erfundenen „Verschwörungen gegen die Sowjetmacht". Eine Gruppe von Bergbauingenieuren wurde verhaftet und angeklagt, gemeinsam mit den vorherigen Eigentümern der Gruben geplant zu haben, die sowjetische Kohleindustrie bewusst zu sabotieren. Die Anschuldigungen waren grundlos, aber viele der Ingenieure wurden trotzdem verurteilt. Dieser Prozess gegen „bürgerliche" Fachleute war ein Symbol der sich verändernden politischen und wirtschaftlichen Situation in der Sowjetunion im Jahre 1928. Die auf Kompromissen und Mäßigung aufbauende Politik, die entscheidend für den Erfolg der NÖP von 1921 bis 1926 war, wurde langsam durch politisches Handeln auf der Basis von ideologischem Rigorismus und Extremismus verdrängt. Die Umsetzung dieser Politik unter der Führung Stalins führte zur Erosion und bis 1930 zur Zerstörung der wirtschaftlichen und sozialen Strukturen der NÖP in Russland.

Die direkten Auswirkungen von Stalins Industrialisierungskampagne auf die Arbeiterklasse waren dramatisch. Während des ersten Fünfjahresplanes verdoppelte sich die Zahl der Arbeiterinnen und Arbeiter in der Schwer- und Leichtindustrie, und die Zahl der Bauarbeiter verfünffachte sich.[3] Als Millionen von Bauern und Bäuerinnen in die Fabriken gezwun-

gen wurden oder dorthin flohen, um den Schrecken der Kollektivierung zu entkommen, und im ganzen Land neue Bauprojekte entstanden, wurde die Arbeiterschaft äußerst mobil, sowohl geographisch als auch innerhalb der Fabriken. Dies eröffnete älteren Facharbeitern die Möglichkeit, ihre Stellung zu verbessern, und ermutigte gleichzeitig junge, besser ausgebildete Arbeiterinnen und Arbeiter – darunter viele enthusiastische Parteimitglieder und Komsomolzen –, die „Führungsstellen in der Produktion" zu übernehmen. Stalins Industrialisierungskampagne dünnte den Kern des alten Proletariats aus und „ruralisierte" die Fabrik, richtete verheerende Schäden für Produktivität und Disziplin an und bewirkte, in den Worten Hiroaki Kuromiyas, eine Krise proletarischer Identität.[4] Obwohl während der NÖP vielen Arbeitern die produktivistische Politik der Führung nicht zusagte, wussten sie doch wenigstens, wer im Betriebsverfassungssystem welche Rolle spielte. Nach Beginn des Ersten Fünfjahresplanes wurden die Rollen angefochten, verändert, wiederhergestellt und wieder verändert, während das Regime darum kämpfte, ein System von Arbeitsbeziehungen zu finden, das die Wunder bewirken konnte, die Stalins besessene Idee von einer Industrialisierung mit forciertem Tempo erforderte. Wie im stalinistischen System allgemein wurden die beiden konkurrierenden Tendenzen der Arbeitspolitik – die produktivistische und die inklusionäre – bis ins Extrem geführt, während sich im Laufe der Fünfjahrespläne vor dem Krieg wiederholt das Gleichgewicht zwischen ihnen verschob.

In Folge der Schachty-Affäre 1928, bei der einige ausländische und „bürgerliche" sowjetische Ingenieure wegen „Zerstörung" (das heißt, bewusster Sabotage) angeklagt und verurteilt wurden, verschlechterten sich die Beziehungen in den Produktionsstätten noch mehr, da viele Arbeiter die Schachty-Affäre als Signal der Partei zu einem umfassenden Angriff auf die Betriebsleitungen verstanden. In einem Bericht von 1929 über die Auswirkungen der Schachty-Affäre warnte Walerian Kuibyschew, Vorsitzender des Obersten Wirtschaftsrates, dass die Forderungen der Arbeiterschaft nach strengerer Kontrolle über die Betriebsleitungen gefährliche Ausmaße annähmen. Trotzdem verabschiedete das Zentralkomitee der Partei 1929, als die Schachty-Affäre gerade das Misstrauen gegen und die Überprüfung von Betriebsleitungen verstärkte, eine Resolution, in der die Politik der „Leitung durch einen Mann" mit sehr deutlichen Worten bestätigt wurde. Lasar Kaganowitsch, Mitglied des Politbüros und einer der loyalsten Henkersknechte Stalins, wurde mit den Worten zitiert, dass "die Erde beben soll, wenn der Direktor in der Fabrik umhergeht".[5]

Die Kampagne für die "Leitung durch einen Mann" wurde begleitet von einem Austausch "bürgerlicher" Direktoren gegen "Rote Direktoren", die der neuen Führung loyal gegenüberstanden. Man argumentierte, dass kommunistischen Betriebsleitungen so viel Kontrolle anvertraut werden könne, den alten Direktoren jedoch nicht. Ob berechtigt oder nicht, war dies ein gutes Argument für die Kampagne der Führung, das System von allen zu säubern, die weiterhin die Grundsätze der NÖP unterstützten oder nicht radikal genug für Stalin und seine Verbündeten waren. Die Betriebsleitungen erhielten weit reichende Vollmachten für Disziplinarmaßnahmen gegen Arbeitnehmer, und die Gewerkschaften wurden in unverblümten Worten instruiert, dass sie sich im neuen System "der Produktion zuzuwenden" hatten, was unter anderem bedeutete, den Arbeiterinnen und Arbeitern die Notwendigkeit der "Leitung durch einen Mann" zu erklären.

Das stalinistische System vor dem Krieg war eine Zeit der Massenmobilisierung, nicht nur im politischen Sinne, wie gemeinhin angenommen, sondern auch im Sinne von Mobilität – aufwärts, abwärts und seitwärts. Gleichermaßen bedeutete Stalinismus in den Produktionsstätten Druck von allen Seiten, mehr zu produzieren und Kosten zu verringern; und wenn alles andere versagte, bedeutete es ungeschönte Gewalt in der Art und Weise, die meist mit dieser Zeit als Ganzes assoziiert wird.

Wie William Chase argumentiert[6], öffnete die Partei die Büchse der Pandora, indem sie durch die Produktionskonferenzen den Aktivismus der Arbeiterschaft stärkte. Daraufhin verbrachte die Partei das folgende Jahrzehnt mit Versuchen, den Inhalt dieser Büchse durch eine Serie von Kampagnen zur Produktivitätssteigerung zu strukturieren und zu dirigieren.

Obwohl alle diese Kampagnen ihren besonderen Ursprung und ihre Eigenheiten hatten, waren sie sich in den Zielen, die sie zu erreichen versuchten, gleich. Die Mobilisierungskampagnen sollten die Produktivität steigern, indem sie beseitigten, was Stalin und seine Unterstützer aus allen Bereichen der Industrie als Haupthindernisse der Industrialisierung betrachteten: Industriebürokraten, aufsässige Fabrikdirektoren, die ältere Generation von Facharbeitern und die "rückständigen" Arbeiterinnen und Arbeiter, die vor kurzem vom Land gekommen waren. Und die Kampagnen waren nicht bloß Erfindungen der Wirtschaftsabteilungen und

Propagandamaschinen der Partei: Viele einfache Arbeiterinnen und Arbeiter, meist jung, mit höherer Bildung als ihre Kameraden und relativ gut ausgebildet, begannen diese Initiativen in ihren Fabriken und waren ihre eifrigsten Unterstützer.[7]

Als zum Beispiel nach 1929 die Stoßarbeiterbewegung in Gang kam, veränderte sich der sozialistische Wettbewerb stark. Die Stoßarbeiterbewegung war betont individualistisch, auch wenn es Stoßarbeitsbrigaden, -werkstätten, -abteilungen und -gewerkschaftszellen gab. In einem sehr realen Sinne war Stoßarbeit ein beschönigender Begriff für das Brechen der Norm, und aus diesem Grund sorgte sie für erhebliche Reibungen in den Produktionsstätten wie auch in anderen Industriesystemen. Sowohl Nicht-Stoßarbeiter als auch viele Betriebsleitungen schätzten Stoßarbeiter aus dem einfachen Grunde nicht, dass Stoßarbeit im Endeffekt mehr Arbeit für sie bedeutete. Dennoch fügte sie sich für den Moment gut in die neue Generallinie der Partei, dass neue Arbeitsformen nötig seien, um die Ziele des Fünfjahresplanes zu erfüllen.

Ab 1929 wurden systematisch verschiedene Methoden zur Arbeitermobilisierung eingesetzt, die auch in der Phase der Annäherung zwischen der stalinistischen Führung und technischen Experten von 1932 bis 1935 trotz Milderung der schrillen Denunziationen von Betriebsleitungen weiterwirkten. Doch bereits 1935 zeigte sich wachsende Ungeduld höherer Funktionäre mit geschäftlichen Handlungsfreiheiten und der sozialistische Wettbewerb als effektives Mittel zur Arbeitermobilisierung hatte einen toten Punkt erreicht[8], was wieder einmal zu einer neuen Kampagne führte. In der Stachanowbewegung, benannt nach dem Donbass-Bergarbeiter, mit dessen Rekordschicht in der Kohleförderung alles begann, versuchten Arbeiterinnen und Arbeiter, so viel wie möglich so schnell wie möglich zu produzieren.

Die politische Bedeutung der Stachanowbewegung lag in ihrer Funktion nicht nur als Beispiel für die Überlegenheit des sowjetischen Systems, sondern auch als Instrument, mit dem Stalin seine Kampagne gegen leitende und technische Kader wiederbelebte: mit einem Schub aus den Kohlegruben begann 1935 das Pendel wieder zurückzuschwingen. Der erneute Druck auf wissenschaftliche und technische Angestellte unterschied sich in politischem Sinne von der Spezialistenhetze der späten zwanziger und frühen dreißiger Jahre, da er sich gegen die „roten" Spezialisten richtete, von denen anzunehmen war, dass sie dem Regime loyaler gesonnen waren als die alten „bürgerlichen" Direktoren. Wenn selbst diejenigen, die das sowjetische System hervorgebracht hatte, nicht sicher waren, war es auch niemand sonst, einschließlich der Arbeiterschaft.

Die Stachanowbewegung begann zeitgleich mit dem Höhepunkt des Terrors von 1936 bis 1939, der Hunderttausende von Menschen im ganzen Land hinwegriss. In einem gewissen, wichtigen Sinne waren Terror und die Stachanowbewegung zwei Seiten der gleichen Münze. Die Stachanowbewegung war darauf ausgelegt, die Steigerung der Produktivität von unten zu fördern, und der Terror hing wie ein Damoklesschwert über jedem Betriebsleiter, technischen Spezialisten, Partei- oder Gewerkschaftsfunktionär, der den Arbeitern bei der Anwendung stachanowistischer Methoden im Wege stand. Stachanowzen, deren Prestige und Privilegien gänzlich von der Gnade des stalinistischen Regimes abhingen, waren in ihrer Unterstützung der Säuberungen, vor allem der Urteile in den großen Schauprozessen von 1937 und 1938, besonders lautstark.

Es gibt wenig Quellen zur Haltung der durchschnittlichen Arbeitnehmer zu den Schauprozessen während der Säuberungen, aber eine große Zahl von Arbeitern nutzte die Atmosphäre von Denunziation und Angst aus, um ihren Vorgesetzten wirkliches oder vermutetes Fehlverhalten heimzuzahlen. Während die Angriffe auf Fachleute den Arbeiterinnen und Arbeitern möglicherweise das Gefühl gaben, ein neues Mittel zur Veränderung der Machtstrukturen in der Produktion in der Hand zu haben, verstärkten sie auch die Angst, Verantwortung zu übernehmen. Durch diese Angst wurden die Ergebnisse, die die Stachanowbewegung bringen sollte, wieder untergraben.

Die Arbeiterinnen und Arbeiter im Stalinismus reagierten auf die Politik des Regimes durch Beteiligung oder Verweigerung. Sie beteiligten sich, indem sie Stoßarbeit leisteten, am sozialistischen Wettbewerb teilnahmen, Vorschläge bei Produktionskonferenzen einbrachten und stachanowistische Methoden einsetzten. Arbeiterinnen und Arbeiter beteiligten sich aus unterschiedlichen Gründen: revolutionärer Idealismus, Glaube an Stalin und seine Politik, schlichter Materialismus, Zweckdenken und Angst. Gleichermaßen verweigerten sich Arbeiter auf unterschiedliche Weise. Verweigerung hieß nicht, das System zu verlassen, weil es diese Möglichkeit nicht gab; stattdessen bedeutete es, seine Normen und Standards sowie die Rechtfertigungen des Regimes dafür nicht zu akzeptieren. Sicherlich lassen sich viele Hinweise auf schlechte Arbeitsdisziplin, niedrige Produktivität und hohe Fluktuation von Arbeitskräften aus dem Chaos der Zeit heraus erklären, aber diese Erklärung ist für die frühe Phase nach der NÖP wesentlich überzeugender als für die folgenden Jahre. Arbeitsplatzwechsel, „Effizienzentzug", Abwesenheit am Arbeitsplatz und selbst übermäßiges Trinken sowohl während als auch außerhalb der Arbeitszeit waren auch Zeichen von Protest. Es waren keine direkten politischen Herausforderungen an das Regime – nur wenige waren so töricht, in der Mitte der dreißiger Jahre noch solches Verhalten zu zeigen –, aber es waren Anfechtungen des Systems der Arbeitsbeziehungen, das das Regime aufzubauen versuchte.

In diesem Sinne waren es indirekte Herausforderungen der Legitimität des Systems, und die Intensität, mit der das Regime diese Phänomene bekämpfte, weist darauf hin, dass es sich darüber im Klaren war. „Sie sagen uns, dass wir die Herren des Unternehmens sind," sagten Arbeiter in den Leninwerken in Rostow am Don 1930, „aber in der Produktion machen sie uns Druck und kommandieren uns herum. Was, zum Teufel, für Herren sind wir denn?"[9] Durch Verweigerung auf all die Arten und Weisen, die es gab, stellten Arbeiterinnen und Arbeiter die dreißiger Jahre hindurch immer wieder diese Frage, während der Bruch zwischen den Ansprüchen des Systems und der Realität im Arbeitsalltag immer tiefer ging, je länger der Stalinismus andauerte.

Das Regime reagierte in den späten dreißiger Jahren durch die zunehmende Anwendung von rein strafenden oder negativen materiellen Anreizen zur Mobilisierung der Arbeitnehmer. 1938 und 1939 wurden neue Gesetze zur Stärkung der Arbeitsdisziplin verabschiedet, einschließlich Vorgaben, die unerlaubte Abwesenheit am Arbeitsplatz zu einem kriminellen Vergehen mit strafrechtlicher Verfolgung erklärten. Das Regime führte 1939 auch das Arbeitsbuch wieder ein, in dem die Qualifikationen des Arbeiters oder der Arbeiterin, frühere Arbeitsplätze, eventuelle Verstöße gegen Fabrikordnungen, die er oder sie begangen hatte, sowie der gegenwärtige Arbeitsplatz eingetragen waren. In Bezug auf die sowjetische Gesetzgebung beschreibt Moshe Lewin die Arbeiter nach 1939 als eine Klasse in Ketten, die schlechter als andere gestellt war, obwohl alle sozialen Gruppen während dieser Terrorjahre harte Zeiten durchmachten.[10]

Obwohl der Terror den politischen Zwecken Stalins gedient haben mag, war er als Methode der Modernisierung oder zur Steigerung der Produktivität völlig dysfunktional. Kein Ausmaß von Zwang konnte Arbeiter in den Fabriken halten oder die Arbeitsdisziplin stärken, solange schreckliche Arbeitsbedingungen und das Fehlen von Facharbeitern die

Betriebsleitungen zwang, die repressiven Gesetze zu ignorieren. Der Terror zerstörte auch jegliche Impulse von Betriebsleitungen oder technischem Personal zur Innovation, denn im Falle eines Fehlschlages konnte ein Angestellter ebenso gut der Sabotage beschuldigt werden wie einer entschuldbaren Fehleinschätzung. Alle verfügbaren Quellen weisen darauf hin, dass die Erfolge der sowjetischen Industrialisierung bis zum Ausbruch des Zweiten Weltkrieges nicht wegen, sondern trotz des Terrors erzielt wurden.

Der Eintritt in den Krieg 1941 destabilisierte dieses noch nicht gefestigte Betriebsverfassungssystem noch zusätzlich, da Millionen von Arbeitern zur Armee eingezogen wurden, Hunderte von Fabriken vor den Armeen der Nazis nach Osten evakuiert wurden und Hunderttausende neuer Arbeitskräfte, vor allem Frauen und Jugendliche, zur Unterstützung der Kriegsanstrengungen in die Arbeiterschaft eintraten. Wie schon in den späten zwanziger und frühen dreißiger Jahren bewirkte der Einsatz zahlreicher ungelernter Arbeiterinnen und Arbeiter an Maschinen, die sie nicht bedienen konnten, Schwierigkeiten bei der Produktion und der Arbeitsdisziplin. Der Verlust lebenswichtiger Industriegebiete durch die Besetzung belastete das Industriesystem noch zusätzlich.

Die Geschichte des Fabrikalltags während des Krieges ist noch nicht geschrieben, und es ist daher schwierig, mit Sicherheit zu sagen, wie sich das vor dem Krieg herausgebildete System in den Jahren 1941 bis 1945 entwickelte. Die Notwendigkeiten des Krieges verfestigten die Tendenz zu größerer Autorität der Betriebsleitungen, die sich seit 1938 herausgebildet hatte. Diese Entwicklung wurde durch den Abzug vieler Arbeiter, die den Fabrikalltag in den dreißiger Jahren erlebt hatten, sowohl einfacher als auch dringender. Der Krieg stärkte auch die auf Zwang basierenden Elemente des Systems der Arbeitsbeziehungen. Im Juni 1940 wurde es den Arbeitnehmern verboten, ihre Arbeitsstelle ohne Erlaubnis zu verlassen, und nach Beginn des Krieges wurde ein unerlaubter Arbeitsplatzwechsel als Desertion gewertet und konnte mit bis zu acht Jahren Gefängnis bestraft werden.

Stalins letzte Jahre brachten keine Neuerungen in der sowjetischen Arbeitspolitik; die Phase des Wiederaufbaus nach 1945 war durch eine Kombination der politischen Praktiken aus der Vorkriegs- und aus der Kriegszeit geprägt. Die Kriegsgesetze über Arbeitsplatzwechsel und Abwesenheit blieben effektiv bestehen, um den sowjetischen Staat beim Wiederaufbau des Landes zu unterstützen, aber hohe Fluktuationsraten bei der Stellenbesetzung traten in der Nachkriegszeit wieder auf, genau wie andere strukturelle Eigenschaften und Probleme, die das sowjetische Betriebsverfassungssystem, das aus dem stürmischen Jahrzehnt der dreißiger Jahre hervorgegangen war, charakterisierten.

Das sowjetische Betriebsverfassungssystem entstand in der Revolution und befand sich während der folgenden 20 Jahre in kontinuierlichem Umbruch. Die Zeit, in der Victor und Walter Reuther, Leonardo Damiano und Tausende anderer ausländischer Arbeiterinnen und Arbeiter in der UdSSR ankamen, war besonders chaotisch, da hier die Ausschaltung der NÖP und die Anfänge von Stalins Industrialisierungskampagnen zusammentrafen. Die Beschreibungen des Alltagslebens in der Sowjetunion und vor allem in den Autowerken Gorki in den ersten Kapiteln des Buches spiegeln dieses Chaos wider, aber auch den revolutionären Enthusiasmus, der den Ersten Fünfjahresplan begleitete. Diese Kapitel spiegeln die Verschiebung der Verhältnisse zwischen Arbeitnehmern, Betriebsleitungen und staatlichen Funktionären, die diese Phase besonders kennzeichnete, ebenso wie Auswirkungen der Ankunft Tausender neuer Arbeitskräfte, vor allem Bauern und Bäuerinnen auf der Flucht vor der Kollektivierung, auf die Produktion und die „Arbeitsdisziplin". Was Reuther für Gorki beschreibt, geschah in der ganzen Sowjetunion, als das Land, und vor allem seine Arbeiterinnen und Arbeiter, aufs Geratewohl von der Neuen Ökonomischen Politik zu dem übergingen, was Stalinismus wurde.

II. Stalinismus als gesellschaftliches und politisches System

Es ist schon viel über das stalinistische System geschrieben worden, darüber, was es war und was es bedeutete – für die sowjetischen Menschen, für das internationale System und für viele derjenigen, die wie die Brüder Reuther und Leonardo Damiano „Sozialismus" für ein System hielten, das eine menschlichere Lebensweise versprach. Die Brutalitäten, die mit der Gründung und den Funktionsmechanismen des stalinistischen Systems einhergingen, prägten den Alltag der sowjetischen Menschen. Gleichzeitig erreichte die Sowjetunion in der Zeit von 1928 bis 1940 industrielle Wachstumsraten und Einkommenssteigerungen, für die es historisch keine Parallelen gibt.[11] Für das sowjetische Volk erschien der

Stalinismus, in den Worten eines Historikers, als ein Gebirge nationaler Erfolge neben einem Gebirge von Verbrechen.[12] Stalins Revolution von oben führte auch zu dramatischen Verschiebungen im Machtgefüge des internationalen Systems. Während der Stalinzeit entwickelte sich die Sowjetunion von einem rückständigen Agrarstaat zu einer Militärmacht, die Nazideutschland besiegte, die weltpolitische Hegemonie von Europa und Amerika herausforderte und ein alternatives Modell der Entwicklung für Staaten anbot, die aus kolonialer Unterdrückung hervorgingen.

Die Doppelnatur des stalinistischen Systems ließ viele sozialistische und kommunistische Arbeiter aus dem Westen, wie diejenigen, die in diesem Buch beschrieben werden, die Sowjetunion aus der Ferne mit großen Hoffnungen betrachten und, als Exilanten aus dem faschistischen/nationalsozialistischen Europa oder als Freiwillige im „sowjetischen Experiment" einmal angekommen, zunehmendes Unwohlsein verspüren. In diesem Zusammenhang ist der zeitliche Rahmen von entscheidender Bedeutung. Ohne die Grausamkeiten des Stalinismus entschuldigen zu wollen, muss doch darauf hingewiesen werden, dass die von Victor Reuther beschriebenen Arbeiter in den späten zwanziger und frühen dreißiger Jahren in die Sowjetunion gingen, als die Natur des stalinistischen Systems nicht so offen zu Tage lag wie im Rückblick von fast 70 Jahren. Victor Reuther und viele andere in diesem Buch beschriebene Arbeiter erlebten die Entwicklung des stalinistischen Systems; andere starben durch dieses System. Durch eine kurze Erläuterung der Entwicklung des Stalinismus hoffe ich, im Kontext darzustellen, warum diese Arbeiterinnen und Arbeiter in die Sowjetunion gingen und wie sie auf ihre Erfahrungen in der UdSSR reagierten.

Das Fundament des stalinistischen Systems lag in der übermäßigen Zentralisierung der Macht über fast jeden Bereich des sowjetischen Alltagslebens, ob politisch, wirtschaftlich, sozial oder kulturell, in den Händen des Staates und damit in den Händen Stalins, der den Staat kontrollierte. Diese Zentralisierung der Macht ging einher mit der Anwendung extremer körperlicher Gewalt und ideologischer Indoktrinierung, um die Ziele zu erreichen, die Stalin und seine Verbündeten vorgaben. Die spezifischen Merkmale des Stalinismus in verschiedenen Bereichen sind an anderer Stelle gut dokumentiert[13], so dass ich hier nur die allgemeinen Grundlinien des Stalinismus in Bezug auf Landwirtschaft, Politik und die Säuberungen skizzieren werde (da die Industrialisierung bereits in Teil I dieser Einführung behandelt wurde). Um dieses Buch in diesen Kontext *zu stellen, muss auch noch Erwähnung finden, dass Victor Reuther in einer ganz besonderen Phase des Stalinismus (1933–1935) in der Sowjetunion ankam und lebte, die ich im Folgenden diskutieren werde.*

Landwirtschaft

Vor 1928 herrschten in der sowjetischen Landwirtschaft Familienwirtschaft in kleinem Maßstab und der Austausch landwirtschaftlicher Produkte auf dem Markt vor. Das Ziel der Bolschewiken war letztlich die Kollektivierung der Landwirtschaft, das heißt, der Aufbau vergesellschafteter Landwirtschaft in großem Maßstab. Dennoch strebte die sowjetische Führung in der Zeit der Neuen Ökonomischen Politik (1921–1928) an, das Bündnis (Smytschka) zwischen Arbeiter- und Bauernschaft zu erhalten, auf dem die Stabilität der Revolution ihrer Ansicht nach basierte. Daher behielt man private Landwirtschaft und den Markt bei und die Kollektivierung wurde als langfristiger, langsamer Prozess betrachtet, der nur erfolgreich sein konnte, wenn man die Bauern von den Vorzügen kollektiver Landwirtschaft überzeugte.

Stalins Aufstieg an die Macht änderte dies alles. Von 1929 bis mindestens 1933 entfesselte Stalin durch die Zwangskollektivierung einen Bürgerkrieg gegen die Bauernschaft. Bauern wurden in kollektive Güter unter der Kontrolle der Kommunistischen Partei gezwungen, ihre Werkzeuge, Tiere und natürlich ihr Land wurden beschlagnahmt und wer Widerstand leistete, wurde deportiert, ausgehungert oder direkt getötet. Nach neueren Schätzungen wurden 250.000 Familien nach Verlust ihres Landes lokal in Randgebiete umgesiedelt. Die Polizei verhaftete oder exekutierte bis Ende 1930 mindestens 63.000 Hofvorstände. Der Polizeichef Genrich Jagoda berichtete Stalin Anfang 1932, dass seit 1929 540.000 Kulaken (mittlere und größere Bauern) in den Ural, 375.000 nach Sibirien, mehr als 190.000 nach Kasachstan und über 130.000 in die fernen nördlichen Gebiete deportiert worden waren.[14] Diese Zahlen schließen eine menschlich verantwortete Hungersnot in der Ukraine 1932 nicht ein, die über eine Million Leben kostete.

Bis 1932, ein Jahr bevor Victor Reuther in Gorki ankam, hatte Stalin den Widerstand der Bauern gegen die Kollektivierung gebrochen. Die Bauern waren nun auf kollektiven Gütern zusammengelegt, deportiert oder tot, oder sie hatten zu Hunderttausenden den Weg in die Städte oder die neuen industriellen Arbeitsstätten gefunden, die durch die forcierte Industrialisierung, die zweite Säule von Stalins wirtschaftlicher Revolution, entstanden waren. Die Intensität des Bürgerkrieges auf dem Land zwischen 1929 und 1932 bewog die stalinistische Führung dazu, von der Bauernschaft 1933 bis 1935 bis zu einem gewissen Grad abzulassen.[15] So willkommen die Ruhepause war, hatte die stalinistische Führung dennoch das alte ländliche Russland in einem Zeitraum von vier Jahren praktisch zerstört und die sowjetische Landwirtschaft blieb bis zum Zusammenbruch der Sowjetunion einer der am schlechtesten abschneidenden Wirtschaftssektoren.

Die Politik und die Säuberungen

Als Victor Reuther in der Sowjetunion ankam, war das Land von einer Diktatur beherrscht, in der Stalin die Zügel der Macht in Händen hielt und die politische Polizei seinen Willen durchsetzte. Schon 1933 hatte die Glorifizierung Stalins als Führer – der berüchtigte „Persönlichkeitskult" – die Ergebenheit an die Kommunistische Partei als wichtigstes Merkmal des sowjetischen politischen Alltags ersetzt. Es war nicht immer so gewesen. Das sowjetische Regime war immer autoritär, aber der Wandel von einer Parteidiktatur zu einer persönlichen Diktatur hatte wichtige Auswirkungen auf den sowjetischen politischen Alltag.

Seit die Bolschewiken 1917 an die Macht gekommen waren, hatte die Kommunistische Partei ihr politisches Machtmonopol mit allen Kräften verteidigt. Sogar während der zwanziger Jahre, als die Partei größere Freiheiten im wirtschaftlichen und sozialen Bereich zuließ – und vielleicht weil sie diese Freiheiten zuließ –, blieben die Bolschewiken die einzige politische Macht im Land. Dennoch war es von Bedeutung, dass die Kommunistische Partei als Organisation das Land beherrschte und nicht ein Einzelner als Diktator. Denn so streng die Bolschewiken politische Auseinandersetzungen außerhalb der Partei verboten, gab es dennoch zu fast jeder Frage von politischer Bedeutung große politische Auseinandersetzungen innerhalb der Partei. Und wenn es auch zutrifft, dass Wladimir I. Lenin bis zu seinem Tod 1924 in der Parteispitze primus inter pares *war, musste er doch wie jeder andere um seine Positionen kämpfen.*

Dies hatte substantielle Implikationen, wie der Unterschied zwischen den zwanziger und den stalinistischen dreißiger Jahren zeigt. Während der Zeit der Neuen Ökonomischen Politik fanden in der Partei heftige Debatten über die Form und Geschwindigkeit der Industrialisierung, das Verhältnis zwischen der Partei und der Bauernschaft und den Nutzen des Marktes statt. Die „Industrialisierungsdebatten", in denen sich Trotzki, Bucharin, Stalin und andere Parteigrößen in wechselnden Koalitionen gegenüberstanden, waren echte Auseinandersetzungen.[16] Alternative Programme wurden formuliert, diskutiert, revidiert und angezweifelt. Ebenso bestand ein echter Meinungsaustausch auf den unteren Ebenen der Partei und zwischen dem zentralen Parteiapparat und regionalen und lokalen Parteiorganisationen. Dies ermöglichte es der Partei zumindest, reale Informationen zu erhalten und sinnvolle Diskussionen zu führen. Vielleicht noch wichtiger war die politische Kultur innerhalb der Partei, die es ihren Mitgliedern erlaubte, frei von Angst vor Repressalien, Ausschluss oder Exekution zu diskutieren.

All dies änderte sich, nachdem Stalin 1928 an die Macht kam. Als Stalin die Kontrolle über das Land und die Partei einmal fest in der Hand hatte, wurde das politische Leben, das in der Sowjetunion und in der Kommunistischen Partei geblieben war, zerstört. Gewerkschaften und andere soziale Organisationen, die in den zwanziger Jahren einen Anschein von Unabhängigkeit gewahrt hatten, wurden gnadenlos der stalinistischen Führung untergeordnet. Sogar auf den höchsten Ebenen der Partei wurden offene Diskussionen erstickt, und nicht mit Stalin übereinzustimmen, konnte einen Parteiführer seine Mitgliedschaft, seine Stellung und bald sogar sein Leben kosten. Alle „Altbolschewiken", die Parteimitglieder also, die an der Seite Lenins „die Revolution gemacht" hatten, wurden bald entlassen, ins Exil geschickt oder Schlimmeres: Bucharin, Kamenew, Tomski, Trotzki, Sinowjew – alles Männer mit beeindruckenden revolutionären Referenzen – wurden getötet.

Dieser Wandel im Charakter des sowjetischen Systems trat in seiner schrecklichsten und tödlichsten Form im Großen Terror zu Tage: den Säuberungen, die das Land von 1936 bis 1938 erschütterten. In den Worten eines Historikers kann die Zeit von 1928 bis Dezember 1934 als Vorgeschichte des Stalinismus betrachtet werden, als die Phase, in der die politischen Strukturen und sozialen Bedingungen geschaffen wurden, die ein Regime mit extremer Machtkonzentration, überwältigender Dominanz einer geschwächten Gesellschaft und besonderer Brutalität möglich machten.[17] Mit dem Mord an dem Leningrader Parteiführer Sergej Kirow Ende 1934, der nach heutigem Wissen auf Stalins Befehl geschah, begann

Stalin einen Prozess, um das Land von mutmaßlichen „Feinden der Sowjetmacht" zu befreien, der schließlich Millionen von Menschen in Arbeitslager bringen und zahllose Leben zerstören würde.

Wie Nikita Chruschtschow später in seiner „Geheimrede" vor dem XX. Parteikongress 1956 enthüllen sollte, befahl Stalin während der Säuberungen die Exekution oder Verhaftung eines Großteils der kommunistischen Elite. Ungefähr siebzig Prozent des 1932 gewählten Zentralkomitees der Partei wurden 1937–1938 verhaftet und erschossen, und weit über die Hälfte aller Delegierten zum XVII. Parteikongress 1932 wurden ebenfalls verhaftet.[18] Außerdem exekutierte Stalin die meisten der führenden Mitglieder des sowjetischen Militärs. Dazu gehörten Tuchatschewski, der beste Stratege der sowjetischen Armee und ein Held des Bürgerkrieges, genauso wie der Stabschef, das Oberhaupt der Östlichen Armee, die Kommandeure der Schwarzmeerflotte und der Pazifischen Flotte, drei von fünf Marschällen, 15 von 16 Armeekommandeuren, 60 von 67 Korpskommandeuren, siebzig Prozent der Divisions- und Regimentskommandeure sowie zehn von elf Admiralen der Flotte. Dies geschah bloß vier Jahre, bevor Hitler die Sowjetunion überfiel.

Aber nicht nur die Exekution der Elite machte die Säuberungen so verheerend für die Sowjetunion. Menschen aus allen Berufen und gesellschaftlichen Schichten waren in das Netz von Denunziationen und Täuschung verstrickt, das die Säuberungen spannen. Denn wenn eine Person angeklagt war, als Feind in eine Verschwörung gegen die Sowjetmacht verwickelt zu sein (und es handelte sich immer um eine Verschwörung), mussten auch andere verwickelt sein. Deshalb, und vielleicht um ihr Leben zu retten, nannten die Menschen Namen. So wurden Freunde, Verwandte, Kollegen und Menschen im gleichen Mietshaus verdächtigt. Die Atmosphäre von Denunziation wurde auch genutzt, um alte Rechnungen zu begleichen, die eigene Stellung zu verbessern oder Loyalität zu beweisen. Wie Victor Reuther in diesem Buch beschreibt, beeinflusste dieser Prozess den Fabrikalltag genauso wie andere Lebensbereiche in der Sowjetunion. Betriebsleiter denunzierten andere Betriebsleiter, um sich zu retten, und zeigten mit dem Finger auf Arbeitnehmer, die sie für Störenfriede hielten. Auch Arbeiterinnen und Arbeiter nannten Namen und nutzten die Suche nach Feinden, um Verdacht gegen Vorarbeiter und Betriebsleiter zu wecken, denen sie etwas vorzuwerfen hatten. In dieser Atmosphäre war niemand sicher; und genau das war Stalins Absicht.

Die Intensität der Säuberungen klang nach 1938 ab, aber die Unsicherheit über das eigene Schicksal, die der Terror erzeugt hatte, blieb während Stalins Herrschaft ein strukturelles Merkmal des Systems. Erst nach Stalins Tod 1953 verringerte sich die Willkür, die das sowjetische System kennzeichnete. Unter Chruschtschow und danach bis zum Zusammenbruch der Sowjetunion griff das Regime nur in solchen Fällen zu Zwangsmaßnahmen, wo Menschen die Grenzen des politisch Erlaubten überschritten. Das bedeutete im Kern, dass sicher war, wer die Spielregeln des Regimes einhielt – und diese Regeln waren meist ziemlich klar – und seine Arbeit erfüllte. Die Grundregeln lauteten, nicht die Politik der Regierung oder die Legitimität der Kommunistischen Partei in Frage zu stellen, das politische System nicht anzufechten und nicht offen konträre Ansichten zum „Marxismus-Leninismus" zu vertreten.

Das post-stalinistische System forderte von Arbeitern wie Leonardo Damiano, der auch nach dem Zweiten Weltkrieg in der Sowjetunion blieb, und seinen sowjetisch geborenen Mitbürgern, sowohl politisch passiv zu bleiben als auch angemessen produktiv zu sein. Im Austausch versprach das Regime ihnen eine schrittweise Verbesserung des Lebensstandards und bessere Möglichkeiten für ihre Kinder. Das Regime blieb besonders empfindlich gegenüber Äußerungen politischer Unzufriedenheit oder Opposition von Arbeitern, da die Kommunistische Partei in Anspruch nahm, im Namen des Proletariats zu herrschen. Wenn Arbeiter revoltierten, wie in einem bekannten Fall in Novotscherkassk 1962, antwortete das Regime unverzüglich und brutal.[19] Erst nach Gorbatschows Machtübernahme wurden politische Aktivitäten außerhalb der Grenzen der Kommunistischen Partei wieder erlaubt, und auch dies nur widerwillig. Als solche Aktivitäten jedoch einmal wieder erlaubt waren, befanden sich die Arbeiter in der Sowjetunion unter den Ersten, die ihre Stimme erhoben.

III. Ausländische Arbeiter, die Komintern und Europa in den dreißiger Jahren und danach

Die meisten der ausländischen Arbeiterinnen und Arbeiter, die in den dreißiger Jahren in die Sowjetunion kamen, waren Mitglieder der kommunistischen Parteien in Europa. Andere, wie die Brüder Reuther, waren aktive Gewerkschafter. Während einige der Arbeiter in die UdSSR ka-

men, um beim „Aufbau des Sozialismus" zu helfen, flüchteten die meisten vor den faschistischen/nationalsozialistischen Regimen, die in den zwanziger und dreißiger Jahren an die Macht gekommen waren, in Stalins Sowjetunion. Den Schock, die Schrecken des Faschismus/Nationalsozialismus hinter sich gelassen zu haben, nur um sich inmitten der Schrecken des Stalinismus wiederzufinden, empfanden viele von ihnen intensiv. Ihre Geschichten bilden einen zentralen Teil von Victor Reuthers Buch. Ein weiterer Schock erwartete diese ausländischen Arbeiter, während sie unter Stalins Regime ums Überleben kämpften: Die kommunistischen Parteien ihrer Heimatländer weigerten sich, ihnen zu helfen, wenn sie im sowjetischen System in Ungnade fielen oder wenn sie nach dem Zweiten Weltkrieg versuchten, nach Hause zurückzukehren. Die Gründe dafür liegen in der seltsamen und manchmal tragischen Politik der internationalen kommunistischen Bewegung und ihrer zentralen Organisation, der Komintern.[20] Die Politik der Komintern und das Verhältnis der Organisation zur Sowjetunion und zu ihren Mitgliedsparteien waren zunächst die Gründe dafür, dass so viele Arbeiter in die Sowjetunion flohen. Sogar nachdem die Komintern 1943 aufgelöst worden war, blieb die Unterordnung der europäischen kommunistischen Parteien unter die Sowjetunion die Hauptursache für die Schwierigkeiten zwischen diesen Arbeitern und ihren eigenen kommunistischen Parteien.

Die Komintern wurde nach der Russischen Revolution durch die bolschewistische Partei und ihre Verbündeten in Europa als Gegenorganisation zur II. Internationale, in der die gemäßigteren sozialdemokratischen Parteien Europas dominierten[21], gegründet. In den Jahren vor der Machtergreifung Stalins 1928 stellte die Komintern kein bloßes Instrument der sowjetischen Außenpolitik dar. Auch wenn den kommunistischen Parteien Europas die Interessen der Sowjetunion am Herzen lagen und sie der UdSSR als einzigem sozialistischen Land der Welt oft mit Respekt begegneten, hat Moskau die europäischen Parteien nicht vollständig kontrolliert. Die Hauptziele der Komintern waren, die Sache der europäischen und weltweiten proletarischen Revolution zu betreiben, den Einfluss kommunistischer Parteien zu stärken und die Errungenschaften der Arbeiter überall zu verteidigen. Die grundlegende Frage, die die Komintern verfolgte, war taktischer Natur: Wie konnte man diese Ziele am besten erreichen? In den ersten Jahren der Existenz der Organisation gab es scharfe und offene Auseinandersetzungen über diese Frage, besonders darüber, ob Bündnisse zwischen den Klassen vertretbar seien und ob mit Parteien der II. Internationale zusammengearbeitet werden solle, um den Sozialismus mit parlamentarischen Mitteln voranzubringen. Es gab sogar Zweifel daran, ob sowjetische Interessen ein Hauptanliegen des internationalen Kommunismus seien.

Die Politik der Komintern änderte sich, als Stalin seine Macht konsolidierte. Zwar entspricht den Tatsachen, dass die sowjetische Kommunistische Partei immer die leitende Rolle in der Komintern spielte – schließlich hatte Lenin die 21 Bedingungen festgelegt, die alle Parteien zur Mitgliedschaft erfüllen mussten –, aber vor 1928 war dies keine diktatorische Rolle. Mit Stalin an der Macht wurde jedoch die Komintern und tatsächlich die ganze kommunistische Bewegung den außenpolitischen Interessen der Sowjetunion nach Stalins Definition unterstellt. Wie in der sowjetischen Kommunistischen Partei selbst wurden auch in der Komintern echte Auseinandersetzungen erstickt und wer es wagte, die jeweilige von Stalin bestimmte politische Linie anzufechten, wurde von jeglicher Machtposition entfernt oder ihm geschah Schlimmeres. Die Gleichsetzung von Stalins persönlichen politischen Ansichten mit dem Wohl des internationalen Kommunismus erwies sich als schicksalhaft, besonders für die Arbeiter und Kommunisten in Europa, die in Reuthers Buch eine zentrale Rolle spielen.

In den späten zwanziger Jahren stellte sich den kommunistischen Parteien Europas – tatsächlich auch sozialistischen, radikalen, gemäßigten und sogar traditionell konservativen Parteien, Politikern und Regierungen – die brennende Frage, was angesichts des Aufstiegs des Faschismus/Nationalsozialismus zu tun sei. Bis zu diesem Zeitpunkt gab es zwei wesentliche Feinde der kommunistischen Parteien in Europa: einerseits bürgerliche kapitalistische Regierungen und andererseits gemäßigtere sozialdemokratische Parteien, da vor allem diese mit den Kommunisten um die Unterstützung der Arbeiter konkurrierten. Angesichts des Auftretens breiter faschistischer/nationalsozialistischer Bewegungen in ganz Europa argumentierten jedoch viele kommunistische und nicht-kommunistische Linke, dass der Sieg über den Faschismus/Nationalsozialismus erste Priorität haben müsse, nicht zuletzt wegen dessen intensiven Hasses auf Kommunisten und Linke aller Schattierungen.[22]

Dennoch sah Stalin die Sache anders. Seiner Meinung nach waren die gemäßigten Sozialdemokraten in Europa, und das betraf besonders die Sozialdemokratische Partei Deutschlands, nicht besser als die Faschisten, da beide die Interessen der Bourgeoisie verträten. Sie seien sogar noch schlimmer, da sie sich als Verteidiger der Arbeiterklasse tarnten und so die Arbeiter verwirrten und die Revolution unterminierten. Nach Stalins Instruktionen gab daher der VI. Kongress der Komintern 1928 eine neue Linie vor, nach der die Sozialdemokraten zu „Sozialfaschisten" erklärt wurden und die kommunistischen Parteien hauptsächlich sie angreifen sollten. Wie George F. Kennan argumentiert, bedeutete dies eine groteske Verdrehung und Ungerechtigkeit, konnte nur Verwirrung stiften, musste die Gräben zwischen den Parteien der deutschen Linken vertiefen und konnte nicht einmal als sinnvolle Grundlage für politische Fortschritte der Kommunisten selbst gelten – aber dies alles war Stalin gleichgültig.[23] Stalin ging es darum, die westlichen Länder weitestgehend zu spalten und vor allem die Weimarer Republik zu schwächen, auch wenn dies bedeutete, die kommunistischen Parteien Europas politisch zu isolieren.

Die Politik, die die Komintern festgelegt hatte und bis nach Hitlers Machtergreifung 1933 verfolgte, bedeutete eine Katastrophe sowohl für die kommunistischen und sozialdemokratischen Parteien Europas als auch für die europäische Arbeiterklasse. Stalins Haltung zum „Sozialfaschismus" trug viel dazu bei, den Sieg der Nazis in Deutschland zu erleichtern, und insoweit dies zutrifft, war die Politik der Komintern eine Katastrophe für die ganze Welt einschließlich der Sowjetunion. Nachdem Hitler 1933 an die Macht gekommen war und es zu spät war, den Vormarsch des Faschismus/Nationalsozialismus in Europa aufzuhalten, änderte Stalin plötzlich wieder die politische Linie der Komintern und ergriff eine „Volksfrontstrategie". Von 1934 bis 1936 verfolgten die Sowjetunion und die Komintern genau die Politik des kollektiven Widerstandes gegen Hitler und der Kooperation mit den sozialdemokratischen Parteien Europas, die Stalin nur wenige Jahre zuvor verdammt hatte. Das sichtbarste Zeichen dieser Politik war die Unterstützung der Republikaner im Spanischen Bürgerkrieg durch die Sowjetunion im Kampf gegen den Faschismus in Spanien zu einer Zeit, als die Demokratien des Westens zusahen und nichts unternahmen.[24] Stalin arbeitete auch an anderen kollektiven Sicherheitsmaßnahmen gegen Hitler, etwa durch Verträge mit Frankreich und der Tschechoslowakei 1935, aber es blieb unklar, wie groß das Interesse sowohl der Sowjetunion als auch des Westens an einer Zusammenarbeit gegen die wachsende Macht Nazideutschlands tatsächlich war.

Obwohl die „Volksfrontstrategie" in Europa fortgesetzt wurde, begann Stalin 1936 die Politik kollektiver Sicherheit herunterzufahren und die Möglichkeit einer Art von Übereinkunft mit Hitler zu sondieren, um die Sowjetunion aus einem Krieg herauszuhalten, der nach Stalins Ansicht nur noch eine Frage der Zeit war. Das Ergebnis von Stalins diplomatischen Verhandlungen mit Deutschland war der Hitler-Stalin-Pakt (Ribbentrop-Molotow-Pakt) von 1939, aber die Entwicklung, die zu diesem Pakt führte, war für die Kommunisten und radikalen Arbeiter in Europa vielleicht noch verheerender als die Übereinkunft selbst. Da Stalin nun den Konflikt mit Hitler vermeiden wollte, brach die Sowjetunion ihre Unterstützung für die spanischen Republikaner ab. Wie George F. Kennan überzeugend darlegt, standen der Idealismus und Antiautoritarismus der republikanischen Idee im Spanischen Bürgerkrieg – mit der Tausende europäischer Kommunisten und Hunderte sowjetischer Funktionäre während ihres Einsatzes in Spanien in Berührung kamen – in hartem Kontrast zu der blutigen Diktatur, die Stalin mit den gleichzeitig in der Sowjetunion stattfindenden Säuberungen aufbaute. Kennan stellt fest, dass die Säuberungen sich mit besonderer Grausamkeit gegen die sowjetischen Funktionäre zu richten schienen, die in Spanien waren. Während an anderer Stelle in der Bürokratie ungefähr 60 bis 80 Prozent den Säuberungen zum Opfer fielen, scheint der Anteil unter denjenigen, die in Spanien gedient hatten – und besonders unter denen, die mit größter Aufopferung und Leistung gedient hatten – eher bei 100 Prozent zu liegen.[25] Die gesamte Erfahrung des Spanischen Bürgerkrieges zeigte Kommunisten in Russland und in Europa gleichermaßen eine Form des Kommunismus, die sich sehr von dem unterschied, was der Stalinismus predigte, und deshalb misstraute Stalin jedem, der daran beteiligt war.

Zudem ließ Stalin die Kommunisten in den europäischen Staaten, die bereits unter faschistischer/nationalsozialistischer Herrschaft standen, im Stich. Die Reihen der deutschen Kommunistischen Partei wurden von den Nazis dezimiert, Parteimitglieder, führende Persönlichkeiten oder einfache Arbeiter gleichermaßen, ermordet oder in Gefängnisse oder Konzentrationslager gebracht. Obwohl die Komintern weiterhin Widerstand gegen den Faschismus/Nationalsozialismus predigte, schien das Schicksal vieler Kommunisten in Italien, Bulgarien, Österreich und natürlich Spanien nach der Niederlage der Republikaner Stalin wenig zu kümmern, während er Abkommen traf, um die Sowjetunion aus einem Krieg herauszuhalten.

Obwohl dieser knappe Überblick der komplizierten Politik der Komintern und der internationalen kommunistischen Bewegung in den späten zwanziger und den dreißiger Jahren nicht gerecht wird, gibt er ein Bild der Situation, in der sich zu dieser Zeit die in diesem Buch beschriebenen ausländischen Arbeiter und Kommunisten wiederfanden. Viele der Arbeiter und Kommunisten, die es nach Gorki verschlug, waren vor der Verfolgung durch die Faschisten/Nationalsozialisten in ihrer Heimat auf der Flucht. Es ist eine der großen Tragödien und Ironien ihrer Zeit und der Geschichte, dass eben die Politik Stalins und der Komintern zum Sieg dieser Regimes beitrug, die sie aus ihren Heimatländern vertrieben. Des Übels nicht genug, galt der Widerstand dieser Menschen gegen die Brutalität autoritärer Herrschaft dem sowjetischen Regime von ihrer Ankunft an als Verdachtsmoment gegen sie.

Wie die Kapitel dieses Buches zeigen, verfolgte die Politik der internationalen kommunistischen Bewegung diese Arbeiter selbst nach ihrer Ankunft in der Sowjetunion. Wenn ausländische Arbeiterinnen und Arbeiter wie alle anderen in den Strudel des Großen Terrors gerissen wurden, war es für sie unmöglich, ihre eigenen Parteiorganisationen zu Hilfe zu rufen. Soweit die kommunistischen Parteien Europas nicht vom Faschismus/Nationalsozialismus zerstört waren, standen sie durch die Komintern gänzlich unter dem Daumen von Stalins Regime. Jeder Versuch der Parteien, ihren Landsleuten zu Hilfe zu kommen, konnte leicht den Tod oder die Verhaftung der Parteifunktionäre bedeuten, die das Urteil der sowjetischen politischen Polizei anzufechten wagten. Und insgesamt wog die übergeordnete Solidarität mit der Sowjetunion angesichts der heranrückenden Bedrohung durch die Nazis schwer genug, um die kommunistischen Parteien Europas zu bewegen, vor dem Schicksal ihrer Landsleute in der Sowjetunion die Augen zu verschließen.

Es muss außerdem gesagt werden, dass man zwar im Nachhinein immer klüger ist, aber viele Quellen dafür sprechen, dass die Sowjetunion in den zwanziger und dreißiger Jahren für viele noch immer einen Hoffnungsschimmer in einer zusammenbrechenden Welt darstellte. Die Krisen des Kapitalismus im Westen und der Aufstieg der faschistischen/nationalsozialistischen Bewegungen standen in scharfem Kontrast zu den wirtschaftlichen Erfolgen der Sowjetunion und der Ideologie von Freiheit und Gleichheit, die das sowjetische System predigte. Was auch immer die Ursache der faschistischen/nationalsozialistischen Siege in Europa war und welche Rolle auch immer die sowjetische Politik bei diesen Siegen gespielt hatte, war es dennoch die Sowjetunion, die sich bereit erklärte, die Flüchtlinge aufzunehmen, und sie einlud, sich am Aufbau einer neuen

Zivilisation zu beteiligen. Wenn die Enttäuschung derjenigen, die wie Victor Reuther und Leonardo Damiano in dieser Zeit in die Sowjetunion gingen, so tief war, lag das nur daran, dass sie von so großartigen Hoffnungen getragen dort ankamen.

IV. Victor G. Reuther und Leonardo Damiano

Während der Arbeit an diesem Manuskript hatte ich die Ehre, Victor Reuther und Leonardo Damiano, die beiden Hauptpersonen von „Verraten in Gorki", in Washington, DC, und Moskau persönlich zu treffen. Ihre Geschichten beginnen ähnlich. Kurz vor dem Ausbruch des Ersten Weltkriegs geboren, stammten Victor und Leonardo gleichermaßen aus Arbeiterfamilien mit einer langen Tradition gewerkschaftlicher Betätigung. Sie begegneten sich 1933 in den Autowerken Gorki, aber nach 1935 führten ihre Lebenswege in sehr unterschiedliche Richtungen. Victor Reuther gibt in Kapitel 3 einen kurzen Überblick über Leonardos Leben vor dessen Ankunft in der Sowjetunion, und der größte Teil der folgenden Kapitel erzählt die Geschichte von Leonardos bemerkenswertem Leben in der Sowjetunion von 1933 bis heute. Um diese Einleitung zu vervollständigen, ist nun eine kurze Skizze von Victor Reuthers eigener bemerkenswerter Biographie an der Reihe.

Victor Reuther kam 1912 am Neujahrstag in Wheeling, West Virginia, als eines von fünf Kindern einer deutschen Einwandererfamilie zur Welt. Seine frühesten Erinnerungen aus der Kindheit beinhalten etwa, beim Abendessen von ihrem Vater zu „Sozialen Fragen" indoktriniert zu werden, zu Themen wie den Gefahren des Militarismus, der Kinderarbeit, der Gier der Fabrikanten und den Werten von Freiheit und Demokratie.[26] *Als junger Mann war Victor oft in den Kohlerevieren West Virginias unterwegs und sah mit eigenen Augen die erschreckenden Lebensbedingungen der Bergleute und ihrer Familien, was ihn in seinen „radikalen" Überzeugungen von sozialer Gerechtigkeit bestärkte.*

In den frühen dreißiger Jahren, vor seiner Abreise in die Sowjetunion, verließ Victor West Virginia und ging nach Detroit, um sich seinen Brüdern Walter und Roy anzuschließen und sich am Kolleg der Stadt Detroit (später Staatliche Hochschule Wayne genannt) einzuschreiben. In Detroit arbeitete Victor vor allem mit seinem Bruder Walter zusammen, um Arbeiter in der Region zu organisieren und liberale Ideen am Kolleg zu fördern, einschließlich der Aufhebung der Rassentrennung. Victor berichtet, dass einer der großartigsten Augenblicke für die jungen Gewerkschaftsaktivisten in den dreißiger Jahren der Sieg der Eisenbahnergewerkschaft der Vereinigten Staaten unter Eugene Debs im Kampf um den Acht-Stunden-Tag und die Vierzig-Stunden-Woche war. 1932 verließen Victor und sein Bruder Walter Detroit, um nach Europa und in die Sowjetunion zu reisen. Diese Entscheidung hatte viele Gründe. Sie waren besorgt über den Aufstieg des Faschismus/Nationalsozialismus und das Schicksal des neuen „sozialistischen Staates" in Russland. Außerdem war Walter Reuther wegen seiner gewerkschaftlichen und politischen Tätigkeit von den Ford-Motorenwerken gefeuert worden, so dass es der rechte Zeitpunkt zu sein schien, die Ereignisse in Europa mit eigenen Augen zu sehen. Victor beginnt in den Anfangskapiteln dieses Buches die Erzählung ihrer Geschichte an diesem Punkt.

Nach ihrer Rückkehr aus der Sowjetunion in die Vereinigten Staaten beteiligten sich Victor und Walter Reuther erneut an der Organisation von Gewerkschaften im Gebiet Detroit. Victor war direkt an den großen Sitzstreiks von 1937 beteiligt und wurde deshalb zum organisatorischen Leiter für Indiana in der neu gegründeten Gewerkschaft Vereinigte Automobilarbeiter (UAW) ernannt. Victor verbrachte einen großen Teil seiner weiteren Karriere mit der Arbeit in der UAW und dem Kongress der Industrieorganisationen (CIO), sowohl in den Vereinigten Staaten als auch in Europa. Im Laufe seiner Karriere half Victor seinem Bruder Walter in den späten dreißiger Jahren, Versuche der Kommunistischen Partei (USA) abzuwehren, die Kontrolle über den CIO zu gewinnen, überlebte 1940 einen Attentatsversuch, leitete die Umstellung der Fabriken auf Kriegsproduktion während des Zweiten Weltkriegs und arbeitete im Kriegsproduktionsrat und der Kommission für Arbeitskräfte im Krieg mit. Victor wirkte nach dem Zweiten Weltkrieg auch als Vizevorsitzender des Angloamerikanischen Produktivitätsrates, einer Organisation mit dem Ziel, Europa beim Wiederaufbau zu helfen. Von 1950 bis 1953 arbeitete Victor als Europäischer Leiter des CIO und half europäischen Gewerkschaften dabei, ihre demokratischen Strukturen und Organisationsgrundlagen wiederzuerlangen, die vom Faschismus/Nationalsozialismus so schwer getroffen waren.

Victor kehrte 1953 in die Vereinigten Staaten zurück, als sein Bruder Walter zum Vorsitzenden des CIO gewählt wurde, und wurde Sonderbeauftragter des CIO-Vorsitzenden. Seine Aufgaben in Washington, DC, umfassten die Arbeit als Leiter des Ressorts für internationale Angelegenheiten für die UAW und die Leitung der internationalen Arbeit des CIO. Zu diesem Zeitpunkt war Victor unter demokratischen Gewerkschaftlern in ganz Europa, dem amerikanischen Kontinent und der Welt wohl bekannt. Er war eng befreundet mit führenden Progressiven in Europa und den Vereinigten Staaten, unter anderem Willy Brandt in Deutschland, Pietro Nenni in Italien, Harold Wilson in Großbritannien, Tage Erlander in Schweden und dem Vizepräsidenten (der USA, d. Ü.) Hubert Humphrey. Wegen seines Einsatzes für die Arbeiter und für demokratische soziale Institutionen allgemein wurde Victor Reuther vom deutschen Kanzler Willy Brandt das Bundesverdienstkreuz, von der Regierung Venezuelas der Preis für Soziales Engagement und von der UAW der Ehrenpreis für soziale Gerechtigkeit verliehen. Außerdem trägt er die Ehrendoktorwürde der Staatlichen Hochschule Wayne. Walter Reuther kam 1970 bei einem Flugzeugabsturz ums Leben und Victor Reuther ging 1973 von seinen offiziellen Posten bei der United Auto Workers in den Ruhestand. In der Folgezeit verfasste er Memoiren über seinen Bruder und sich selbst bei der UAW unter dem Titel Die Brüder Reuther und der Aufstieg der UAW. *Victor lebt heute in Washington, DC.*

Leonardo Damiano lebt zum Zeitpunkt der Niederschrift noch immer in Moskau, allem Anschein nach ein typischer sowjetischer Arbeiter in Rente. Seine kleine Wohnung in Moskau – ein Zimmer mit einer winzigen Kochnische – sieht fast genauso aus wie die Wohnungen anderer sowjetischer Arbeiter, die ich auf meinen Forschungsreisen zur gegenwärtigen Arbeiterbewegung im post-sowjetischen Russland besucht habe. Der einzige sichtbare Unterschied liegt darin, dass zwischen den russischen Büchern, rot eingebundenen Ausweisen und anderen vertrauten Objekten des sowjetischen Alltags verstreut italienische Zeitungen und Zeitschriften sowie lange Kartons mit Spaghetti, die seine Freunde aus der italienischen Gemeinschaft in Moskau mitbringen, auftauchen. Obwohl er offen von seinem Leben und seiner Arbeit in der Sowjetunion berichtet, äußert Leonardo nur ungern seine Meinung zum Zusammenbruch der Sowjetunion und Russlands Übergang zu einem post-kommunistischen System.

In einer persönlichen Anmerkung zum Schluss möchte ich Victor und Leonardo dafür danken, dass ich mich an diesem Projekt beteiligen durfte. Es war eine bereichernde und lehrreiche Erfahrung für mich als Historiker und Professor für sowjetische und post-sowjetische Geschichte und Politik und besonders als Experte für Arbeitergeschichte. Wie ich meinen Studenten so oft sage, dass sie es schon nicht mehr hören können, können wir nur durch das Verständnis der Vergangenheit und der Kämpfe der Menschen für progressive Veränderungen hoffen, die Aussichten auf eine gerechtere und demokratische Zukunft zu verbessern. „Verraten in Gorki" erzählt sowohl von den Versprechungen als auch den Gefahren mächtiger Ideen und den Versuchen, sie politisch zu verwirklichen. Es ist wichtig, sowohl die Verheißungen als auch die Gefahren im Gedächtnis zu behalten, besonders während Russland mit dem sowjetischen Erbe und dem Vorhaben, „den Kapitalismus aufzubauen", ringt. Für die meisten Menschen in Russland haben die Versuche der post-sowjetischen russischen Führung, wieder eine „neue Zivilisation" aufzubauen, zu altem Elend in neuen Formen geführt. Dies lässt sich zum Teil darauf zurückführen, dass die Herrschenden weder in Russland noch im Westen sich in angemessener Weise mit den Erfahrungen der Sowjetunion auseinander gesetzt haben. Wie der große Soziologe Barrington Moore bemerkte, kann niemand sicher sein, ob der alte Traum des Westens von einer freien und rationalen Gesellschaft für immer eine Chimäre bleiben wird. Aber wenn die Männer der Zukunft jemals die Ketten der Gegenwart sprengen wollen, müssen sie die Kräfte verstehen, die sie schmiedeten.[27]

Paul T. Christensen
Department of Politics
Princeton University

Anmerkungen

1 Für eine detaillierte Darstellung dieser Politik siehe Stephen F. Cohen, Bukharin and the Bolshevik Revolution, New York 1985; Moshe Lewin, The Making of the Soviet System: Essays in the Social History of Interwar Russia, London 1985; E. H. Carr, The Bolshevik Revolution, 1917–1923, London 1950 (dt. Ausgabe: Die Russische Revolution. Lenin und Stalin 1917–1929, Stuttgart u.a. 1980).

2 Siehe dazu die persönlichen Akten Felix Dserschinskijs im Russischen Staatsarchiv für sozial-politische Geschichte (Rossijskij Gosudarstwennyj Archiv Sozialno-polititscheskoj Istorii, RGASPI), Moskau, fond 76, opis 2, delo 139, listy 39–40.

3 Siehe Lewis Siegelbaum, Stakhanovism and the Politics of Productivity in the USSR, 1935–1941, New York 1988, S. 18; Hiroaki Kuromiya, Stalin's Industrial Revolution: Politics and Workers, 1928–1932, Cambridge 1988, S. 88; Moshe Le-

win, The Making of the Soviet System, S. 225; Ivan Andrejewitsch Gladkow, Istorija sozialistitscheskoj ekonomiki SSSR w 7 tomach, Moskau 1976 ff., Bd. III, S. 124. Die Abweichungen in den Zahlenangaben beruhen darauf, welche Branchen in die Berechnungen aufgenommen wurden; die allgemeinen Trends des Anstiegs sind in allen Quellen ähnlich.

4 Siehe Kuromiya, Stalin's Industrial Revolution, Kapitel 4; William Chase, Workers, Society, and the Soviet State: Labor and Life in Moscow, 1918–1929, Urbana 1987, Kapitel 8; Lewin, The Making of the Soviet System, Kapitel 9 und 10.

5 Zitiert nach Jeremy Azrael, Managerial Power and Soviet Politics, Cambridge 1966, S. 247f.

6 Chase, Workers, Society, and the Soviet State, Kapitel 7.

7 Einige neuere Studien belegen dies detaillert. Darunter Kuromiya, Stalin's Industrial Revolution; Siegelbaum, Stakhanovism and the Politics of Productivity in the USSR; Francesco Benvenuti, Stakhanovism and Stalinism, 1934–38, CREES Discussion Papers, University of Birmingham, SIPS Series Nr. 30, 1989. Damit soll nicht behauptet werden, es sei kein Zwang im Spiel gewesen – es gab mit Sicherheit Zwang. Doch für jeden, der zu etwas gezwungen wurde, existierte auch jemand, der Zwang ausübte. Die Quellen weisen darauf hin, dass Arbeiter ebenso Zwang auf ihre Kollegen ausübten wie die Partei oder die Gewerkschaften.

8 Siegelbaum, Stakhanovism and the Politics of Productivity in the USSR, S. 65.

9 Staatliches Zentralarchiv der Oktoberrevolution (Zentralnyj Gosudarstwennyj Archiv Oktjaberskoj Rewoljuzii, ZGAOR), fond 5451, opis 14, delo 197, list 3.

10 Lewin, The Making of the Soviet System, S. 255.

11 Ronald Grigor Suny, The Soviet Experiment: Russia, the USSR, and the Successor States, New York 1998, S. 240.

12 Stephen F. Cohen, Rethinking the Soviet Experience: Politics and History since 1917, New York 1985, S. 94.

13 Zur Industrie siehe: Robert W. Davies, The Industrialisation of Soviet Russia, 2 Bde., Cambridge 1980; Stephen Kotkin, Magnetic Mountain: Stalinism as a Civilization, Berkeley 1995; Lewin, The Making of the Soviet System; Alec Nove, An Economic History of the U.S.S.R., London 1969 (dt. Ausgabe: Die sowjetische Wirtschaft, Wiesbaden 1962); William G. Rosenberg, Lewis H. Siegelbaum (Hg.), Social Dimensions of Soviet Industrialization, Bloomington 1993. Zur Kollektivierung der Landwirtschaft siehe: Moshe Lewin, Russian Peasants and Soviet Power: A Study of Collectivization, London 1968; Sheila Fitzpatrick, Stalin's Peasants: Resistance and Survival in the Russian Village after Collectivization, New York 1994. Zu den Säuberungen und dem GULag-System siehe: Robert Conquest, The Great Terror: A Reassessment, New York 1990 (dt. Ausgabe: Der große Terror: Sowjetunion 1934–1938, München 1992); Eugenia Ginsburg, Journey into the Whirlwind und Within the Whirlwind, New York 1981 (von der Autorin auf deutsch erschienen: Marschroute eines Lebens, Reinbek 1967); Roy Medvedev, Let History Judge: The Origins and Consequences of Stalinism, Oxford 1989 (dt. Ausgabe: Das Urteil der Geschichte: Stalin und Stalinismus, hg. v. Helmut Ettinger, Berlin o.J.); Alexander Solschenizyn, The Gulag Archipelago, New York 1973 (dt. Ausgabe: Der Archipel GULAG, versch. Auflagen); Robert Tucker, Sta-

lin in Power: The Revolution From Above, 1928–1941, London 1990. Zu Kultur und Gesellschaft siehe: Hans Günther (Hg.), The Culture of the Stalin Period, New York 1990; Peter Kenez, Cinema and Soviet Society, 1917–1953, Cambridge 1992; Walter Kolarz, Religion in the Soviet Union, London 1961 (dt. Ausgabe: Die Religionen in der Sowjetunion: Überleben in Anpassung und Widerstand, Freiburg u.a. 1963); Richard Stites, Russian Popular Culture: Entertainment and Society Since 1900, Cambridge 1992. Für ausführlichere Literaturangaben, von denen hier nur eine kleine Auswahl gegeben wird, siehe Suny, The Soviet Experiment.

14 Suny, The Soviet Experiment, S. 226.

15 Lewin, Taking the Grain: Soviet Politics of Agricultural Procurements Before the War, in: The Making of the Soviet System, S. 156–164.

16 Zu diesen Debatten siehe Cohen, Bukharin and the Bolshevik Revolution; Isaac Deutscher, The Prophet Unarmed: Trotsky, 1921–1929, London 1970 (vom gleichen Autor auf deutsch erschienen: Trotzki, Stuttgart o.J.); Alexander Erlich, The Soviet Industrialization Debate, 1924–1928, Cambridge 1960 (dt. Ausgabe: Die Industrialisierungsdebatte in der Sowjetunion 1924–1928, Frankfurt/M. u.a. 1972).

17 Suny, The Soviet Experiment, S. 261.

18 Robert Daniels, A Documentary History of Communism in Russia, Hanover 1993, S. 256.

19 Walter D. Connor, The Accidental Proletariat: Workers, Politics, and Crisis in Gorbachev's Russia, Princeton 1991, Kapitel 6; Donald Filtzer, Soviet Workers and de-Stalinization: The Consolidation of the Modern System of Soviet Production Relations, 1953–1964, Cambridge 1992, Kapitel 2. Für eine detaillierte Schilderung der Ereignisse siehe: Nowotscherkasskaja tragedija, in: Istoritscheskij archiv, Nr. 1, 1993, S. 110–136.

20 Komintern war die allgemein übliche Bezeichnung für die Dritte Kommunistische Internationale, gegründet im März 1919. Die Erste Internationale, mitgegründet durch Marx, bestand von 1864 bis 1876; die Zweite Internationale wurde 1889 gebildet und hielt ihren letzten „formalen" Kongress 1931 ab; die Komintern überlebte bis 1943, als Stalin sie auflöste. Das akademische Standardwerk zur Komintern bleibt E. H. Carr, The Twilight of the Comintern 1930–1935, New York 1982; siehe auch John Lewis Evans, The Communist International, 1919–1943, Brooklyn 1973. Für eine trotzkistische Interpretation der Komintern siehe Duncan Hallas, The Comintern, London 1985; für das sowjetische Standardwerk siehe Alexander Iwanowitsch Sobolew u.a., Kommunistitscheskij internacional: Kratkij istoritscheskij otscherk, Moskau 1971 (dt. Ausgabe: Die Kommunistische Internationale. Kurzer historischer Abriss, Berlin 1970). Vgl. auch Julius Braunthal, Geschichte der Internationale, 3 Bde., Berlin/Bad Godesberg 1961–1971.

21 Der Hauptgrund für den Bruch zwischen den Kommunisten und den Sozialdemokraten lag darin, dass die Parteien der Zweiten Internationale die jeweiligen „bürgerlichen" Regierungen bei der Abstimmung über Kriegsanleihen zu Beginn des Ersten Weltkrieges unterstützt hatten. Lenin und seine Verbündeten sahen dies als Verrat an der internationalen Arbeiterklasse und damit als Verlust der Legitimität der Zweiten Internationale.

22 Dazu zählten in den späten zwanziger Jahren auch Persönlichkeiten wie Trotzki, Bucharin, Gramsci und andere Größen der Komintern. Siehe Hallas, The Comintern, S. 132f.; Medvedev, Let History Judge, S. 204; Donald L. M. Blackmer, Sidney Tarrow (Hg.), Communism in Italy and France, Princeton 1975, S. 26f.
23 George F. Kennan, Russia and the West under Lenin and Stalin, New York 1960, S. 270 (dt. Ausgabe: Sowjetische Außenpolitik unter Lenin und Stalin, Stuttgart 1961).
24 Siehe Carr, Twilight of the Comintern, Kapitel 15; Evans, The Communist International, 1919–1943, Kapitel 6; Kennan, Russia and the West under Lenin and Stalin, Kapitel 20.
25 Kennan, Russia and the West under Lenin and Stalin, S. 292.
26 Äußerung in einem persönlichen Gespräch im Juli 1997.
27 Barrington Moore, The Social Origins of Dictatorship and Democracy: Lord and Peasant in the Making of the Modern World, Boston 1966, S. 508 (dt. Ausgabe: Soziale Ursprünge von Diktatur und Demokratie: Die Rolle der Grundbesitzer und Bauern bei der Entstehung der modernen Welt, Frankfurt/M. 1969).

Vorwort
von Victor G. Reuther

Vor fast 20 Jahren, als ich meine ersten Anstrengungen begann, das Buch *Die Brüder Reuther und der Aufstieg der UAW* zu verfassen, entdeckte ich das respekteinflößende Ausmaß eines solchen Unternehmens. Obwohl ich es gewohnt war, lange Reden zu halten (ich habe viele Tage auf einem Lautsprecherwagen verbracht, der während des großen Flint-Sitzstreiks 1936–1937 durch GM gondelte), schien das geschriebene Wort so dauerhaft zu sein, als wäre es mit unauslöschbarer Tinte geschrieben. Ständig kam mir der Gedanke, dass das, was ich zu Papier brachte, eines Tages auf mich zurückfallen könne. Schließlich warf ich die Bedenken über Bord und begann, jenes Buch in ein Diktiergerät zu sprechen. Ein engagierter Nachbar verwandelte den Text in vernünftiges, wenn auch gewundenes Englisch.

Warum quäle ich dann im Alter von 82 Jahren nicht nur mich, sondern auch andere mit einer Schilderung tragischer Ereignisse im fernen Russland, die vor so vielen Jahren geschahen? Mein Gewissen und mein Pflichtgefühl gegenüber der Arbeiterklasse weltweit fordern, dass ich mein Möglichstes tue, offenzulegen, was mit Hunderten von Bürgern westlicher Staaten geschah, die dorthin gegangen waren. Ich befürchte, dass die Gefahr einer Wiederholung dieses Massenmordes (Reuther verwendet in diesem Zusammenhang sogar den Begriff Holocaust, d. Ü.) noch besteht und eine jüngere Generation, unwissend über diese Geschichte, ihm zum Opfer fallen könnte. Erst jetzt kommen die erschreckenden Einzelheiten der methodischen Liquidierung Tausender ausländischer Arbeiter ans Licht. In privaten Briefen von Überlebenden der großen internationalen Gemeinschaft in der Stadt Gorki (nun wieder Nischnij Nowgorod), der Heimat vieler ausländischer Arbeiter in der UdSSR, offenbart sich die Größenordnung des Massenmordes. Ihre Geschichte handelt von Pflichtgefühl und Aufopferung, von Vertrauen und Betrug. Ihre Geschichte muss erzählt werden.

In den frühen dreißiger Jahren war ich für fast drei Jahre einer von ihnen. Als ich 1968 GAZ[1] nach zähen Verhandlungen mit den Behörden trotz der andauernden Abschottung des Gebietes wieder besuchte, wurde ich in dem Glauben gewiegt, dass alle Einwohner des Amerikanischen Dorfes in ihre Herkunftsländer zurückgekehrt oder wegen der Erweiterung der Fabrik im Krieg umgezogen waren. Im Sommer 1992 erhielt ich dann die ersten Briefe von einer Überlebenden, Jean Singer, einer Amerikanerin, die 1932 als junge Frau von ihrem Vater mitgenommen worden war, um beim Aufbau der Fabrik zu helfen. Obwohl sich die Familie der sowjetischen Sache verpflichtete, wurde ihr Vater 1938 verhaftet und exekutiert. Jean schrieb von Familie um Familie und ihren Schicksalen. Ihre Briefe waren so bewegend, so traumatisch, dass ich wusste, dass ich keine Ruhe finden würde, bis die gesamte Geschichte aufgedeckt war. Und so begann ich, nach Einzelheiten zu forschen.

Glücklicherweise arbeitete eins meiner Kinder, John S. Reuther, in Moskau. Damals schon alteingesessen in Moskau, mit guten Sprachkenntnissen und politischen Beziehungen, vermittelten mir John und seine Bekannte Vera Golda den Kontakt zu dem 1992 preisgekrönten Moskauer Journalisten Alexander Alexandrowitsch Miltschakow, den ich mit der Recherche dieses Themas beauftragte. Wie so viele andere, die das Herz und die Seele dieses Buches ausmachen, war auch Miltschakow von den geschilderten Ereignissen persönlich betroffen. Sein Vater Alexander Iwanowitsch Miltschakow, geboren 1903, machte Karriere, zunächst als Generalsekretär des Zentralkomitees des Komsomol[2] (für die gesamte UdSSR) und später als Kopf der Abteilung für Goldbergbau (Glawsoloto) des Ministeriums für Schwerindustrie, damals unter der Leitung von Sergo Ordschonikidse (Mitglied des Politbüros unter Stalin), mit dem er sich anfreundete. Er war Delegierter bei jenem schicksalhaften XVII. Parteikongress.[3] Während der Säuberungskampagne von 1938 wurde Miltschakow verhaftet und gefangen gehalten, zuerst im Gulag[4] in Norilsk und später in Magadan. Miltschakow schmachtete 16 Jahre in Gefangenschaft, während seine Frau und seine Familie den Schmerz, die Sorgen, die Erniedrigung und die Ausgrenzung der Familie eines „Volksfeindes" erlitten. Miltschakows Sohn fand später einen gewissen Trost in seiner herausragenden Arbeit als Journalist, bei der er sich der Öffnung der KGB-Akten über die Opfer der Säuberungen widmete. Einer von Alexanders Schlagzeilen machenden journalistischen Coups zwang den KGB, die Lage eines Friedhofs seiner Opfer in Butowo bei Moskau zu enthüllen.

Ohne die engagierte Unterstützung Jean Singers, Alexander Miltschakows und unseres Sohnes John wäre dieses Projekt nicht zustande gekommen. Miltschakow veröffentlichte einen Artikel in der Moskauer Presse, in dem er meine Recherche und das im Entstehen begriffene Buch erwähnte. Daraufhin meldete sich ein weiterer Überlebender. Leonardo Damiano, ein Amerikaner italienischer Abstammung, aufgewachsen in Boston, begann als Arbeiter in der Automobilproduktion der Fabrik in Gorki, während mein Bruder Walter und ich dort in den frühen dreißiger Jahren arbeiteten, las die Geschichte in der Moskauer Presse und kam über Miltschakow in Kontakt mit unserem Sohn John. Damiano ist wahrhaftig ein Überlebender – lange Jahre in Stalins Gefängnissen und noch längere Jahre in Zwangsarbeitslagern –, der in Moskau immer noch mit einem in Ehren gehaltenen, detaillierten Tagebuch seiner Leidensjahre lebt. Damiano und seine Frau Ludmilla besuchten uns im Sommer 1993 in Washington, während einer emotionalen Abschiedsreise zu noch lebenden Familienmitgliedern in den USA und zu einem letzten Besuch der Gräber seiner Eltern in Boston. Ihr Besuch gab mir die seltene Gelegenheit für lange Interviews, durch die das Buch erstaunliche Genauigkeit im Detail gewann.

Die Suche nach den versteckten Geheimnissen dieser Geschichte erforderte aufwändige Recherchen in den Nationalarchiven in Washington, in den Akten des Werksmuseums des GAZ in Nischnij Nowgorod und in sowjetischen Archiven in Moskau. Darauf folgte der langwierige Vorgang, das Material zu übersetzen und per Fax von Moskau zu mir nach Washington zu senden. Johns Rolle als Vermittler war entscheidend, doch ohne ein Startguthaben, um die Recherchen einzuleiten, hätte ich aufgeben müssen. Glücklicherweise kamen mir gute Freunde bei der Kanadischen Automobilarbeiter-Union (CAW) und die Walter und May Reuther Stiftung der UAW mit großzügigen Fördermitteln zu Hilfe, für die ich zutiefst dankbar bin.

Als das Manuskript Gestalt annahm, wandte ich mich an vertrauenswürdige Verwandte und Freunde und bat um Reaktionen auf den Inhalt – ehrlich und ohne Hemmungen. Die Schlussredaktion ist eine Aufgabe, die man, wie ich gelernt habe, am besten anderen überlässt. Mein enger Freund aus den vielen langen Jahren des Aufbaus der Automobilarbeiter-Union (UAW), Irving Bluestone, heute Professor an der Staatlichen Hochschule Wayne, war eine enorme Hilfe sowohl bei der Korrektur meines wortreichen Manuskriptes als auch durch seine konstruktiven Ratschläge, wie man den Text besser lesbar gestalten könne. Nach der Lektüre des Manuskriptes bemerkte meine Frau Sophie: „Das ist nicht nur ein großartiges Buch, sondern wird auch ein großartiger Film." Für weniger schmeichelhafte, aber ebenso wertvolle Kommentare danke ich meinem langjährigen Kollegen und Freund aus Toronto, Dan Benedict, und aus einer jüngeren Generation von Aktivisten Elly Leary und meinem Schwager Eugene Richey.

Ich stehe außerdem tief in der Schuld von namhaften internationalen Stiftungen, die mich ermutigten, diesen Text zu verfassen. Besonders möchte ich der Dag Hammarskjöld Stiftung und dem Harriman Institut danken. Mein tiefer Dank richtet sich auch an Dr. Arthur Schlesinger Jr. und den Leiter der Kongressbibliothek, Dr. James H. Billington, einen großartigen Russlandhistoriker, für ihre Unterstützung und Ermutigung. Ihr beständiges Engagement mag eine Wiederholung des Massenmordes von Gorki bei einer neuen Generation von Fachleuten, die nun in Osteuropa und Ländern der Dritten Welt Hilfe leisten, verhindern.

Für die Überlebenden von Gorki oder ähnlicher Tragödien und ihre Familien hoffe ich zutiefst, dass die Enthüllung der Tatsachen eine letztlich heilsame Wirkung hat.

Victor G. Reuther
Washington, DC, 1994/2002

Anmerkungen

1 GAZ: Gorskij Awtomobilnyj Zawod (Autowerke Gorki), wo Victor Reuther und sein Bruder Walter in den frühen dreißiger Jahren arbeiteten, beschäftigte viele der ausländischen Arbeiter, deren Erfahrungen hier geschildert werden.
2 Komsomol: Kommunistitscheskij Sojus Molodjoschi (Kommunistische Union der Jugend), eine Organisation mit dem Ziel, junge Menschen in die Partei zu ziehen.
3 Der XVII. Parteikongress der Kommunistischen Partei der Sowjetunion (KPdSU) fand im Januar und Februar 1934 statt. Bekannt geworden als „Kongress der Sieger", war er in vieler Hinsicht von Bedeutung. Der Kongress markierte die Konsolidierung der persönlichen Herrschaft Stalins und den endgültigen Fall der alten Garde der Bolschewiken von der Macht. Außerdem markierte der Kongress den Beginn von Stalins zeitweiser, aber schadbringender Annäherung an Hitlers Deutschland. Für mehr Informationen siehe Robert C. Tucker, Stalin in Power: The Revolution from Above, New York 1990, vor allem Kapitel 11.
4 Im engeren Sinne steht die Abkürzung GULAG für Glawnoe Uprawlenie Lagerej, zu deutsch Hauptverwaltung der Lager. Im Folgenden wird mit Reuther der Begriff Gulag allerdings allgemein für Arbeitslager in der Sowjetunion verwendet, Anm. d. Ü.

Kapitel 1

Als Victor und Walter Reuther 1933 aus den Vereinigten Staaten aufbrachen, um in die Sowjetunion zu reisen, konnte die Situation sowohl in Europa als auch in der Sowjetunion zu Recht als revolutionär bezeichnet werden.

Faschistische bzw. nationalsozialistische Regierungen waren in Italien und Deutschland an die Macht gekommen, aber die verbleibenden Demokratien Europas und Nordamerikas sahen kaum dringenden Handlungsbedarf angesichts der Bedrohung durch den Faschismus. Doch schon in dieser Zeit gewannen faschistische Bewegungen in ganz Europa an Stärke und ihr gewalttätiger Charakter lag offen zu Tage. Die Faschisten in Italien und die Nationalsozialisten in Deutschland wandten sich in den frühen dreißiger Jahren besonders gegen kommunistische und sozialdemokratische Parteien sowie linksgerichtete Gewerkschaftsorganisationen, die sie als größtes Gefahrenpotential für ihre Machtstellung ansahen.

Die Situation in der Sowjetunion war ebenso instabil und besorgniserregend. 1933 befand sich die UdSSR unter der diktatorischen Herrschaft Josef Stalins. Stalin hatte seine Kampagne für eine schnelle Industrialisierung und die vollständige Kollektivierung der Landwirtschaft fünf Jahre zuvor begonnen. Obwohl dieses Programm in gewisser Weise erfolgreich war, was die Steigerung der industriellen Produktion betraf, hatte es auch eine Entwurzelung der Bevölkerung in großem Umfang und wirtschaftliches Chaos verursacht. Hungersnöte in weiten Teilen des Landes und Armut in den explodierenden Städten der Sowjetunion begleiteten den ersten Fünfjahresplan zur Industrialisierung. Während in der UdSSR eine wirtschaftliche Revolution stattfand, wurde auch das politische System unter Stalins Herrschaft immer drakonischer. Wenn auch Säuberungen im vollen Ausmaße der späten dreißiger Jahre erst drei Jahre später bevorstanden, versetzte die Jagd des Regimes nach Feinden und Verschwörungen gegen den sowjetischen Staat, die Stalins Herrschaft kennzeichnete, das Land bereits in Angst und Schrecken.

Die meisten der ausländischen Arbeiterinnen und Arbeiter, die es unter Stalin nach Russland verschlug, befanden sich auf der Flucht vor dem

Faschismus und dem Nationalsozialismus in Europa, obwohl auch viele – wie die Brüder Reuther – kamen, um beim „Aufbau des Sozialismus" in der UdSSR zu helfen. Die meisten dieser Arbeiter waren ausgebildet, aktive Gewerkschaftler und/oder Mitglieder linker Parteien. Viele der Arbeiter aus Europa fanden mit Unterstützung ihrer eigenen kommunistischen Parteien, der sowjetischen Regierung und der Internationalen Gesellschaft zur Unterstützung von Arbeitern den Weg in die Sowjetunion. Zwar gibt es keine gesicherten statistischen Aussagen über die Zahl der ausländischen Arbeiterinnen und Arbeiter, die in den zwanziger und dreißiger Jahren in die UdSSR kamen, doch die besten Schätzungen russischer Archivare liegen bei 80.000 Personen. Die größten Gruppen kamen aus Italien und Deutschland.

P.T.C.

Kapitel 1
Der Weg nach Gorki

Als wir 1933 aus den Vereinigten Staaten aufbrachen, hatten wir keine Vorstellung davon, dass schon der Weg in die Sowjetunion ein Abenteuer sein würde. Ohne sowjetische Visa (sie sagten, es gebe keine Unterkunft) strandeten wir für viele Monate in Europa, fuhren mit dem Fahrrad 12.000 km durch neun Länder und wurden dabei Zeugen und oft auch Akteure in den traumatischen Ereignissen, die mit dem Aufstieg des Faschismus in Italien, Österreich und Deutschland verbunden waren. Wir hatten keine Ahnung, dass wir bald mit vielen Flüchtlingen vor diesem Terror in Gorki zusammentreffen würden.

Europa 1933 war voller Spannungen, in Angst und Besorgnis. Wir reisten von Land zu Land, trafen führende Gewerkschaftler und Politiker, von denen viele in den kommenden Jahren großen Einfluss gewinnen würden, und suchten nach jedem Anzeichen eines effektiven Widerstandes gegen die drohende faschistische Gefahr. In jenem Sommer nahmen wir an der Weltkonferenz der II. Internationale (sozialdemokratisch) in Paris teil und lernten dort Pietro Nenni aus Italien, Léon Blum aus Frankreich, Fenner Brockway aus Großbritannien, H. Alter aus Polen und viele andere, deren Mut eine tiefe Wirkung auf unser Leben hatte, kennen. Und dann gab es dort die tragische Figur von Otto Wels, dem Vorsitzenden der einst mächtigen Sozialdemokratischen Partei Deutschlands zur Zeit der

Weimarer Republik. Er kämpfte mit den Tränen, als er versuchte, den Delegierten aus über 30 Ländern zu erklären, wie Hitler an die Macht gekommen war. Die Konferenz bestärkte unsere Hoffnungen auf eine reale Möglichkeit zur Mobilisierung einer breiten antifaschistischen Koalition gegen den beharrlichen Trommelschlag der sich ausbreitenden Macht der Nazis nicht.

Bevor wir uns von Paris verabschiedeten, um nach Berlin und weiter nach Gorki zu reisen, suchten Walter und ich Trost bei einem Besuch des Friedhofs Père Lachaise. Dort gedachten wir an ihren Gräbern der tapferen Franzosen, die den Gedanken von Freiheit, Brüderlichkeit und Gleichheit in der ganzen Welt verbreitet hatten – Rousseau, Victor Hugo, Jean Jaurès und andere, und wir sprachen miteinander über unsere Überzeugung, dass die Freiheit der Menschheit noch nie so bedroht war wie in jenem Moment.

Ich werde niemals den Tag vergessen, an dem wir aus Berlin nach Gorki abreisten: der 15. November 1933. Es war ein Augenblick von großer Tragweite. Am 12. November gab es in Deutschland ein Plebiszit, das, wie sich zeigen sollte, den Begriff „Wahl" in reinen Hohn verwandelte. Weil alle oppositionellen Parteien und Kandidaten ausgeschlossen waren, konnten die Nazis leicht einen überwältigenden Sieg für sich beanspruchen. Am Vorabend hatten wir eine Massenversammlung im Sportpalast besucht, bei der Göring die Menge aufhetzte und der alte pathetische von Hindenburg wie ein Kind die ideologischen Klischees des neuen Regimes wiederholte. Die Straßen waren voller jubelnder uniformierter Sturmtruppen.

An diesem dunklen Moment der Geschichte brachte eine gute Nachricht einen Hoffnungsfunken. Roosevelt hatte die Sowjetunion anerkannt und wie durch Zauberei wurden uns am 13. November unsere Visa ausgestellt. Nachdem wir uns von unseren Verwandten in Stuttgart schon verabschiedet, unsere treuen Fahrräder mit Anhängern versehen und zwei schwere Überseekoffer gepackt hatten, die unser wertvolles Präzisionswerkzeug für die Werkbank und warme Kleidung enthielten (wir fuhren schließlich ins mittlere Russland), bestiegen wir in Berlin den Expresszug.

Nach Monaten, die wir uns in billigen Jugendherbergen oder auf einer Plane im Freien durchgeschlagen hatten, bedeutete der Zug einen Luxus und eine Erholung für unsere Radlerbeine. Als wir an malerischen Dörfern in Ostdeutschland und Polen vorbei fuhren, bedauerten wir nur, dass wir nicht jedes von ihnen wie mit dem Fahrrad erkunden konnten. Obwohl der Zug einen gut ausgestatteten Speisewagen hatte, waren wir viel zu sparsam und daher wohl ausgerüstet mit gutem Brot, Käse, Äpfeln, Wurst, Schokolade und Tee. Woher sollten wir wissen, dass an unserem Zielort solche Lebensmittel nicht zu haben waren?

Zwei Tage später, am 17. November, kamen wir in Moskau an. Sofort bedauerten wir, dass wir unsere wärmsten Sachen vorausgeschickt hatten, denn es heulten eisige russische Winde. Unser Intourist-Betreuer half uns, den Bahnhof zu wechseln, um den Zug nach Gorki zu erreichen. Der ungeheizte Bahnhof wimmelte von zerlumpten Menschenmassen, die auf Säcken oder Bündeln ihrer Habseligkeiten zusammenkauerten und etwas Körperwärme voneinander suchten. Wir waren in einer anderen Welt angekommen!

Es stand uns ein noch größerer Schreck bevor, als wir den Zug nach Gorki bestiegen. Ein Expresszug nach europäischen oder westlichen Standards war es nicht. Oft wurde gehalten, während der Zug die 250 Meilen ostwärts von Moskau bis zur Stadt Gorki ruckelte.

Die alte Stadt Nischnij Nowgorod, zu Ehren des großen sowjetischen Dichters Maxim Gorki, der dort seine Kindheit verbracht hatte, in Gorki umbenannt, ist geprägt von der russischen Geschichte. Am Zusammenfluss von Oka und Wolga gelegen, erheben sich die Türme des Kreml (älter als der Moskauer) und die historischen Marktgebäude über einem hohen Felsenkliff. Seit den Tagen Tamerlans bildete Nischnij Nowgorod Russlands Verbindung nach Westen. Die Stadt war ein wichtiges Handelszentrum für die großen Seiden- und Gewürzkarawanen aus Asien, die nach der Überquerung der Wüsten Zentralasiens am Kaspischen Meer für die lange Strecke wolgaaufwärts auf Schleppkähne umluden, die von Menschen und später von Pferden gezogen wurden.

Hier fanden die ersten Handelsmessen der Welt statt. Bereits 1816 empfahlen Ingenieure und Architekten aus St. Petersburg dem Zaren Alexander I. Nischnij Nowgorod als idealen Ort für einen weltweiten Jahrmarkt und vermuteten, die Stadt werde die drittwichtigste Stadt Russlands nach St. Petersburg und Moskau werden. Alle Erwartungen wurden übertroffen. Zu seinen Hochzeiten zog der Jahrmarkt um 300.000 Teilnehmer und Besucher am Tag an und wurde zum Auslöser der wirtschaftlichen und kulturellen Entwicklung. Zwischen 1850 und 1860 machte der Handel auf dem Jahrmarkt 60 Prozent des Gesamtwertes nach Russland importierter Waren aus – mit einem Gesamtwert von 246 Millionen

Rubel. Der Jahrmarkt brachte Nischnij Nowgorod außerdem durch beschleunigten Straßen- und Eisenbahnbau in noch engeren Kontakt zum Westen und zu Europa.

Trotz dieses historischen Wagnisses unternehmerischer und kommerzieller Vorhaben schloss Stalin 1930 den Jahrmarkt, was dunklere Ereignisse voraussahen ließ. Dies war ein entscheidender Moment der russischen Geschichte. Lenins Neue Ökonomische Politik[1] war beendet. Die effizientesten landwirtschaftlichen Produzenten, die Kulaken[2], wurden entwurzelt und enteignet und die forcierte Kollektivierung befohlen. Aber welche Gefahr stellte der Jahrmarkt von Nischnij für Stalin dar? Nach Darstellung des Kreml setzte das Zusammentreffen von Hunderttausenden aus westlichen Gebieten mit Massen aus dem Herzen Russlands und Zentralasien diese gefährlichem „ausländischen, kulturell fremden und sozial schädlichen" Gedankengut aus. Bald sollte die Stadt Gorki wie auch der gesamte Oblast oder Bezirk Gorki gegen alle Kontakte nach Westen abgeschlossen sein.

Die historischen Gebäude, die einst den Jahrmarkt beherbergt hatten, standen noch, als wir nach Gorki kamen. An Stelle einer bedeutenden internationalen Messe fand dort nun ein wildwuchernder Bauernmarkt statt, wo nicht rationierte Produkte der Bauern (und gebrauchte Haushaltswaren) verkauft wurden.

Zu dem Zeitpunkt, als wir in Gorki eintrafen, waren die Temperaturen auf 35 Grad minus gefallen. Als wir aus dem Zug stiegen, bot sich uns ein noch verheerenderes Bild als bei der Ankunft in Moskau. Der Gestank war unbeschreiblich! Der Bahnhof wimmelte von Menschen, die oft nicht von ihren regungslosen Bündeln zu unterscheiden waren. Diese Seelen waren Überbleibsel der Zwangskollektivierung der Bauernhöfe, die Millionen dazu trieb, in die aufstrebenden neuen städtischen Gebiete umzusiedeln. Sie trugen die gesteppte Tracht der Landleute (die ich als asiatisch identifizierte), die Frauen mit ihren Tüchern um ihre Köpfe und Oberkörper, die Männer mit Schaffellmützen mit Ohrenklappen – und alle mit Filzstiefeln, Walenki genannt. Es war keine leichte Sache für uns, um und über die Masse hin zum Fahrkartenschalter zu gelangen und das einzige Wort zu verkünden, das wir bis jetzt auf Russisch gelernt hatten: „Awtozawod", das Autowerk.

So stiegen wir dann beladen mit Handkoffern und Rucksäcken in die Straßenbahn zum Verwaltungsgebäude des GAZ, ungefähr sechs Meilen entfernt an den Ufern der Oka. Das gewaltige Gedränge der Menge, die in die Straßenbahn einzusteigen versuchte, ließ die Arbeitslosenschlangen in Detroit wie ein Kinderspiel erscheinen. Sie kletterten in jeden Winkel, einschließlich des Daches, und hingen sogar an den Außenwänden. Mit eingeklemmten Armen eingepfercht, hatten wir nicht bemerkt, dass unsere Jacken von schlauen „Mafiosi", den obdachlosen Straßenkindern *(Besprisorniki),* die von solchen Taten lebten, chirurgisch aufgeschlitzt worden waren. Glücklicherweise befanden sich unsere Pässe und unsere Devisen (so begrenzt sie auch waren) in Gürteltaschen unter unserer Kleidung. Aber wir hatten wertvolle Notizen über die Ereignisse in Berlin verloren. Das war also unser Willkommen im „Vaterland der Arbeiter" und im GAZ.

Als wir auf das GAZ-Verwaltungsgebäude zukamen, sahen wir die aufragenden Türme des riesigen Kraftwerkes, die den Blick auf die gigantische Industriebaustelle beherrschten. Nachdem wir bei der Verwaltung die wichtigsten Formulare ausgefüllt und unsere Pässe abgegeben hatten, machten wir uns bei Temperaturen unter 30 Grad zu Fuß auf den Weg durch den Schnee zum ungefähr eine Dreiviertelmeile entfernten Amerikanischen Dorf.

Da wir immer noch eher für Berlin als für Gorki gekleidet waren, kamen wir halb erfroren bei den Barackenkonstruktionen im Amerikanischen Dorf an, wo unser Gastgeber John Rushton und seine Familie untergebracht waren. John, seine Frau Elva May, die älteste Tochter Ramona und die Jüngste, Roselva, begrüßten uns herzlich. Ein lodernder Holzofen und heißer Tee waren uns das liebste Willkommen. Zu erschöpft für längere Gespräche, fielen wir für die Nacht in die provisorischen Betten auf dem Küchenfußboden.

Kapitel 2

Dieses Kapitel des Buches handelt allgemein von den ausländischen Arbeitern und Arbeiterinnen, die von der Zeit direkt nach der Revolution bis zum Zweiten Weltkrieg ins revolutionäre Russland und in die Sowjetunion kamen. Angesichts des Rufes der Sowjetunion als diktatorisches Regime mit dem Ziel der Vernichtung des westlichen Kapitalismus ist es wichtig zu verstehen, warum diese Arbeiterinnen und Arbeiter in die UdSSR gingen und aus welchen Gründen die Sowjetunion ihr Kommen begrüßte.

Um die Ereignisse und die Motivationen der Menschen, die in diesem Buch beschrieben werden, zu verstehen, muss der Leser seine historische Vorstellungskraft anstrengen. Im frühen zwanzigsten Jahrhundert war das System kapitalistischer Demokratie vor allem in Europa, aber auch auf dem amerikanischen Kontinent für die meisten Arbeiter und Arbeiterinnen sehr hart. Es befand sich außerdem in einer Krise. Die Verheerungen des Ersten Weltkrieges hinterließen Millionen Tote in Europa. Volkswirtschaften, drei Kaiserreiche – das österreichisch-ungarische, das deutsche und das russische – sowie das ottomanische Reich waren zerstört und die Vorherrschaft Großbritanniens im internationalen System geschwächt. Während das kapitalistische System weltweit in den zwanziger Jahren auf einen Zusammenbruch zuzusteuern schien, nahmen wirtschaftliche Schwierigkeiten und politische Unruhen gleichermaßen zu.

Inmitten dieses Aufruhrs erschien ein neues politisches und wirtschaftliches System auf der internationalen Bühne: In der Sowjetunion wurde der Sozialismus aufgebaut. Die Versprechen des sowjetischen Sozialismus waren wirtschaftliches Wachstum, Stabilität und Vollbeschäftigung auf der Grundlage einer rationalen Planung der Wirtschaft. Des weiteren versprach der Sozialismus der Arbeiterklasse die politische Macht – die berühmte „Diktatur des Proletariats". Gewiss wurden diese Versprechen niemals erfüllt, doch in jener Zeit erschien dieser Sozialismus vielen Arbeitern gegenüber den alten, zerfallenden Kapitalismen des Westens neu, mitreißend und hoffnungsvoll.

Für die erste Welle von Arbeitern und Arbeiterinnen, die in die Sowjetunion kamen, war also eine Mischung aus wirtschaftlicher Not und re-

volutionärem Enthusiasmus die treibende Kraft. Als sich in den dreißiger Jahren die wirtschaftlichen und politischen Krisen in Europa verschärften und faschistische bzw. nationalsozialistische Regimes Macht gewannen, flohen immer mehr Arbeiter in die Sowjetunion, um den Repressionen gegen Gewerkschaftler, Sozialisten und Kommunisten zu entgehen. Sie waren sich in der Mehrheit der zunehmenden Intensität der Unterdrückung innerhalb der Sowjetunion unter Stalin nicht bewusst.

Für die Sowjets ergab sich der Wunsch, ausländische Arbeiterinnen und Arbeiter in die UdSSR zu ziehen, aus der Notwendigkeit. Die Jahre der Revolution und des Bürgerkrieges (1917–1921) hatten in der russischen Volkswirtschaft viel zerstört und dem Land einen großen Teil der gelernten Arbeiterschaft, der Facharbeiter und der erfahrenen Betriebsleitungen genommen. Gelernte Arbeiter hatten den größten Teil der Mitgliedschaft der bolschewistischen Partei gebildet, doch viele von ihnen hatten den Bürgerkrieg nicht überlebt oder die Werkbänke verlassen, um Parteifunktionäre zu werden. Viele Techniker, Ingenieure und Manager waren vor der Revolution geflohen, weil sie von den neuen politischen Eliten für „bourgeois" und damit für verdächtig gehalten wurden. Für die bolschewistische Führung kam die ideologische Überzeugung der ausländischen Arbeiter erst an zweiter Stelle nach dem Fachwissen, das sie nach Russland bringen konnten – letzteres würde den Aufbau des Sozialismus vorantreiben. Dennoch half die Tatsache, dass die meisten dieser Arbeiter und Arbeiterinnen sich der sozialistischen Sache verpflichtet fühlten, der sowjetischen Führung, die meisten von ihnen trotz der schrecklichen Lebensbedingungen der Arbeiterklasse in den ersten Jahrzehnten sowjetischer Herrschaft in der UdSSR zu halten.

P.T.C.

Kapitel 2
Einwanderer aus dem Westen – Das amerikanische Dorf

Neben einer typischen Bauernsiedlung namens Monastirki oder Kloster errichtet, lag das Amerikanische Dorf zwischen den sandigen Ufern der Oka und den Hauptgebäuden des GAZ-Komplexes. Bei unserer Ankunft war das Dorf eine hastig zusammengezimmerte Siedlung. Es gab mehrere Einheiten für je eine Familie, vermutlich für leitende Angestellte, aber der größte Teil des Dorfes bestand aus zwölf barackenartigen, zweistöckigen

Holzkonstruktionen, die aus Sperrholzplatten gebaut und mit Pferdemist gegen die harten russischen Winter isoliert waren. Die ersten Bewohner waren natürlich Kakerlaken und Wanzen, gegen die es keine Isolierung zu geben schien. Das Dorf war ursprünglich für hohe Tiere des GAZ und Techniker von Ford, die 1930 und 1931 ankamen, gebaut. Allmählich übernahmen es Fabrikarbeiter aus Detroit, Finnen aus den Vereinigten Staaten und später viele politische Flüchtlinge aus Italien. Im Jahr 1934 wuchsen ihre Reihen durch die Ankunft zahlreicher österreichischer Schutzbündler auf der Flucht vor der faschistischen Heimwehr und vor Hitler Schutz suchender Deutscher.

Eine kleine mehrsprachige Schule sorgte für die Schulbildung der Kinder der ausländischen Arbeiter. Die erste „Kommandantin" des Dorfes, eine in den USA geborene Frau namens Schura, fungierte auch als Schulleiterin. Der Lehrkörper bestand aus drei Personen: Rosalie aus Detroit, Margaret Wettlin, die für eine einmonatige Rundreise in die UdSSR gekommen war und sich zum Bleiben entschieden hatte, und schließlich eine recht muskulöse Frau polnisch-jüdischer Herkunft. Margaret Wettlin blieb noch weitere 42 Jahre und verfasste ein faszinierendes Buch mit dem Titel *Fünfzig russische Winter*. Sie berichtet, dass es bei ihrer Ankunft im Dorf so wenig Unterkünfte gab, dass sie mit einem männlichen Ford-Arbeiter namens Charles Slonsky ein Einzelzimmer teilen musste.

Außer den Baracken und dem Schulgebäude gab es ein gemeinschaftliches Aufenthaltsgebäude (mit einem Gemeinschaftsraum, nach dem US-Kommunistenführer Ruthenburg-Raum genannt), einen Laden und einen gemeinschaftlichen Speisesaal. Der Laden war Ausländern mit Lebensmittelkarten vorbehalten und verkaufte einige Produkte und Haushaltswaren, die für die Normalbevölkerung nicht erhältlich waren. Das wichtigste Gebäude war der gemeinschaftliche Speisesaal, wo die Speisekarte zwar das eingeschränkte Angebot des Marktes widerspiegelte, aber auch die kulinarischen Fähigkeiten der jeweiligen ethnischen Gruppe der Frauen, die Tagesdienst hatten – italienisch, finnisch oder österreichisch. Walter und ich entschieden uns für den gemeinschaftlichen Speisesaal und gaben unsere Lebensmittelkarten ab, so dass den Kindern im Dorf unsere begrenzten Rationen von Butter und Fleisch zugute kamen.

Uns wurde eine Unterkunft im zweiten Stock eines Gebäudes nahe beim Speisesaal zur Verfügung gestellt. Wir mussten die Küchenecke mit einem elektrischen Zwei-Platten-Kocher und die Duschkabine (ohne heißes Wasser) mit einer vierköpfigen Einwandererfamilie aus Italien teilen, die ebenfalls auf einem Zimmer lebte. Unsere Reisekoffer waren unter unseren Liegen verstaut und die beiden Fahrräder, die uns in Europa so gut gedient hatten, aber jetzt in Russland fast völlig nutzlos waren, hingen an Haken von der Decke. Es gab nur geschlossene Doppelfenster mit Ausnahme der *Fortotschka,* eines kleinen Winkels hoch oben nahe der Decke, den man nach außen öffnen konnte und der auch als Kühlschrank diente.

Der Gemeinschaftsraum spiegelte den multinationalen Charakter des Dorfes. Volkslieder aus Italien, Finnland, Amerika, Polen und Deutschland erfreuten uns alle. Es gab auch ernsthafte politische Diskussionen, normalerweise unter der Leitung von Parteifunktionären. Und natürlich endlose Diskussionen über Probleme, rationierte Lebensmittel, fehlende Bürgersteige, als das Tauwetter im Frühling anbrach, und selbstverständlich auch Familienstreitigkeiten aus der Situation in einem fremden Land heraus, die sich auf die Gemeinschaft ausweiteten.

Was den Dorfbewohnern half, über ihre isolierte Lebenswelt hinauszublicken, waren die Subbotniki[3], freiwillige Gruppeneinsätze, bei denen Arbeiter den Bauern bei der Ernte halfen, frisch angekommene Versorgungsgüter verladen halfen, die in Lagerhallen verderben könnten, und Bäume und Sträucher in der neuen sozialistischen Stadt „Sozgorod" pflanzten, wo eines Tages 45.000 Arbeiter und ihre Familien leben sollten. Diese freiwilligen Arbeitseinsätze fanden zwar in der Freizeit statt, aber sie verbanden in der Regel harte Arbeit mit einer großzügigen Auswahl normalerweise nicht erhältlichen Essens, gefolgt von einem unterhaltenden Stündchen Musik mit der Kapelle der Roten Armee und lokalen Musikern. In jenen Jahren der Begeisterung, als der Geist der Revolution besonders unter der Jugend noch stark war, war der *Subbotnik* eine geschätzte Institution – doch nur von kurzer Dauer.

Wellen von Einwanderern

Zwischen 1917 und 1940 wanderten ungefähr 80.000 ausländische Arbeiterinnen und Arbeiter, Fachleute und politisches Asyl Suchende in die Sowjetunion ein, von denen die meisten dringend benötigte Fähigkeiten mitbrachten.[4] Die erste Gruppe, die bald nach der Revolution eintraf, waren Menschen ursprünglich russischer Herkunft, die nach Amerika oder in andere westliche Länder gegangen waren und nun zurückkehrten. Obwohl sowjetische Statistiken aus dieser stürmischen Zeit nicht allzu genau sind, steht fest, dass einige zehntausend Russen während der Jahre 1920 bis 1922 zurückkehrten.

Bereits bis 1921 war eine beachtliche Gruppe deutscher Arbeiter, vielleicht um die fünf- oder sechshundert, eingewandert. Die meisten waren gelernt und traten in die Produktion ein. Bald würde eine stärker unterschiedlich zusammengesetzte Gruppe von *politimmigranti* (politischen Flüchtlingen) zu ihnen stoßen, darunter der Vorsitzende des Betriebsrates der FIAT-Werke, Giovanni Parodi, und Dante Corneli, der wegen der Tötung eines faschistischen Polizisten flüchtete. Dazu kamen Anführer des Generalstreiks in Seattle.

Lenin erkannte früh die dringende Notwendigkeit, technisches Knowhow aus dem Westen anzuziehen, und ergriff Maßnahmen, Facharbeiter zur Einwanderung in die UdSSR zu bewegen und ausländische Spezialisten einzusetzen. Eine ständige Kommission zur Einwanderung aus dem Ausland wurde eingerichtet. Ihr Bericht weist darauf hin, dass zwischen Januar 1923 und Dezember 1926 aus ungefähr 6.000 ausländischen Arbeitern und Arbeiterinnen 26 landwirtschaftliche Kollektive und neun Industriekollektive gebildet wurden und weitere 5.000 Menschen die Erlaubnis zur Einreise erhielten.

Eine der faszinierendsten Gruppen ausländischer Ankömmlinge waren die Gründer der Autonomen Industriekolonie des Kusbass (AIK). Dieses Projekt gewann die persönliche Unterstützung und Ermutigung Lenins. Er unterzeichnete selbst den Vertrag mit der ersten Gruppe von Fachleuten aus den USA. Der Hauptorganisator war John Gustav Tuchelskij, geboren am 14. Juni 1894 in Detroit, Michigan. Sein Vater Gustav, ein Ford-Arbeiter, ermutigte seinen Sohn John, ebenfalls bei Ford eine Anstellung als Elektriker zu suchen. Zwischen 1912 und 1913 diente John in der US-Armee. Als Absolvent einer technischen Schule in Detroit wurde John ein Aktivist der ersten Stunde in der amerikanischen Arbeiterpartei und nahm an Streiks teil, was ihm Beziehungen und zahlreiche Verhaftungen einbrachte. 1922 lernte John den legendären „Big Bill" Haywood (der später an der Mauer des Kreml bestattet wurde) kennen, der ihn ermutigte, sich der ersten Gruppe von Amerikanern auf dem Weg ins Kusbass anzuschließen. Nach ihrer Ankunft in Kemerowo[5] wählte die Vollversammlung der amerikanischen Fachleute John Tuchelskij zum Bürgermeister der neuen Kolonie. Diesen Fachleute wurde ein sehr wichtiges Kohlerevier im Kusbass zugeteilt. Außerdem erlaubte man ihnen, eine riesiges metallverarbeitendes Zentrum für das Gebiet zu errichten. Die sowjetische Presse brachte ihre Erfolge groß heraus, um ein Beispiel für die eigenen Arbeiter zu setzen. Aus diesem Grunde liegt in den späteren Entwicklungen eine besondere Ironie.

John arbeitete zwei volle Jahre in der AIK und half, das Projekt in Gang zu bringen. Dann kehrte er nach New York zurück, um das dortige Kusbass-Rekrutierungsbüro zu leiten. Er kam 1925 mit einer weiteren großen Gruppe von Amerikanern zurück und wurde Betriebsleiter des Kraftwerks Kusbass. 1927 bat man ihn um Mithilfe in den „Elektrotok"-Werken in Leningrad und 1930 wechselte er mit einer Gruppe von Fahrzeugbauspezialisten nach Gorki (Nischnij Nowgorod), um den Aufbau des GAZ zu unterstützen. Dort war er bis 1932 angestellt, als man ihn zur Arbeit als Elektroingenieur in die nahegelegene Stadt Dserschinsk versetzte.

Als die Großen Säuberungen in Gang kamen, wurde John 1938 verhaftet und der Spionage beschuldigt.[6] Er bestand auf seiner Unschuld und weigerte sich, irgendein Geständnis zu unterschreiben. Er wurde gnadenlos gefoltert und zum Jahresende informierte man seine Frau, dass John im Gefängniskrankenhaus plötzlich an einem Herzinfarkt gestorben sei. Die Säuberung dezimierte die Reihen der Pioniere der AIK und die meisten Überlebenden versuchten, in ihre Herkunftsländer zurückzukehren. Johns älteste überlebende Tochter Etel, die in Moskau lebt, besitzt ein bemerkenswertes Privatarchiv über das Leben ihres Vaters, in dem sich auch die Namen von über 500 Kollegen Johns in der Autonomen Industriekolonie finden. Eine jüngere Tochter, Rosa, lebt und arbeitet noch immer in Nischnij Nowgorod.

So viele Einwanderer der ersten Stunde waren von den elenden Arbeitsbedingungen, der Verpflegung und den Unterkünften enttäuscht und entmutigt, dass bis Ende 1929 die Zahl der Ausländer unter 5.000 gesunken war. Das bewog den XVI. Parteikongress zur Forderung nach einer Rekrutierungskampagne, um „ausländische Ingenieure, Vorarbeiter und Facharbeiter" anzuziehen, damit ihre „Erfahrung und ihr Wissen" in sowjetischen Fabriken weitergegeben werden konnten. Ein Höchstwert von 40.000 wurde aufgestellt; dieses Ziel wurde noch übertroffen. Bis Ende 1932 wurde die Zahl 40.000 weit überstiegen. Eine der größten Gruppen, die aus dem Westen nach Russland umsiedelte, war eine Gruppe von mehr als 8.000 Finnen aus dem Nordwesten der USA und Kanada, die sich im sowjetischen Karelien niederließen, jenseits der Grenze ihres heimatlichen Finnland.[7]

In diesen frühen Jahren schienen die Sowjets alle, die Fähigkeiten und Technologie zu bieten hatten, dankbar aufzunehmen. Wer Führungsqualitäten zeigte, wurde rasch befördert. Zum Beispiel waren in den ersten Tagen der Charkower Traktorenfabrik fast alle entscheidenden technischen Positionen mit ausländischen Fachleuten besetzt. Thomas Stewart wurde die Leitung der Eisengießerei übertragen; in Stalingrad wurde Rollo Ward, ein Dreher aus Lynn, Massachusetts, Vorarbeiter der Fräsmaschinenabteilung; in den Metallwerken Stalino war ein Deutscher, Ludwig Rosalski, der Hauptvorarbeiter am offenen Hochofen. 1931 bestätigte GOSPLAN[8], dass ohne diese Spezialisten aus dem Ausland die neuen sowjetischen Industriegiganten nicht hätten gebaut und in Betrieb genommen werden können.

Die 1932 getroffene Entscheidung der sowjetischen Regierung, die Zahlungen in harter Währung an die ausländischen Fachleute auszusetzen, verringerte den beständigen Zustrom von Bewerbern aus dem Ausland erheblich. Doch der Aufstieg Hitlers in Deutschland, der Heimwehrputsch in Österreich, die fortgesetzte Macht der Faschisten in Italien und der Aufstieg Francos in Spanien wirkten zusammen und motivierten eine enorme Welle politischer Migranten, von denen viele genau die Fähigkeiten besaßen, die die Sowjets brauchten. Zu dieser politischen Gruppe aus Europa kamen Arbeitslose, die der wachsenden Rezession in vielen westlichen kapitalistischen Staaten auswichen. Wenn die ausländischen Arbeiter und Arbeiterinnen auch als Gruppe von den sowjetischen Arbeitern, mit denen sie zusammentrafen, willkommen geheißen wurden, folgte eine Zeit, in der die sowjetische Propagandakampagne zur Steigerung der Produktion und des Ausstoßes die Ausländer und die heimischen Arbeiter gegeneinander aufzuhetzen schien. Ein verständliches Maß von Neid existierte in Anbetracht der besseren Lebensmittel, Kleidung, Unterkünfte und Bezahlung für die Ausländer. Aber dies allein trug nicht so sehr zu ausländerfeindlicher Stimmung bei wie die überall präsenten Kampagnen für den „sozialistischen Wettbewerb", die Arbeiter gegen Arbeiter, Abteilung gegen Abteilung und Fabrik gegen Fabrik aufhetzten. Es war ein ungleiches Spiel und die Ausländer konnten in den meisten Fällen eine höhere Ausstoßnorm setzen, was sie in den Augen vieler Arbeiter als Druckmacher und Bosse aus der kapitalistischen Welt erscheinen ließ. Und die Ausländer waren leichte Ziele. Es gab ein weiteres menschliches Problem: Viele der ausländischen Arbeiter waren alleinstehende Männer, die die Gesellschaft russischer Frauen suchten. In diesem Punkt brachte der Zugang zu Devisengütern den Ausländern mehr als einen Vorteil. Was als verständlicherweise angespanntes und misstrauisches Klima begann, wurde bald von den Organen der Partei und des Staates ausgenutzt, um wahnsinnige Verdächtigungen gegen Ausländer aufzuheizen, so dass es für Russen sicherer wurde, den Kontakt mit Ausländern ganz zu vermeiden, als zu riskieren, mit ihnen zu verschwinden. Wie drückend ein Problem für einen russischen Arbeiter auch sein mochte, er war ausreichend eingeschüchtert, um nicht öffentlich zu protestieren und den Zorn der Obrigkeit auf sich zu ziehen. Wie auch immer die offizielle Parteilinie lautete, wussten die sowjetischen Arbeiter dennoch sehr gut, dass sie kein Recht hatten zu streiken!

Doch die ausländischen Arbeiter, die in ihren Heimatländern das Streikrecht gegen unzumutbare Bedingungen ausgeübt hatten, verdarben es sich mit allen Seiten, falls sie in der Sowjetunion darauf zurückgriffen. Dies geschah 1940 in den Charkower Lokomotivwerken, wo viele vor Francos Regime geflohene spanische Arbeiter beschäftigt waren. Nachdem sie von der Betriebsleitung eingesetzt worden waren, um die Produktionsnormen zu erhöhen, und dann zusehen mussten, wie der Stücklohn gesenkt wurde, verstanden sie bald, wie sie benutzt wurden. Nach Protesten nach Moskau, Briefen an die Parteiführung etc. begannen einige zu streiken. Das Ergebnis war, dass jeder Spanier in der Stadt in Haft genommen wurde.

Die Italiener, denen der Ruf der Unbeständigkeit vorauseilte, spalteten sich als politische Gemeinschaft stark. Zunächst ging es um schlechte Versorgung und Unterkunft, doch dann entstanden vorrangig politische Konflikte über die Frage, warum ihre Partei, die italienische Kommunistische Partei, sie anscheinend im Stich ließ und schutzlos Stalin und Berija auslieferte.[9] Die Spannung erreichte einen Höhepunkt mit dem Mord an Grandi, einem im Kaganowitsch-Werk beschäftigten loyalen Parteimitglied. Unter den drei Italienern, die Grandi erstachen, war ein gewisser Pera, ein italo-amerikanischer Maschinist aus Genua, der ein Geständnis ablegte, ins Gefängnis kam und in einem Arbeitslager starb. In einer einzigartigen Studie über ausländische Arbeiter in der UdSSR kommt der Autor Andrea Grazio von der Universität Neapel zu dem Schluss, dass Russland in den dreißiger Jahren ein tiefer Sumpf war, in dem fast alle ausländischen Arbeiter, die nach 1933–1934 dort blieben, verschwanden. Die schrumpfende italienische Gemeinschaft sollte später von der Deportation solcher Leitfiguren wie Corneli, Pio Pizziriani, Ghezzi und vieler anderer in die Lager Stalins erschüttert werden.

Auch die finnischen Gemeinschaften in Karelien erlitten die Verhaftung und Liquidierung führender Persönlichkeiten und später die erzwungene Entwurzelung von ganzen Gemeinschaften, die ins Exil nach Sibirien oder jenseits des Ural gehen mussten. Nur wenige, die ihren ausländischen Pass nicht aufgegeben hatten oder die schwer bewachte Grenze nach Finnland überschritten, schafften es zu überleben.

Die Deutschen in Russland waren ein leichtes Ziel. Schon unter den Zaren waren Nationalisten schnell mit Angriffen auf die Deutschen bei der Hand. Als sich die Angst vor Hitler-Deutschland verbreitete, brannten natürlich sämtliche Sicherungen durch. Der deutsche Repräsentant bei der Komintern berichtete 1938, dass bereits 842 deutsche Antifaschisten in der UdSSR verhaftet worden seien. Dies scheint eine Untertreibung zu sein, da die deutschsprachigen Arbeiter in den frühen dreißiger Jahren fast fünfzig Prozent der gesamten ausländischen Arbeiterschaft in der UdSSR ausmachten.[10]

Millionen von Gefängnisinsassen, unter ihnen einige überlebende ausländische Arbeiterinnen und Arbeiter, wurden 1956 befreit, als Nikita Chruschtschow bestimmte, das System der Zwangsarbeit abzubauen. Die Rückkehr dieser ausländischen Arbeiter und die herzzerreißenden Geschichten, die sie zu erzählen hatten, wirkten sich politisch in grundlegender Weise auf die linken Bewegungen in ihren Heimatländern aus. Nicht nur die kommunistischen Parteien, sondern auch sozialdemokratische Bewegungen spürten die negativen Auswirkungen, besonders in Deutschland, Österreich, Italien und Spanien.

Kapitel 3

Dieses Kapitel behandelt die Geschichten einzelner Familien und Gruppen ausländischer Arbeiter, die sich in den frühen dreißiger Jahren in der Stadt Gorki einfanden. Die Erfahrungen derjenigen, die in diesem Kapitel beschrieben werden, spiegeln im Kleinen die Kräfte wider, die in dieser Zeit ausländische Arbeiter zu Zehntausenden in die Sowjetunion lockten oder trieben. In diesem Kapitel begegnen uns auch zum ersten Mal die direkten Auswirkungen des stalinistischen Systems und des Terrors, des hinterhältigen Systems politischer Kontrolle, auf manche dieser Arbeiterinnen und Arbeiter.

Der Hintergrund der drei hier beschriebenen Familien weist auf eine der beiden Hauptkräfte hin, die die Menschen ins sozialistische Russland führten: politisches Engagement. Die Familie Singer und die Familie Herman waren russischer und ukrainischer Herkunft und hatten das zaristische Russland nach der gescheiterten Revolution von 1905 verlassen. Während viele Russen, die unter dem alten Regime Machtstellungen innehatten, vor dem sozialistischen Regime flohen, kehrten auch viele Russen, die vor dem alten Regime geflohen waren, zurück und beteiligten sich an dem neuen. Die Familie Rushton repräsentiert einen anderen Typus, den es in die Sowjetunion zog: Sozialisten und Kommunisten aus dem Westen, die in der neuen UdSSR die Verkörperung ihrer ideologischen Überzeugungen sahen.

Die vier weiteren Gruppen, die in diesem Kapitel dargestellt werden – Finnen, Italiener, österreichische Schutzbündler und Spanier – kamen in die Sowjetunion, weil in ihren Heimatländern autoritäre und faschistische Regierungen Macht gewannen. Wie Reuther bemerkt, kamen viele Finnen aus den USA und Kanada aus ideologischen Gründen in die UdSSR, doch die Mehrheit war auf der Flucht vor dem faschistischen Regime in Finnland. Die faschistischen Regierungen Italiens und Österreichs, wie auch die Nazis in Deutschland, verfolgten Sozialisten und Kommunisten (von denen die meisten Arbeiter waren) mit besonderem Eifer, da sie mit gutem Grund sozialistische und kommunistische Organisationen als größte potentielle Bedrohung ihrer Macht sahen. Der Fall der Spanier war besonders schmerzhaft, weil sie in die Sowjetunion ka-

men, nachdem sie im spanischen Bürgerkrieg Franco – mit anfänglicher Hilfe der Sowjetunion – einen guten Kampf geliefert hatten, nur um dann mit Misstrauen behandelt zu werden, nachdem Stalin 1936 aus politischen Gründen seine Unterstützung in Spanien zurückgezogen hatte.

P.T.C.

Kapitel 3
Familien im Dorf

Lange habe ich mich mit der Frage auseinander gesetzt, wie eine so weit reichende Geschichte, die einen ganzen Kontinent umspannt, am besten erzählt werden kann. Ich bin zu dem Schluss gekommen, dass der menschliche Verstand sie nur nachvollziehen kann, wenn sie im Rahmen einzelner Familien und Individuen und der Gemeinschaft, in der sie lebten und arbeiteten, erzählt wird. Daher nun die Geschichte von Gorki!

A. Die Familie Singer

Es ist angemessen, mit der kleinen, aber einflussreichen Familie von Ilja David Singer zu beginnen. Geboren in Grodno, Russland, und Veteran des Aufstandes von 1905 gegen den Despotismus des Zaren, floh Singer mit seiner jungen Familie über Schweden in die USA, wo er die amerikanische Staatsangehörigkeit erhielt. Seine Frau, die vor allem Hausfrau war, fand Arbeit als Köchin für eine amerikanische Familie. Ilja wurde als Dreher und Vorarbeiter in einer Werkzeugmaschinenfabrik in New York angestellt. Als überzeugter Sozialist verfolgte er mit großem Interesse die Ereignisse in seinem früheren Heimatland, vor allem nach der Revolution 1917. Im Jahr 1927 entsandte ihn die amerikanische Industriekooperative (INCO) nach Moskau, um Möglichkeiten zur Unterstützung der sowjetischen Metallindustrie zu sondieren. Er kehrte 1929 in die USA zurück und arbeitete ab 1930 bei der sowjetischen Sonderagentur zur Förderung des Handels, der Amtorg-Handelsgesellschaft. Seine Hauptaufgabe bestand aus Reisen in den USA zum Ankauf von Werkzeugmaschinen und Ausstattung für das neue GAZ-Autowerk in Gorki. All diese Reisen belasteten das Familienleben und 1929 trennten sich Ilja und seine Frau und sie zog mit einem Sohn nach Annandale, New Jersey.

Aber es gab noch eine außergewöhnliche Tochter, Eugenia (Jean), die nicht nur das Interesse ihres Vaters am Sozialismus teilte, sondern auch sein Interesse an mechanischen Dingen. Sie setzte all ihre Hoffnung darein, Ingenieurin zu werden. Iljas Fähigkeiten und politische Hingabe qualifizierten ihn zur Rekrutierung durch *Awtostroj*. 1930 unterzeichnete er einen Vertrag als technischer Berater am GAZ. Jean bettelte darum mitzukommen, weil sie bereits wusste, dass es in der Sowjetunion weniger Hindernisse für Frauen in technischen Berufen gab als in den meisten westlichen Ländern. Nach ihrem Schulabschluss an der Walton-Oberschule in der Bronx arbeitete Jean als Stenotypistin für die MacFadden-Verlagsgesellschaft. Also machte sie sich im Februar 1932 im Alter von 19 Jahren mit ihrem Vater auf in die alte Stadt Nischnij Nowgorod, genannt Gorki. Außer ihren persönlichen Sachen trugen die beiden bündelweise wertvolle Zeichnungen und Baupläne für spezielle Werkzeugmaschinen bei sich. Bei ihrer Ankunft im Amerikanischen Dorf wurden beide in einem einzigen Zimmer untergebracht, bis Plätze im Gebäude der Internationalen Kommune frei wurden, wo sie endlich getrennte Räume erhielten.

In einem Dorf, wo vor allem Ausländer aus Finnland, Deutschland, Italien, den USA etc. lebten, beförderten Iljas fließende Russischkenntnisse und seine Fähigkeiten im Umgang mit Werkzeugmaschinen ihn schnell in eine führende Position sowohl im GAZ-Werk als auch im Dorf. Die Beamten des Außenministeriums im GAZ ernannten Ilja bald zum Dorfkommandanten und im Werk wurde er ausgewählt, das Büro für Entwicklung und Entwurf zu leiten. Jean fand ebenfalls schnell ihren Platz im GAZ als Kopistin im Büro für Entwicklung und qualifizierte sich bald als technische Zeichnerin.

Der Enthusiasmus der Jugend in den frühen dreißiger Jahren ergriff auch Jean, die sich bei fast jedem Subbotnik und bei sozialen Aktivitäten im Dorf freiwillig meldete und eine leitende Rolle in der Komsomolgruppe des Dorfes spielte. Vater und Tochter waren je auf ihre eigene Weise geachtete und wichtige Persönlichkeiten im Dorf geworden. Als Walter und ich gegen Ende des Jahres 1933 zu der Gemeinschaft stießen, fühlten wir uns geehrt, von beiden Singers herzlich willkommen geheißen zu werden.

Im Mai 1935 schlug man Ilja die Versetzung in eine Fabrik für den Bau von Spezialmaschinen in der Stadt Kuibyschew bei Samara vor, wo seine besonderen Fähigkeiten dringend gebraucht wurden. Jean entschied sich, ihren Vater zu begleiten, und erfüllte ihren großen Wunsch: Sie begann an der Technischen Schule eine Ausbildung als Maschinenbauingenieur. 1936 nahm der Druck auf alle Ausländer zu, ihre ausländischen Pässe aufzugeben und stattdessen die sowjetische Staatsangehörigkeit anzunehmen. Die Singers glaubten, dass die Zukunft gesichert sei und ihre Karrieren davon profitieren würden, und akzeptierten die sowjetische Staatsangehörigkeit.

Es ist nirgends festgehalten und es gab auch keinerlei Hinweise darauf, dass die Singers in Gorki oder Samara politische Schwierigkeiten hatten. Dennoch traf die Familie ohne Vorwarnung ein schwerer Schicksalsschlag. Ilja wurde 1938 verhaftet und binnen weniger Wochen exekutiert. Jahrelang täuschte man Jean vor, ihr Vater sei noch am Leben, aber in einem Gulag. Zwanzig Jahre verstrichen, bis sowjetische Funktionäre ihren Vater rehabilitierten und ihr offiziell mitteilten, wann er getötet worden war! Jeans persönliche Träume zerbrachen ebenfalls. Plötzlich war sie die Tochter eines „Volksfeindes" und in einem Zug warf man sie aus ihrer Technischen Schule, schloss sie aus dem Komsomol aus und zwang sie zur Räumung der Zweizimmerwohnung der Familie (die sie erst fünf Monate zuvor bezogen hatten). Schließlich erlaubte man ihr, nach Rostow umzuziehen, wo sie sich am Institut für Maschinenbau einschrieb. Nach ihrem Abschluss 1940 beantragte sie die Rückkehr nach Gorki, wo sie „die glücklichsten Tage meines Lebens in der UdSSR" verbracht hatte. Sie wurde erneut in der Entwicklungsabteilung des GAZ eingestellt, musste aber in einem Hotelzimmer in der Arbeiterstadt Sozgorod wohnen. Sie brachte es nicht über sich, ihrer Familie in den USA zu schreiben, was ihrem Vater zugestoßen war.

Zu dieser Zeit wurde am GAZ unter Hochdruck für die Verteidigung produziert. Bald fielen Bomben der Nazis auf die Gebäude des GAZ. Ihre Freundin aus besseren Tagen, Ramona Gissen (geb. Rushton), die Tochter unseres engsten Freundes John Rushton, starb bei der Arbeit in der Nachtschicht bei einem nächtlichen Luftangriff. Jean fand etwas Trost und Wärme bei ihrem russischen Verlobten, doch er wurde an die Front einberufen und dort getötet. Jean begann, Englisch und technische Fächer an einer Schule des GAZ zu unterrichten, doch bald entschied sie sich zu einer Zusatzausbildung am renommierten Institut für Fremdsprachenpädagogik in Gorki. Wie sie mir vor kurzem erklärte, fühlte sie sich zu der Sprache ihrer Jugend in Amerika hingezogen und Englisch für Fortgeschrittene zu unterrichten erlaubte ihr, sich wieder als Amerikanerin zu fühlen. Nach Abschluss ihrer Ausbildung wurde sie Dozentin am Institut. Einer ihrer preisgekrönten Englischstudenten war Jewgenij Gorkow, der derzeitige Vizegouverneur der gesamten Region Nischnij Nowgorod. Es ist das Verdienst Jean Singers, dass ich dieses Buch geschrieben habe. Ihre ergreifenden Briefe an mich, nachdem sich die geschlossene Stadt Gorki wieder als Nischnij Nowgorod nach Westen geöffnet hatte, spornten mein müdes Gewissen an, die Geschichte ihres und so vieler anderer Leben zu veröffentlichen. Auf Seite um Seite um Seite schüttete sie mir und über den Fernsehsender NBC auch der amerikanischen Öffentlichkeit ihr Herz aus und beschrieb ihre innersten Gefühle von ersten großen Erwartungen an die neue Welt, die sie aufbauten, überschwängliche Begeisterung, das Vertrauen und die Loyalität zu den sowjetischen Zielen und, ja, auch zur Führung, Stalin eingeschlossen. Lassen wir Jean ihre Gedanken selbst ausdrücken (wie sie sie in einem Brief vom 26. Juni 1992 an mich niederschrieb):

„Es ist schwer zu verstehen, warum ich so aufrichtig an das sowjetische System glaubte. Ich denke, es lag am Einfluss meiner Eltern. Beide hatten sich an der Revolution von 1905 beteiligt und mussten ihr Land verlassen. In Amerika waren sie zuerst Sozialisten, dann Kommunisten, und wir Kinder gingen in die gleichen Klubs wie unsere Eltern und hörten deshalb viel über die UdSSR und lernten ihre revolutionären Lieder. Was unerklärlich bleibt, ist unser fester Glaube an das System in Russland sogar während und nach den massenhaften Verhaftungen von ehrlichen, treuen Bürgern und auch das tiefe Vertrauen, das wir in Stalin hatten. Wie naiv scheint das jetzt alles! Ich habe den Glauben an die gesamte Idee verloren und fühle, dass ich ein Leben im Glauben an das Unmögliche verschwendet habe. Wie glücklich war ich, als die ersten Kühlschränke auftauchten, dann Radiogeräte, Gasheizung, Telefon, Fernseher. Ich meine damit, dass ich dachte, wir überholen die USA. Doch nach meinen beiden Reisen in die Staaten zwischen 1984 und 1988 verstand ich, wie rückständig wir waren und was wir brauchten, um ein demokratisches Land zu werden ... Nach dem Beginn von Perestrojka und Glasnost dachte ich, wir seien auf dem richtigen Weg, aber wieder einmal überwog die Naivität. Wir brauchen Jahre, um nur mit dem Atmen zu beginnen ... Vielleicht werden in zehn oder fünfzehn Jahren die Dinge in Ordnung sein, aber es gibt noch so viele Hindernisse, einschließlich des gleichen Typs von Bürokraten und Konservativen, die dir im Wege standen und immer noch stehen.

Ich habe mich danach gesehnt, für immer in die Staaten zurückzukehren wie andere ehemalige Amerikaner, doch ich fürchte, es ist zu spät. Ich bin schon 79, und das macht es schwierig, die Aufregungen mitzumachen, die so eine große Umstellung mitbringt. Außerdem bedeutet es eine Menge Ausgaben. Ja, ich denke, mein Leben war verschwendet!"
Danke, Jean, für deine Freundschaft über die Jahre und für deine bewegende Geschichte. Dein Leben war nicht verschwendet! Du hast einer jüngeren Generation geholfen, die Fehler der Vergangenheit zu vermeiden.

B. Die Familie Herman

Wie andere Amerikaner, die sich nach Gorki bewarben, waren auch Sam und Rose Herman aus der Ukraine 1905 an dem Aufstand gegen den Zaren beteiligt. Auch sie mussten fliehen, zunächst nach London und dann 1909 in die USA. Sam brachte sein Engagement mit. Er spielte eine Rolle bei der jüdischen Linken in Detroit und nahm an den ersten Versuchen teil, die „Roten" in der Automobilindustrie zu organisieren. Sams und Roses vier Kinder kamen alle in Detroit zur Welt: im Jahr 1911 Leo, im Jahr 1913 Rebecca, im Jahr 1915 Victor und Rose Miriam im Jahr 1925. Sam war ein häufiger Gast in Camp Farringdon, dem kommunistischen Lager in der Nähe von Detroit, das hohe Tiere der Partei wie Browder, Foster, Elizabeth Gurley Flynn und andere besuchten. Gelegentlich geriet Sam bei Demonstrationen auf der Straße und bei Streiks in Konflikt mit der Polizei. Sams zweiter Sohn Victor, der später in der Sowjetunion berühmt wurde und über sein Leben ein Buch schrieb und einen Film machte, behauptet, dass sein Vater trotz seines radikalen Engagements ein Berater, Dolmetscher und persönlicher Freund von Henry Ford senior war. Verständlicherweise war er eine Hilfe für Ford in der Frühzeit der Zusammenarbeit von Ford und Awtostroj, als zahlreiche sowjetische Techniker zur Fortbildung nach Rouge kamen. Victor behauptet außerdem, dass sein Vater einen Dreijahresvertrag mit Ford abschloss, um beim GAZ-Unternehmen zu helfen. Sams Name erscheint allerdings nicht auf der Liste der Ford-Angestellten und er hatte daher vermutlich einen Rubelvertrag direkt mit *Awtostroj*.

1931 schifften sich die Hermans, mit Ausnahme Rebeccas, und 72 weitere Familien aus Michigan auf der Leviathan mit dem Ziel Gorki ein. Aber nicht jeder kam nach Gorki. Wie andere, z.B. Walter und ich, strandeten die Hermans für zwei lange Monate in Leningrad, weil sich der Bau von Unterkünften im Amerikanischen Dorf verzögerte. Schließlich, berichtet Victor, wurden die gestrandeten Familien in Viehwaggons geladen und nach Gorki verfrachtet, was meine Ansicht unterstützt, dass Sam bei *Awtostroj* angestellt war und keinen Vertrag mit Ford hatte, denn die Ford-Angestellten wurden als hochgestellte Persönlichkeiten behandelt.

Einmal im Amerikanischen Dorf angekommen, lief es nicht gut für die Hermans. Rose war nicht glücklich in der UdSSR. Sie wurde sehr deprimiert und desillusioniert und starb 1933 mit dem Wunsch, dass sie Detroit niemals verlassen hätten. Sam konnte sich besser umstellen. Er heiratete bald eine Russin namens Gusta, aber auch sie schied bald aus dem Leben. Dann fing Sam eine Geschichte mit einer Frau namens Olga an und sein Sohn berichtet, dass er starb, während er mit ihr schlief.

Sams und Roses ältester Sohn Leo teilte die politischen Interessen seines Vaters nicht und steckte die meiste Kraft in seine Karriere als Ingenieur am GAZ. Leo war ein ruhiger Familienmensch, der bald nach dem Tod seiner Mutter ein amerikanisches Mädchen aus dem Dorf heiratete. Aber Leos Frau trieb gegen seinen ausdrücklichen Wunsch ein Kind ab und die Scheidung folgte.

Zu dieser Zeit kam Walters Freundin Lucy nach ihrem Abschied von Walter wieder und war zurück im Dorf und wieder zu haben. Nach kurzem Werben heiratete Lucy Leo, zog in Appartement 4 im Haus 35 und bald war ihr Leben um eine Tochter bereichert. Leos jüngere Schwester Miriam war noch im Schulalter, aber sie steuerte eine herausragende Karriere als Psychiaterin an. Miriam heiratete nie und lebt nun als Pensionärin nahe Nischnij Nowgorod.

Victor war der Herman, der in der UdSSR Schlagzeilen machte. Im Alter von 17 Jahren kam Victor in Gorki an und begeisterte sich sofort für Sport und Schießklubs. Er fand Arbeit beim Sportzentrum Gorki, wechselte aber bald zu einer renommierteren Sporttrainingseinrichtung nach Moskau. 1937 und 1938 waren ereignisreiche Jahre für alle Mitglieder der Familie Herman. Zu dieser Zeit änderte sich vieles in der Sowjetunion, da der Alltag zunehmend militärischen Charakter annahm. Das zeigte sich in Victors Sporttraining. 1937 trat Victor in die Springerschule in Moskau ein, wo er als Fallschirmspringer glänzte. Ähnliche Veränderungen fanden auch in Gorki statt. Victor erhielt nicht nur keine Erlaubnis, Gorki zu besuchen, sondern merkte auch, dass Briefe von und nach der geschlossenen Stadt immer seltener kamen.

Miriam berichtet in einem Brief, dass die Einwohnerzahl des Dorfes sank, während uniformierte Truppen der Armee und des NKWD einzogen. Victor erwähnt, dass zu dieser Zeit nur noch um die 20 amerikanische Familien im Dorf geblieben waren. Er erinnert sich an die Klagen seines Vaters: „Von Hunderten sind nur noch zwanzig hier. Die anderen sind alle verhaftet, weggebracht, wer weiß wohin?" Sogar Sam begann sich Sorgen um die Sicherheit der Familie zu machen und schlug Victor vor, seine Schwester Miriam nach Moskau mitzunehmen, um „alles zu tun, was nötig ist, um nach Amerika zurückzukehren." Aber es war zu spät, weil Sam einige Zeit zuvor, in hoffnungsvolleren Tagen, den gemeinsamen Pass der Familie gegen die sowjetische Staatsbürgerschaft eingetauscht hatte. Der Exodus aus dem Dorf war möglicherweise nicht gänzlich von Verhaftungen und Säuberungen abhängig. Angesichts des drohenden Krieges wurden viele Familien 1938 nach Sozgorod umgesiedelt.

In der Zwischenzeit war Victor an der Springerschule Moskau ein Star geworden, da er mit dem höchsten Fallschirmabsprung einen Weltrekord aufgestellt hatte. Die sowjetischen Medien umjubelten ihn als sowjetische Entsprechung von Lindbergh. Aber dieser Moment war nur von kurzer Dauer! Aus heiterem Himmel heraus wurde Victor am 29. Juli 1938 verhaftet und nach Gorki in das Spezialgefängnis für politische Gefangene, Spez Korpus, geschickt. Er war nicht allein: Die anderen Gefangenen waren zum größten Teil ebenfalls Ausländer. Genaue Beschuldigungen gegen ihn wurden niemals ausgesprochen. In der Hoffnung auf Entlassung unterschrieb er eine Aussage, in der ein Amerikaner aus dem Dorf der Spionage beschuldigt wurde. Aber er wurde nicht entlassen. Stattdessen brachte man ihn in Gulag Nr. 231/1 in der Nähe von Krasnojarsk in Sibirien. Zehn Jahre später, am 14. Oktober 1948, entließ man ihn aus dem Gulag, teilte ihm jedoch mit, dass er in Sibirien im Exil zu bleiben habe. Weitere sieben Jahre verstrichen, bevor das Moskauer Militärtribunal befand, dass „kein Fall existiert", und Victor mitgeteilt wurde, er sei „frei von allen und jeglichen Einschränkungen seiner Person". Aber nach 18 Jahren im Gefängnis und im Exil stellte ihm der neue KGB in Krasnojarsk Papiere aus, die besagten: „Ja, Sie sind frei, aber nicht frei, Krasnojarsk zu verlassen." Immer noch in die Gegend verbannt, heiratete er Galina und hatte eine Tochter, Swetlana. Als Swetlana noch ein Kleinkind war, wurde Victor wieder festgenommen und in die Gegend außerhalb eines abgelegenen Dorfes verbannt. Selbst der Zutritt zum Dorf war ihm untersagt. Wie ein wildes Tier grub er sich unter den Wurzeln eines großen Baumes ein Loch, um sich vor den eiskalten Wintern zu schützen.

Weitere acht Jahre sollten verstreichen, bis sein Cousin Dave aus den USA eingriff und Victors Rückkehr nach Detroit vermittelte, wo dieser am 15. Februar 1975 eintraf. Ich konnte Victor in einem Einkaufszentrum außerhalb Detroits begrüßen, wo ich einen Termin zur Präsentation meines Buches *Die Brüder Reuther* hatte. Fünfzehn Monate später konnten seine beiden Töchter sich ihm anschließen, doch nicht seine Frau Galina, der man vermutlich die Ausreise verweigerte und die in der UdSSR zurückblieb.

C. Die Familie John Rushtons

John Rushton kam in Indien als Kind englischer Eltern zur Welt. Wann oder warum seine Familie nach Amerika auswanderte, ist nicht bekannt, aber John zog es in Michigan zur Autoindustrie und er wurde einer der geschicktesten Werkzeugmacher in der riesigen River Rouge-Werkstatt der Ford-Motorenwerke.

John war ein wahrer Internationalist und fühlte sich dem kleinen Mann überall auf der Welt verpflichtet. Er wetterte gegen das Unrecht des Fabriksystems und die Ausbeutung der Menschen durch die Menschen. Ich schätzte ihn als eine Art Kommunisten wie Tom Paine ein, mehr Intellektueller als Parteiaktivist. Ich fragte mich schon immer, wie er es geschafft hatte, Harry Bennetts *Service Department* zu überleben. Wir kamen in den späten zwanziger Jahren zum ersten Mal in Kontakt mit John, als Walter vom Ford-Werk in Highland Park an den viel größeren Standort in Dearborn versetzt wurde. In dieser Zeit arbeitete Walter sich durch die Oberschule und machte gleichzeitig eine volle Schicht als Junior-Facharbeiter. In vieler Hinsicht wurde Rushton so etwas wie eine Vaterfigur für Walter. Er schenkte ihm viel Aufmerksamkeit und unterstützte seine Bemühungen, in die Elite der Facharbeiter aufzusteigen. Als John entdeckte, dass Walter sich für soziale Fragen wie gewerkschaftliche Organisation und Arbeiterrechte interessierte, vervielfachte sich seine Aufmerksamkeit.

Beeinflusst durch einige der ersten Organisatoren der Kommunistischen Partei im Gebiet Detroit, interessierte sich John sehr für die nationalen Hungermarsch-Demonstrationen, die diese planten. Genau zu diesem Zeitpunkt trafen die jungen sowjetischen Techniker des gerade entstehenden GAZ-Werkes zur Fortbildung bei Ford ein. Über jeder Brotzeit wurden hinter vorgehaltener Hand die aufregenden Ereignisse in Osteuropa seit der Oktoberrevolution diskutiert. Der Mord an den Teilnehmern des Hungermarsches vor den Toren des Ford-Werks River Rouge in den frühen dreißiger Jahren, vor den Augen der sowjetischen Praktikanten, bildete einen traumatischen Wendepunkt für Rushton und auch für Walter.

Rushton meldete sich als einer der ersten Arbeiter freiwillig, um nach Gorki zu gehen und den Sowjets zu helfen, das GAZ-Werk zur Produktion zu bringen. John tat dies aus politischer Überzeugung, nicht bloß als Ford-Arbeiter. Er verkaufte sein Haus, Möbel und anderen persönlichen Besitz, damit er Werkzeug und Ausrüstung kaufen konnte, die, wie er wusste, im GAZ benötigt wurden. Rushton schiffte sich 1933 mit seiner Frau Elva May und zwei Töchtern, der älteren, Floretta (Ramona), bereits ein Teenager, und ihrer jüngeren Schwester Roselva, nach Russland ein. In den Akten des US-Außenministeriums wurde er als Kommunist geführt. Alle Rushtons engagierten sich im Amerikanischen Dorf in Gorki und John wurde ein hoch geschätzter Arbeiter in der aufblühenden Werkstatt des GAZ. Die spannenden Briefe von John Rushton an meinen Bruder Walter lösten bei uns den Wunsch aus, ihm nach Gorki zu folgen. Walters Kündigung bei Ford wegen unserer öffentlichen Beteiligung an der Kampagne für Norman Thomas als Präsidentschaftskandidat für die USA 1932 besiegelte die Entscheidung.

Die Familie Rushton gewöhnte sich nicht so schnell wie John an die anfänglichen Entbehrungen in Gorki. Johns philosophisch begründete Hingabe an die sowjetische Sache ließ ihn die enorme Verschlechterung des Lebensstandards, die der Umzug nach Gorki bedeutete, gar nicht wahrnehmen. Ramona, eingeschrieben an der örtlichen Universität, hatte sich in einen aufstrebenden jungen russischen Ingenieur namens Gissen verliebt. Sie heirateten und er wurde bald der zweite Mann in der Hierarchie des GAZ. Als die Säuberungen Stalins das GAZ trafen, wurde Gissen gemeinsam mit dem Direktor des GAZ im Januar 1938 verhaftet und in ein Arbeitslager geschickt. Traurig und einsam, von der Universität entlassen, weil ihr Mann ein „Volksfeind" war, begann Ramona, an einer gewöhnlichen Mittelschule in Sozgorod Englisch zu lehren. Als der

Krieg näher rückte und jede Hand gebraucht wurde, um die Plätze derjenigen zu füllen, die an die Front gegangen waren, wurde Ramona für die Nachtschicht im GAZ angenommen. Sie starb ganz zu Anfang des Krieges, als die ersten Nazibomber die GAZ-Fabrik angriffen. Die Auswirkungen von Gissens Verhaftung auf John müssen verheerend gewesen sein. Für Elva May war es der letzte Strohhalm. Am 21. November 1938 beantragte sie bei der US-Botschaft ein Rückkehrvisum für sich selbst und ihre jüngste Tochter Roselva. In ihren Aussagen gegenüber der US-Botschaft deutete sie an, dass auch John zurückkehren wolle, doch es existieren keine weiteren Hinweise darauf, dass er dementsprechende Schritte einleitete. Elva und Roselva kehrten in das Haus ihres Vaters in Allegan, Michigan, zurück.

Als Gissen endlich aus dem Arbeitslager entlassen wurde, wollte er Gorki und die unglücklichen Erinnerungen hinter sich lassen. Er überzeugte seinen Schwiegervater John, mit ihm in die neuen Autowerke in Kutaisi in Georgien zu gehen. John stimmte zu und verließ mit seiner neuen Frau, einer einsamen finnischen Witwe, deren Ehemann Jarvanin als einer der ersten Finnen verhaftet worden war und nicht zurückkehrte, das Dorf in Richtung Kutaisi.

D. Die Finnen

Alle schätzten die zahlreichen Finnen aus den USA und Kanada. Sie bildeten einen kleinen Teil der großen Welle finnischer Einwanderer, die aus ihrem Heimatland geflüchtet waren, als die faschistischen Weißfinnen an die Macht kamen. Insgesamt entschieden sich 12.000 von ihnen dazu, den Nordwesten der USA und Kanada wieder zu verlassen und in ein an Finnland grenzendes Gebiet namens Karelien einzuwandern, in der Hoffnung, sich dort ein Leben aufzubauen, das ihnen in Finnland verweigert wurde.

Die Finnen im Amerikanischen Dorf begeisterten uns damit, dass sie ihre finnischen Saunen mitbrachten. Ich bin mir sicher, dass die Konstruktion viel primitiver war als das, was sie sowohl aus Finnland als auch aus Minnesota kannten. Sie bauten ihre eigenen Heizöfen und schnitten Zweige, mit denen sie sich selbst peitschten, um die Körperporen zu öffnen. Die Kameradschaftlichkeit, mit der man nackt bei 35 Grad minus im Schnee herumrollte, war eine Erfahrung, die ich anfangs nicht zu überleben fürchtete.

Die Finnen wussten auch, dass man sich im Winter auf den Sommer vorbereiten musste. Es gab keine Kühlmöglichkeiten im Dorf. Also organisierten die Finnen einen *Subbotnik,* um riesige Eisbrocken aus der zugefrorenen Oka zu schneiden. Dann zersägten sie diese in große Blöcke, wanden eine Kette oder ein Seil darum und zogen sie mit einem Gespann Pferde zum Speisesaal des Dorfes. Sie stapelten diese Blöcke in einem gewaltigen Berg, den sie dann mit Sägemehl oder Holzspänen abdeckten – bereit zur Nutzung im Sommer.

Die Finnen machten auch das Leben im Sommer interessanter. Als der erste lange Winter endlich vorbei war, führten uns die Finnen zu den Stränden der Oka, warfen, wie ihre russischen Cousins, alle Hemmungen ab und freuten sich der Sonne „*au naturel*". Unser vorheriges „klösterliches" Leben wich einer sozialeren Lebensweise.

E. *Die Italiener*

Eine einflussreiche Gruppe im Dorf waren die Italiener. Einige hatten Jahre in den USA verbracht und dort in der Automobil- oder anderen Grundindustrien gearbeitet. Ihre Fähigkeiten wurden in Gorki dringend gebraucht. Sie waren in der Mehrheit politische Aktivisten, überzeugte Sozialisten oder Kommunisten, im Kampf gegen die Faschisten in Italien gestählt. Mit Hilfe der Untergrundorganisation der Komintern[11] entkamen sie nach Frankreich oder Belgien und erhielten schließlich Asyl in der UdSSR. Ihr Anführer war Eduardo Rizzoli (tatsächlicher Name Memo Gottardi) aus Bologna, ein disziplinierter und kompromissloser Stalinist, der keinerlei Abweichung vom Diktat der Partei duldete. Das führte zu ständigen Auseinandersetzungen in einer Gruppe, die es gewöhnt war, den eigenen Verstand zu benutzen. Bald wurde aus Moskau ein neuer Anführer bestellt, Mario Mari (tatsächlicher Name Mario Farinin), der schnell das Vertrauen der italienischen Gemeinschaft im Dorf gewann. Er wählte zwei Getreue aus den Reihen, Alcide Vomero aus Udine in Norditalien als Sekretär und Leonardo Damiano, einen ursprünglich aus Canosa in Süditalien stammenden Italo-Amerikaner, als Leiter für politische Diskussionen und Herausgeber der italienischsprachigen Zeitung.

Damiano, geboren in Canosa am 1. Januar 1913 (auf den Tag genau ein Jahr nach meiner Geburt), ist die Hauptperson dieses Buches. Leonardos Großvater war ein Landsmann und Trompeterjunge des großen Garibaldi, des legendären Dorfrebellen. In der Tradition der Familie wurde Leonardos Vater Savino ein führender Sozialist in Canosa und Vorsitzender der *Camera del Lavoro* (Arbeitskammer, d. Ü.), des Zentrums der Gewerkschaften. Als die Faschisten 1921 an die Macht kamen, war Savino gezwungen, aus Italien über die Grenze nach Frankreich und dann nach Boston zu flüchten. Zwei Jahre verstrichen, bevor seine Familie daheim in Italien erfuhr, dass er am Leben und in Sicherheit war. Die Faschisten verbannten die beiden Onkel Leonardos für 14 Jahre auf eine abgelegene Insel. Bald folgte Savinos Familie ihm nach Boston und brachte den Geist Garibaldis mit. Leonardo beteiligte sich an den ersten gewerkschaftlichen Zusammenschlüssen und Streiks in Boston.

Zu Hause waren sie im Bostoner Stadtteil North End, einem soliden italienischen Arbeiterviertel. Die Verhaftung, Verurteilung und Hinrichtung der Italiener Sacco und Vanzetti radikalisierte die Gemeinschaft der Einwanderer und weckte bei Leonardo Zweifel daran, wie frei und demokratisch sein neues Heimatland wirklich sei. Bald wurde er bei der Jungen Kommunistischen Liga aktiv und unterstützte streikende Textilarbeiter in Neuengland, Stahlarbeiter in Pennsylvania und Autoarbeiter in Buffalo. Leonardo heiratete ein amerikanisches Mädchen namens Elsie und bald bekamen sie einen Sohn, Savino oder auch Sammy.

Leonardo spielte unter seinem Parteinamen Jim Evans eine wichtige Rolle bei den Bemühungen, eine landesweite Beteiligung am Hungermarsch zur Unterstützung der Arbeitslosen zu mobilisieren. Er wurde am 1. Dezember 1932 verhaftet und nach einem in der Presse viel beachteten Prozess abgeschoben. Er konnte nicht in seine Heimat Italien zurückkehren, denn das hätte Gefängnis oder Schlimmeres bedeutet. Mit Hilfe der Gruppe Internationale Rechtliche Verteidigung (ILD) bekam er Asyl in der UdSSR.

F. Die österreichischen Schutzbündler

1934 inszenierten die österreichischen Faschisten, angespornt von ihrem eingeborenen Sohn Adolf Hitler und mit der Heimwehr an der Spitze, einen Militärputsch gegen die demokratischen Kräfte, die vom Schutzbund angeführt wurden. Die Faschisten siegten und über tausend Schutzbündler waren gezwungen, das Land zu verlassen. Die Sowjetunion bot als einziges Land Asyl an. Die überwältigende Mehrheit der Schutzbündler waren nicht Kommunisten, sondern demokratische Sozialisten. Walter und ich lebten noch im Amerikanischen Dorf, als die Schutzbündler eintrafen. Sie wurden von allen herzlich willkommen geheißen, besonders von den sowjetischen Funktionären, die ihre Anwesenheit nutzten, um für öffentliche Unterstützung der Verteidigung und des entstehenden weltweiten antifaschistischen Bündnisses zu werben. Eine eigene gemeinschaftliche Wohneinheit wurde für sie gebaut. Ich erinnere mich, dass die Österreicher ermutigt wurden, einen Chor zu gründen, wofür sie den richtigen kulturellen Hintergrund hatten. Begleitet von einem Orchester mit einhundert Streichern, führten, sie „An der schönen blauen Donau" vor Betriebsversammlungen in der ganzen Gegend auf. Da Walter und ich beide Deutsch sprachen und uns die Musik gut gefiel, hatten wir die Ehre, zur Mitwirkung bei der Tournee des Chores eingeladen zu werden.

Die herzliche Aufnahme der Schutzbündler war von kurzer Dauer! Ihre tragische Geschichte wird in ihren Einzelheiten in dem bewegenden Buch *Eine Trennung in Gorki* von Rosa Puhm erzählt. Die Autorin blieb mit einem kranken kleinen Sohn als Witwe zurück, als ihr Mann Dino verhaftet und zu zehn Jahren Gefängnis verurteilt wurde – ohne das Recht, mit seiner Familie oder Freunden zu korrespondieren. Zwanzig Jahre verstrichen, bevor sie die Wahrheit über sein Verschwinden erfuhr, nachdem sie bereits den Weg zurück in ihre Heimat Österreich geschafft hatte. Als Ehefrau eines „Volksfeindes" wurde sie zur Räumung ihrer Wohnung gezwungen und von vielen geschnitten, die es nicht wagten, mit jemandem Kontakt zu haben, der oder die auf der Liste des gefürchteten NKWD stand.

Die österreichischen Schutzbündler waren eine politische Gruppe mit langer Erfahrung, hohem Niveau und tief verwurzelten demokratischen Traditionen. Der autoritäre Charakter der Kommunistischen Partei und ihrer Methoden lief dem zuwider. Die offen ausgesprochenen Ansichten der Schutzbündler passten nicht ins Bild. Es gab heftige Meinungsverschiedenheiten mit den Parteifunktionären, die ihnen zur „Anleitung" zugeordnet waren. Bald wurden die Vernehmlicheren unter ihnen verhaftet und verschwanden. Manche Verhaftungen fanden bereits vor unserer Abreise aus Gorki in die Staaten statt, doch erst bei einem Besuch in Wien nach Ende des Kriegs erfuhr ich die tragische Nachricht, dass nur wenige der Schutzbündler überlebt hatten. Das Schicksal der Schutzbündler in Gorki war nur ein Echo des Schicksals der Schutzbündler, die sich in anderen Teilen der Sowjetunion angesiedelt hatten. Später erfuhr ich, dass manche gefügige Agenten des KGB wurden und während der sowjetischen Besetzung von Teilen Österreichs nach dem Krieg mit den Politischen Streitkräften der Roten Armee nach Wien zurückkehrten.

G. *Die Spanier*

Als Franco den Bürgerkrieg in Spanien begann, leisteten die Sowjets seinen Gegnern beträchtliche materielle Hilfe und erlaubten einer Auswahl „verdächtiger" Ausländer, die UdSSR heimlich zu verlassen und auf der Seite der Loyalisten gegen Franco zu kämpfen. Unter den Freiwilligen waren Italiener und Schutzbündler. Viele starben in Spanien und nur wenige kehrten zurück. Nach ihrer Niederlage gewährte die Sowjetunion einer recht großen Zahl spanischer Loyalisten politisches Asyl. Viele kamen ins Amerikanische Dorf. Sie waren die letzte größere Gruppe von Ausländern, die dorthin umsiedelte. Die UdSSR nahm auch zahlreiche spanische Waisenkinder auf. Unglücklicherweise nahm das Schicksal der Spanier den gleichen traurigen Weg wie bei anderen Ausländern, denen politischer Schutz gewährt worden war.

Es gab noch viele andere Einwohner im Amerikanischen Dorf. Wenn ich nicht in der Lage bin, in Einzelheiten über alle zu berichten, liegt das daran, dass entweder keine ausreichenden Informationen darüber vorliegen, was mit ihnen geschah, oder ihre Erfahrungen in ein schon zu bekanntes Muster passen. Dennoch sehe ich vor meinem inneren Auge wie in einem Kaleidoskop noch immer ihre Gesichter und erinnere mich an ihre Rolle.

Da gab es Severino Buzzacchero, US-Staatsbürger italienischer Herkunft, seine Frau Rena aus Frankreich oder Belgien und ihren Sohn Roger, den Walter und ich gern verwöhnten. Diese warmherzigen und guten Freunde schafften es irgendwie, dem Schicksal zu entgehen, das so viele im Dorf traf. Bei Kriegsende wurden sie nach Italien repatriiert, wo Severino ein wichtiger Arbeiter bei FIAT in Turin wurde.

Unter den ersten GAZ-Arbeitern US-amerikanischer Herkunft waren die Bavleys, Dave und Ruth, und ihre Töchter Bertah und Joy (Judith). Joy lebt noch immer in der GAZ-Arbeitersiedlung Sozgorod und hat zu dieser Geschichte ihren Teil beigetragen. Dann gab es da Irene Helme, eine Musikerin aus Cleveland, und einen amerikanischen Finnen, Tauno Kilervo Hamilton, ebenfalls Musiker aus Worcester im Staat Massachusetts. Zwei unserer besonders engen Freunde waren Aaron und Helen Lebedinsky. Aaron, ein Künstler und Dolmetscher aus Chicago, wanderte in den frühen dreißiger Jahren mit seiner jungen Frau Helen, einer Lehrerin, nach Gorki aus. Aaron diente im Zweiten Weltkrieg an der Front und starb 1983. Die Lebedinskys kehrten 1978 mit ihrer Tochter Marissa und ihrem Enkel Henry in die USA zurück. Doch Marissas Ehemann wurde die Ausreise verweigert. Aarons und Helens Sohn Naum war mit seiner Frau und ihrem kleinen Sohn schon vor seinen Eltern in die USA ausgewandert. Helen lebt nun in East Hartford im Staat Connecticut.

Ich erinnere mich an Stella Louise Salmi, eine Lehrerin aus Detroit, die mit ihren Eltern nach Gorki kam und einen anderen Einwanderer heiratete. Wie in den schon bekannten Geschichten wurde ihr Mann verhaftet und kehrte nie zurück. Stella heiratete wieder, bekam einen Sohn und wurde bald verlassen. Sie überlebte und lehrte bis zu ihrem Tod vor wenigen Jahren weiter. Ihr Sohn lebt in Sozgorod.

Zu anderen: Edward Speier, ein Metallarbeiter aus Detroit, wurde in den frühen Säuberungen verhaftet und verschwand im Gulag in Karabas in Kasachstan. Helen Supranski, eine Amerikanerin, die im Kontrollraum im GAZ arbeitete, heiratete einen spanischen Flüchtling. Sie gingen an die Autowerke nach Minsk, wo sie Berichten nach heute noch lebt. Leo Weck, ein Student aus Detroit, wurde im Juni 1941 verhaftet und in Gorki im Gefängnis gehalten – über ihn gibt es keine weiteren Informationen.

Und da waren Carl und Elsie Werner, US-amerikanische Staatsbürger deutscher Herkunft. Ich erinnere mich gut an Carl. Er wurde 1937 verhaftet und kurz darauf hingerichtet. Nur kurze Zeit später wurde ihre Tochter Margaret verhaftet, weil sie mit einem türkischen Panzerfahrer befreundet war. Im Gefängnis lernte sie einen Mitgefangenen deutscher Herkunft kennen und heiratete ihn. Es wird berichtet, dass sie 1947 gemeinsam mit Elsie in die Staaten zurückgekehrt sein sollen. Della Niemi war eine Tochter finnisch-amerikanischer Eltern, die nach Petrosawodsk in Karelien ausgewandert waren. Ihr Vater wurde verhaftet, ihre Mutter kehrte in die USA zurück und ihre Schwester starb an der Front. Sie selbst verschlug es in den Zeichenraum des GAZ.

Im Laufe der Geschichte der Familien des Amerikanischen Dorfes werden wir einiges über all diese Gruppen und Einzelpersonen hören – zu Hause, in Gefängnissen, in Zwangsarbeitslagern. Von vielen der Vermissten fehlt jedoch jede Nachricht. Wer soll uns von ihnen erzählen?

Kapitel 4

Reuthers Beschreibung des Lebens in Gorki in diesem Kapitel spiegelt die Bedingungen, die die meisten Arbeiter und Arbeiterinnen, ob sowjetischer Herkunft oder nicht, in den ersten Jahren der Herrschaft Stalins vorfanden. Er beschäftigt sich hier mit dem Verhältnis zwischen sowjetischen und ausländischen Arbeitern und dem Schicksal der Wolgadeutschen unter Stalin, bevor er die Abreise der Brüder Reuther aus der UdSSR schildert.

Für die meisten Arbeiterinnen und Arbeiter in der Sowjetunion waren die materiellen Lebensumstände in den dreißiger Jahren im besten Falle schwierig. Dies ergab sich aus einer Reihe von Gründen. Erstens waren durch die Revolution und den Bürgerkrieg die städtische und die ländliche Infrastruktur zu großen Teilen zerstört worden und die Wirtschaft zusammengebrochen. Es dauerte Jahre, dies zu überwinden. Zweitens schufen Stalins Pläne der forcierten Industrialisierung zwar Tausende neuer Arbeitsplätze und Hunderte neuer Städte, aber dort reichten die Mittel zum Bau von Wohngebieten, Räumen für Kultur und zum Aufbau einer sozialen Infrastruktur nicht aus. Die meisten materiellen und finanziellen Ressourcen wurden für den Bau der gigantischen Fabriken, Dämme und anderer Projekte aufgewendet, die eine zentrale Rolle in Stalins Vision des Sozialismus spielten.

Die meisten Arbeiterinnen und Arbeiter lebten in obscheschitii *(Wohnheimen) oder Baracken, zumindest anfänglich. Wohnungen waren sehr schwer zu finden und die Geschwindigkeit der industriellen und urbanen Entwicklung (kombiniert mit der Zerstörung von Wohnraum während des Zweiten Weltkriegs) schuf Wartelisten für Wohnraum von zehn oder mehr Jahren Dauer. In vielen Städten galt dies für die gesamte sowjetische Zeit und bleibt im post-sowjetischen Russland noch immer problematisch. Die Nahrungsmittelversorgung bildete ein weiteres Problem aufgrund der landwirtschaftlichen Katastrophe der „Kollektivierung" in den späten zwanziger und frühen dreißiger Jahren und fehlender Transportmöglichkeiten. In einer Situation allgemeiner Knappheit erhielten dennoch die Facharbeiter in der Industrie (zu denen die meisten Ausländer in der UdSSR zählten) bessere Rationen und Unterkünfte als im*

Durchschnitt. Das traf besonders für die Arbeiterinnen und Arbeiter zu, die an den verschiedenen Mobilisierungskampagnen des Regimes teilnahmen, etwa „Stoßarbeit" oder „Stachanowbewegung", die zur Steigerung der Produktivität durch den Anreiz heroischer Vorbilder gedacht waren.

Es gibt keine schlüssigen Beweise, dass ausländische Arbeiterinnen und Arbeiter als Gruppe besser gestellt waren als ihre sowjetischen Gegenüber, obwohl das Regime materielle Anreize, soweit vorhanden, einsetzte, um sie in der Sowjetunion zu halten. Reuthers Erinnerungen weisen darauf hin, dass ausländische Arbeiterinnen und Arbeiter gleichzeitig sowohl Teil der allgemeinen Arbeiterschaft als auch davon abgegrenzt waren und sich niemals völlig der sowjetischen Bevölkerung anglichen. Manche Arbeiter und Arbeiterinnen passten sich an und blieben in der UdSSR. Die meisten Ausländer allerdings verließen, wenn sie den Stalinismus und den Krieg überlebt hatten, früher oder später die Sowjetunion.

Eine Gruppe, die Reuther in diesem Kapitel beschreibt, verdient besondere Erwähnung. Die Wolgadeutschen kamen im achtzehnten Jahrhundert nach Russland und besiedelten das Land entlang der Wolga im Süden Russlands. Vor der Zeit Stalins gab es eine autonome Republik der Wolgadeutschen; diese wurde abgeschafft, als sie 1941 en masse *nach Kasachstan, Mittelasien und Südsibirien deportiert wurden, nachdem Stalin sie der Kollaboration mit den Nazis beschuldigt hatte. In den frühen neunziger Jahren lebten ungefähr zwei Millionen Menschen deutscher Herkunft in der früheren Sowjetunion. 300.000 von ihnen sind seit 1989 nach Deutschland ausgewandert und insgesamt eine Million haben Ausreisevisa beantragt. Einige Russlanddeutsche unternehmen Versuche, die gegenwärtige russische Regierung davon zu überzeugen, die deutsche autonome Republik wieder zu errichten, doch blieben sie bisher ohne Erfolg.*

P.T.C.

Kapitel 4
Das Leben bei den Russen

In unserem jugendlichen Alter gewöhnten wir uns ziemlich leicht an seltsame Umstände, vor allem nachdem wir uns elf Monate in Europa „durchgeschlagen" hatten, wo wir draußen in Heuhaufen schliefen oder in besseren Nächten in billigen Unterkünften in den Städten. Aber Gorki in den dreißiger Jahren war eine andere Sache. „Spartanisch" wäre eine optimistische Beschreibung der Versorgungslage. Ob in der Kantine der Fabrik oder im Dorf, ständig gab es schweres Schwarzbrot, eine Getreidesorte namens *Kascha,* Kohlsuppe genannt *Schtschi* und gelegentlich Stockfisch, was bald zu Dysenterie und erheblichem Gewichtsverlust führte. Nachdem wir Tausende von Kilometern mit dem Rad durch Europa gefahren waren, war ich schon dünn wie eine Bohnenstange und hatte keine Reserven mehr. Deshalb brachten die gelegentlichen Abstecher aufs Land bei einem *Subbotnik,* um Bauern bei der Ernte zu helfen, immer ein willkommenes Festessen – wenigstens Bratkartoffeln mit Zwiebeln. Sich Grundkenntnisse der russischen Sprache zu verschaffen, war nicht einfach. In der Werkstatt wurde uns ein Dolmetscher zugeteilt, ein Tscheche namens Dvorny, klein, jovial und mit viel Humor. Es gab nur ein einziges Problem: Er konnte kein Englisch! Aber er konnte Deutsch. Also verbesserte sich mein Deutsch sehr schnell, während ich kaum Fortschritte im Russischen machte. Zu versuchen, meinen russischen Kollegen in Zeichensprache Instruktionen zu geben, war ein frustrierender Prozess, doch ich war fest entschlossen, die Sprachbarriere zu überwinden. Natürlich gab es noch einen anderen Anreiz, bei dem der Einsatz eines Dolmetschers ausgeschlossen war! In unserer Abteilung arbeiteten viele attraktive junge Frauen und ich wollte gerne einige von ihnen kennen lernen. Besonders auf Marusa, die in der Werkzeugbude arbeitete, hatte ich ein Auge geworfen. Also fragte ich Dvorny, wie man am schnellsten Russisch lernen könne. Seine Antwort traf ins Schwarze: „Das ist ganz einfach. Such dir ein russisches Mädchen aus, geh mit ihr spazieren und bald wirst du die Sprache sprechen." Mit seiner Ermutigung sprach ich Marusa an, nachdem ich mein kleines russisches *Knischka* (Wörterbuch) für die richtigen Worte zu Rate gezogen hatte. Sie verstand und willigte ein, an unserem nächsten freien Tag einen Spaziergang zu machen. Dann wollte ich vorschlagen, dass wir bei Regen, *„ esli doschd budet",* ins Arbeiterkino gehen könnten. Doch ich versprach mich und sagte *„esli dotsch bu-*

det". Die kleine Marusa wurde leuchtend rot vor Verlegenheit und vor Zorn. Sie drehte sich auf dem Absatz herum und damit war unser Gespräch beendet. Zu sagen, dass ich enttäuscht war, wäre eine Untertreibung gewesen. Sofort suchte ich nach Dvorny, um herauszufinden, was ich gesagt hatte. Als ich wiederholte, was ich Marusa gefragt hatte, schrie er: *„Durak ty* – Du Dummkopf! Du hast gefragt: ‚Was sollen wir machen, wenn es eine Tochter gibt?'" Nun, nach einer angemessenen Entschuldigung verstand Marusa, dass ich bloß ein verwirrter Ausländer war, und so gingen wir spazieren und es gab weder *„doschd"* noch *„dotsch"*.

Die Wintermonate mit den endlos langen Nächten und kurzen Stunden Tageslicht bedurften einiger Gewöhnung. Glücklicherweise kamen ständig Neuankömmlinge ins Dorf und wir verbrachten viele Abende damit, sie alle kennen zu lernen. Der Frühlingsanfang war sehr willkommen, auch wenn das Tauwetter bedeutete, dass sich jede Straße und jeder Weg in Schlamm auflösten. Zwar war der GAZ-Ford Modell A das beste Fahrzeug für russisches Gelände, doch dem Frühjahrstau war er trotzdem nicht gewachsen. Die Bauern, die wie eh und je zu Pferd unterwegs waren, retteten uns immer wieder.

Bald gab es Sommerferien. Die Dorfkantine händigte uns unsere Lebensmittelmarken aus, so dass wir essen konnten, während wir in der Sowjetunion umher reisten. Wir legten so große Strecken wie möglich zurück. Wir nahmen ein Schiff wolgaabwärts nach Kasan, zum Kaspischen Meer, in die Ukraine und ins Schwarzmeergebiet. Unterwegs machten wir einen Zwischenstopp bei der ländlichen Gemeinschaft der „Wolgadeutschen", die während der Herrschaft Katharinas der Großen nach Russland ausgewandert waren. Katharina, deutscher Herkunft, heiratete den Zaren nach dem üblichen Muster königlicher Ehen zur Festigung politischer Bündnisse. Weil die deutsche Landwirtschaft bei weitem fortschrittlicher und produktiver als die russische war, wurden Hunderte deutscher Bauernfamilien als Freie in einem fruchtbaren Gebiet entlang der Wolga angesiedelt. Sie brachten ihre Sprache, ihre Schulen, ihre Religion und ihre Arbeitsweise mit. Die Revolution von 1917 erschütterte diese fest gefügte Gemeinschaft, doch sie stellten sich in einem schmerzhaften Prozess auf die kommunistischen Parolen und Aufforderungen zur Kollektivierung ein. So wie die Leute in den Bergen daheim in West Virginia und Tennessee einen englischen Dialekt sprechen, der dem Englisch Shakespeares ähnelt, hat sich auch die Isolation der Wolgadeutschen von ihrem Mutterland über viele Generationen hinweg auf ihre

Sprache ausgewirkt. Hätten wir nicht Schwäbisch verstanden, wäre es schwierig gewesen, uns mit diesen Abkömmlingen der Zeit Katharinas der Großen im Dialekt der Wolgadeutschen zu unterhalten. Aber eins hatte Bestand: das deutsche Arbeitsethos. Im Gegensatz zur russischen Einstellung des „Nitschewo", schon in Ordnung, gut genug, die aus Jahrhunderten der Unterdrückung, Leibeigenschaft und Verzweiflung stammte, fand sich an der Wolga noch Handwerkerstolz. Allerdings verbesserte dies nicht unbedingt das Verhältnis zu ihren russischen Nachbarn und bildete einen weiteren Grund für Spannungen und Isolation.

Durch den Beginn des Krieges mit Hitler-Deutschland geriet diese ganze Gemeinschaft, die auf anderthalb Millionen Menschen angewachsen war, unter Verdacht. Wie andere ethnische Minderheiten in der Sowjetunion wurden sie vertrieben und wie Vieh in entlegene Gebiete Sibiriens und Mittelasiens verfrachtet. Viele ihrer führenden Persönlichkeiten wurden Opfer der Säuberungen und endeten in weit verstreuten Arbeitslagern. Während ich diese Zeilen schreibe, verhandelt die deutsche Regierung mit der Regierung Jelzin über die Umsiedlung dieser verbannten Gemeinschaft. Es ist paradox, dass eine Nachkriegsregierung mehr Sorge für ehemalige Bürger, die mehrere Jahrhunderte getrennt waren, zeigen sollte als die meisten westlichen Regierungen für diejenigen an den Tag legen, die noch vor wenigen Jahren ihre Pässe innehatten!

Die Ankunft so zahlreicher junger, gut aussehender und alleinstehender österreichischer Schutzbündler ließ das Amerikanische Dorf zu einem Magneten für russische Mädchen aus den umliegenden Dörfern werden, die auf Freundschaft mit Ausländern und auf die besonderen Privilegien, die diese genossen, aus waren. Dass dabei auch etwas für zwei junge alleinstehende Autoarbeiter aus Detroit abfiel, wurde nicht übersehen. Bald ging Walter mit Lucy aus, deren Familie in Sormowa lebte, einem Industriegebiet für Eisenbahn- und Schiffbau im alten Teil von Nischnij jenseits der Wolga. Sie war eine klassische russische Schönheit, sanft und wohlerzogen. Kein Bauerntrampel, dieses Mädchen! Ihr Vater war unter dem Zaren Eisenbahner gewesen und hatte viel Kontakt zum Westen gehabt. Lucy arbeitete im GAZ und kam nun zu den geselligen Veranstaltungen, die das Dorf ausrichtete. Bei ihrem ersten Besuch war ihr unbehaglich. Vielleicht schämte sie sich, unter völlig fremden Menschen Freundschaften zu suchen, oder fühlte sich durch ihre Familie unter Druck gesetzt, sich in vertrauten Kreisen zu bewegen, Hemmungen, die ihren entwurzelten bäuerlichen Kameradinnen schon abhanden gekommen waren. Walter war ebenfalls ungewöhnlich schüchtern, aber nur, weil sein begrenztes Russisch den angestauten Gefühlen nicht entsprach. Zwar war ich bei weitem der bessere Linguist, doch ist eine dritte Person bei so privaten Unterhaltungen schrecklich lästig. Außerdem wollte ich mich auch amüsieren. Walter begann, Lucy regelmäßig zu treffen. Als er mir erzählte, dass Lucy ihn ihren Eltern vorstellen wollte, wusste ich, dass es eine ernste Sache war. Als er mich anflehte, mitzukommen, erinnerte ich ihn an ein Versprechen, das wir einander gegeben hatten, bevor wir zu dieser Odyssee um die Welt aufbrachen. Wir hatten geschworen, diese Reisen als Vorbereitung auf unser Lebenswerk, die Gewerkschaftsarbeit unter Autoarbeitern in den USA, zu sehen, und uns verpflichtet, uns nicht mit einer Beziehung zu belasten, die uns von diesem Ziel abbringen könnte. Walter versprach, dass weder er noch Lucy ans Heiraten dächten. Sie wusste, dass wir einen feststehenden Abreisetermin hatten, und verstand, dass ihre Freundschaft nur so lange dauern würde, wie wir in Russland blieben. Beide versicherten mir, dass sie nur „praktisch" handelten: Unser Dorf lag in Fußweite des GAZ, während Sormowa lange Wege bedeutete, ganz zu schweigen von dem zusätzlichen Vorteil, den in diesen schweren Zeiten der Zugang zum Spezialgeschäft im Dorf gewährte. Bald bat mich Walter, mein Fahrrad und meinen Schiffskoffer zu nehmen und anderswo im Dorf ein Zimmer zu finden.

Es gab keine Hochzeit. Eine einfache Postkarte an die Wohnungsverwaltung der Fabrik, dass Lucy mit Walter zusammengezogen sei, reichte aus. Das Zimmer, das wir geteilt hatten, sah bald wie ein Zuhause aus. Vorhänge, handbestickte Kissen, frische Blumen und all das erschienen durch die magischen Hände einer liebenden Frau.

Ich fand eine Bleibe in einem Dachzimmer über der Dorfkantine. Aber ich muss sagen, dass es für mich ein einsames Zimmer war, bis Lucy eines Tages mit Tränen in den Augen und mit der herzzerreißenden Geschichte ihrer Freundin Viktoria zu mir kam, der einer der österreichischen Schutzbündler ein Arrangement versprochen und sie dann fallen gelassen hatte und die nun ohne Unterkunft da stand. Ich war nie mit Viktoria ausgegangen, noch kannte ich sie wirklich, doch als sie mich fragte, ob sie bei mir bleiben könne, stimmte ich zu und dachte mir dazu, ich sei einsam und fühle mich ausgeschlossen. Aber in Wirklichkeit fiel ich auf alles herein, was Lucy wollte! Also bekamen die Wohnungsleute eine weitere Postkarte und Viktoria zog bei mir ein. Bis auf die Wochenenden sah ich sie nicht viel, denn zu dieser Zeit war ich für die Brigade in der Spätschicht verantwortlich und Viktoria arbeitete tagsüber. Sie hatte ihren eigenen Kopf, war unabhängig, mit allen Wassern gewaschen und ohne die häuslichen Neigungen Lucys. Ich entdeckte bald, dass sie im Geschäft für Ausländer Kleidung kaufte und unter der Hand an die lokale Bevölkerung weiterverkaufte, eine Methode, mit der viele Russen die Entbehrungen dieser Jahre überstanden. Ich war schockiert! Das roch nach Schwarzmarkt, was ich überhaupt nicht ausstehen konnte. Der letzte Schlag für unsere kurze Beziehung von nur wenigen Wochen waren die Geschichten, die ich von Viktorias Affäre mit einem italienischen Dorfgigolo erfuhr, der sie besuchte, während ich Nachtschicht machte. Eine weitere Postkarte beendete diese kurzlebige Episode.

Walters erfreuliche Lebensgemeinschaft mit Lucy dauerte bis zu dem Tag, an dem wir Gorki verließen, um uns auf die geplante lange Reise über den Kaukasus, Mittelasien und den Pazifik zurück nach Hause zu machen. Walter hatte Lucy Postanschriften an verschiedenen Aufenthaltsorten auf unserer Route durch die Ukraine, das Schwarzmeergebiet und den Kaukasus hinterlassen. In Batumi nahe der türkischen Grenze unternahmen Walter und ich eines Tages eine Bergwanderung, um einige Teeplantagen zu besichtigen, und als wir abends in unsere Herberge zurückkehrten, saß da Lucy auf ihrem Koffer und wartete auf Walter. Sie war über tausend Meilen weit gereist, um wieder mit Walter zusammenzusein. Sie wollte so lange bei ihm bleiben, wie wir noch in der Sowjetunion waren. Das Problem war, dass wir geplant hatten, bald nach Mittelasien zu reisen, ein immer noch unruhiges Gebiet, für das eine besondere Reiseerlaubnis erforderlich war – und diese Erlaubnis schloss Lucy nicht mit ein. Außerdem würde der endgültige Abschied umso schmerzlicher werden, je länger sie bei uns blieb. An diesem Punkt begann ich die Geduld mit meinem Bruder zu verlieren! In den folgenden Tagen war eine Wanderung die Georgische Militärstraße hinauf nach Ordschonikidse geplant und Walter dachte, Lucy könnte uns während dieser Tage begleiten. Das war ein Fehler! Sie trug Kleidung für die Stadt und Schuhe mit dünnen Sohlen, die eindeutig nicht zum Wandern geeignet waren (und andere waren in keinem Geschäft zu finden). Aber Walter und Lucy wollten diese wenigen Tage noch zusammen verbringen, also machten wir drei uns auf den Weg und Walter und ich trugen zusätzlich zu unseren Rucksäcken abwechselnd ihren Koffer. Die Straße war steinig, das Gelände rauh, die Nächte bitterkalt und Lucy war ein ziemlich zerbrechliches und zartes

Persönchen. In Ordschonikidse wusste sie, dass sie nicht weiterkonnte, und nach einem nochmaligen tränenreichen Abschied bestieg sie den Zug nach Gorki.

Die beiden schrieben sich noch einige Zeit über Vermittler wie Rushton und bald nach unserer Rückkehr nach Detroit erfuhr Walter, dass Lucy Leo, den Sohn unseres Freundes Sam Herman, geheiratet hatte, der damals Ingenieur am GAZ war. Bald hatte sie eine Tochter.

Der Abschied in der Werkstatt des GAZ verlief anders. Walter schenkte seine lederne Mappe mit Präzisionswerkzeug unserem gemeinsamen Freund Wladimir Wladimirskij. Der Wert dieses Geschenkes war weit größer als die 800 Dollar, die es gekostet hatte. Mein Werkzeug ging ebenso an ein anderes Mitglied unserer Brigade. Unsere beiden Fahrräder und die weißen Arbeitsschürzen wurden willkommene Geschenke für wieder andere.

Ich erwähne diese Geschenke, weil damit eine ironische Geschichte zusammenhängt. Fast ein Vierteljahrhundert später, während eines offiziellen Besuchs des damaligen sowjetischen Premiers Nikita Chruschtschow bei Präsident Eisenhower, aßen Walter und ich gemeinsam mit anderen Vertretern der US-Arbeiterbewegung mit dem sowjetischen Regierungschef in San Francisco zu Abend. Das vierstündige Gespräch wendete sich teilweise in eine erbitterte Diskussion. Wir fragten eindringlich nach und Walter sprach seine Meinung offen und deutlich aus. Obwohl Chruschtschow der Arroganz und dem autoritären Stil Josef Stalins ausgesetzt gewesen war, bin ich mir sicher, dass er es nicht gewohnt war, so geradeheraus angesprochen zu werden. Sofort am nächsten Tag brachte die sowjetische Zeitung *Trud*[12] eine ganze Doppelseite mit einer Litanei von Verleumdungen über Walter und mich – wir hätten eine Ehefrau mit Kind verlassen und „unsere Werkzeuge, Fahrräder und Arbeitskleidung auf dem Schwarzmarkt verkauft". Unsere engen Freunde Rushton und Wladimirskij wurden mit den Worten, wir seien „schlechte und geizige Menschen", zitiert – Aussagen, die sie meiner Überzeugung nach nie gemacht haben und nach denen sie wahrscheinlich nicht einmal gefragt wurden. Dies wurde mir Jahre später bei einem Besuch in Gorki bestätigt. Ich habe auch den Verdacht, dass ein Brief von 1935 an die Moskauer Nachrichten, in dem ich die Unzulänglichkeit sowjetischer Arbeitskleidung kritisiert hatte, ausgegraben und benutzt wurde, um den Zorn Herrn Chruschtschows anzuheizen. Mit großer Sicherheit geschah der Angriff durch *Trud* auf seinen Befehl.

Noch unglaublicher als diese erschütternden Lügen war der Rest der *Trud*-Doppelseite, wo die zärtliche und ernsthafte persönliche Beziehung zwischen Walter und Lucy ohne Grund schlechtgemacht wurde. Sie hatten fünf glückliche Monate miteinander verbracht. Es gab keine Eheschließung und es war auch nicht davon gesprochen worden. Obwohl ich mir sicher bin, dass Lucy gern mit Walter nach Amerika gegangen wäre, bleibt die Tatsache, dass Walter zu seinem Entschluss stand, Junggeselle und unbehindert zu bleiben. Diese Art von Arrangement ist bei der heutigen Jugend viel häufiger. Die giftige Feder der Herausgeber von *Trud* erreichte den journalistischen Bodensatz, als sie die folgenden Worte Lucys kolportierten: „Er schwor mir Liebe auf den ersten Blick. Er sagte, sein Leben sei den Arbeitern gewidmet und er brauche eine wahre Freundin. Er sprach über die Ketten der kapitalistischen Arbeit, die zerbrochen werden müssten, und über blutdürstige Ausbeuter – mein Gott, worüber hat er nicht alles gesprochen! Jedem hätte das den Kopf verdreht, erst recht einem unerfahrenen Mädchen. Bald nach der Hochzeit hörte er auf, von Politik zu reden und ich hörte keine schönen Reden mehr über den Klassenkampf. Er wiederholte nur noch endlos, dass man vorsichtig mit dem Geld sein müsse."

Offensichtlich sind dies die Worte eines Parteischreiberlings und nicht die Worte Lucys. Zu allererst: Walter war mit seinem begrenzten Russisch gar nicht zu langen Reden über Politik in der Lage. Und darüber hinaus wäre er mit einem wunderschönen Mädchen in den Armen gar nicht dazu aufgelegt gewesen, über Politik zu reden. Propagandamacher überreizen oft ihre Möglichkeiten. Ich denke, die Reaktion der meisten Amerikaner, die von den Anschuldigungen in *Trud* gelesen haben mögen, wird am besten in einem Kommentar der Herausgeber der *Detroit News* wiedergegeben: „Die Russen, deren Talent für Beleidigung an Genialität grenzt, haben sich mit der Verleumdung von Walter P. Reuther selbst übertroffen. Der UAW-Vorsitzende ist in seinem eigenen Land bereits mit einer Vielzahl unfreundlicher Nomina und Adjektive angegriffen worden, aber es brauchte Moskau, um festzustellen, dass er ein Bigamist sei."

Bald nach seiner Rückkehr nach Detroit heiratete Walter May Wolf, eine Lehrerin und Gewerkschaftsaktivistin, die ihm während der anstrengenden frühen Kämpfe um den Aufbau der Vereinigten Autoarbeiter-Gewerkschaft (UAW) zur Seite stand. Mit Linda und Elizabeth bekamen sie zwei Töchter. Nach 35 Jahren glücklicher Ehe starben die beiden 1970 bei einem Flugzeugabsturz.

Zehn Monate nach meiner Rückkehr aus Gorki in die Vereinigten Staaten lernte ich Sophie Goodlavich, eine Tochter polnischer Einwanderer in die USA, kennen. Sie hatte gerade das Brookwood-Arbeiterkolleg in New York abgeschlossen und war bereit, ihr Leben der Gewerkschaftsarbeit zu widmen. Sophie wurde die erste Frau im nationalen Stab der UAW und Mutter einer Tochter, Carole, und zweier Söhne, Eric und John. Während ich diese Seiten verfasse, feiern wir 57 Jahre unserer glücklichen und arbeitserfüllten Ehe im Kreise unserer Kinder und Enkelkinder.

Kapitel 5

Dieses kurze Kapitel erzählt von den Erfahrungen einer Gruppe amerikanischer Arbeiter, die auf Geheiß der sowjetischen Regierung versuchten, eine Autofabrik in Moskau zu übernehmen und in Gang zu halten. Das Kapitel wirft ein Schlaglicht auf die immer wiederkehrende Problematik im Umgang der Sowjetunion mit der Außenwelt, nämlich die Spannung zwischen dem Bedarf nach Unterstützung aus dem Ausland und dem Wunsch, soweit als möglich die Kontrolle zu behalten, sowohl wirtschaftlich als auch politisch.

Ein zweites Problemfeld, das in diesem Kapitel angesprochen wird, betrifft die Unvereinbarkeit von Technologie und Methoden aus dem Westen mit dem damaligen Entwicklungsstand der Sowjetunion. Reuther stellt zwar fest, dass die Schwierigkeiten der Amerikaner bei AMO-Moskau nicht primär technischen Charakters waren. Doch es kam in diesen Jahren häufig vor, dass die Sowjetunion Maschinen aus dem Westen kaufte, die dann mit Defekten wegen unsachgemäßer Bedienung durch unerfahrenes Personal oder aufgrund fehlender Infrastruktur gänzlich ungenutzt vor sich hin rosteten.

P.T.C.

Kapitel 5
Amerikanische Autoarbeiter und AMO-Moskau

Mein Freund und Kollege, der preisgekrönte Moskauer Journalist Alexander Alexandrowitsch Miltschakow, unternahm in meinem Auftrag interessante Recherchen über eine Gruppe amerikanischer Automobilarbeiter, die bereits vor dem Engagement der Ford-Werke in Gorki (GAZ) an der sowjetischen Autoproduktion beteiligt waren. Am 3. März 1921 schritt der WSNCh (sprich WeSeNCHa, *Wysschii Sowjet Narodnogo Chosjajstwo*, d. Ü.), die oberste Körperschaft der sowjetischen Wirtschaft, zur Tat und autorisierte mit Lenins begeisterter Unterstützung die Übergabe der Leitung der AMO-Autowerke in Moskau an eine Gruppe amerikanischer Arbeiter. Lenin sprach sich trotz vernehmlicher Opposition dagegen aus, ignorant und misstrauisch einem Neuanfang gegenüberzustehen, der ein Beispiel für die sowjetischen Arbeiter und ein Schub für die Wirtschaft geben könne. Schon im Mai traf eine Gruppe von 123 Amerikanern in Moskau ein und machte sich an die mühevolle Arbeit, eine quasi in Ruinen liegende Fabrik zu retten, in der nicht Fahrzeuge, sondern Feuerzeuge und Ölöfen hergestellt wurden. Bald entstand so etwas wie eine Fertigungsstraße und als erstes Fahrzeug sollte eine verballhornte Version des „weißen Lastwagens" produziert werden. Ein großer Teil der neuen Maschinen, die für den Wiederaufbau gebraucht wurden, wurde aus den Taschen dieser Arbeiter finanziert und mit ihren zusammengelegten Ersparnissen angeschafft. Aber die größten Probleme der Amerikaner waren nicht technischer Art. Sehr früh trafen sie auf Gleichgültigkeit und verletzendes Geschwätz. Während sie sich abmühten, die Arbeitsdisziplin aufrechtzuerhalten, trafen diese Veteranen des Ford-Fließbandsystems auf mürrischen Widerstand. Die lautesten unter den Russen argumentierten, dass es wenig Sinn habe, die eigene Revolution gewonnen zu haben, nur um Vertreter des Kapitalismus vor sich zu finden, die Befehle erteilten. Manche zweifelten sogar ihr Fachwissen an und fragten, warum sie denn, wenn sie so gut ausgebildet und wertvoll seien, in so ein armes und unruhiges Land kämen? Und natürlich spielte der anfängliche Erfolg des Wiederaufbaus von AMO denen in die Hände, die die Rolle der ausländischen Arbeiter kritisierten. 1924 erhielt AMO einen umfangreichen Auftrag für neue Lastwagen und Autos, von denen 800 ins Ausland gingen, was dringend benötigte Devisen einbrachte.

Vieles änderte sich mit Lenins Tod. Bald begannen die Kommissare unter Stalin zu kritisieren, dass die AMO-Werke ältere Modelle produzierten, weil die Amerikaner ihnen die neueste Technologie vorenthielten. Besonders eiferte die Parteizeitung *Pravda* mit Angriffen auf die Amerikaner. Diese Beleidigungskampagne machte es für die Amerikaner so gut wie unmöglich weiterzuarbeiten. Ihr Schicksal wurde auf den höchsten Ebenen des Parteistaates bestimmt. Während der Arbeitszeit wurden Massenzusammenkünfte russischer Arbeiter organisiert, um Öl in die Flammen der Angriffe auf die Amerikaner zu gießen. Der amerikanische Generaldirektor wurde entlassen. Die meisten Amerikaner kehrten in die Staaten zurück, einige wenige nahmen Stellungen anderswo in der Sowjetunion an. Die Entscheidungen der höchsten Stelle von März 1921 wurden niemals zurückgenommen noch eine Kompensation bezüglich der Eigentumsrechte je diskutiert. 1925 benannte man AMO in Staatliche Automobilfabrik um.

Es gab weitere ähnliche Versuche. Im April 1921 trafen 25 erfahrene amerikanische Elektriker in Moskau ein und man bat sie, die Leitung der elektrischen Werke in Samoskworetsche zu übernehmen, die dann Erste Russisch-Amerikanische Elektrische Fabrik getauft wurden. Die Amerikaner machten sich an die Arbeit und bald war das Werk wieder aufgebaut und produzierte dringend benötigte elektrische Geräte. Die Fabrik blieb nicht lange unter amerikanischer Leitung und ging den gleichen Weg wie andere Projekte.

Bereits 1917 traf eine kleine Gruppe gut ausgebildeter Facharbeiter aus den USA ein, die den Kern einer zukünftigen russisch-amerikanischen Werkzeugfabrik bildeten, die gegenwärtig die Bezeichnung MIZ hat. Sie waren ungefähr 70 an der Zahl und ihre Fähigkeiten ermöglichten es, in Russland Werkzeug und Materialien zu produzieren, die sonst unter erheblichen Kosten hätten importiert werden müssen.

Der Wunsch, das russische Experiment zu unterstützen, wurde verständlicherweise auch von Textilarbeiterinnen und -arbeitern aus den USA geteilt. Es wird berichtet, dass die Amerikanische Schneidergewerkschaft, wahrscheinlich ein Zweig der Vereinigten Textilarbeitergewerkschaft, 100 Facharbeiterinnen und Facharbeiter nach Moskau entsandte, denen eine Kleiderfabrik zum Wiederaufbau und zur Modernisierung übertragen wurde, um dringend benötigte Kleidung zu produzieren. Dieses Unternehmen kollidierte ebenfalls mit der russischen Realität und wurde beendet.

Kapitel 6

Drei Motive ziehen sich durch dieses Kapitel über Reuthers Erfahrungen in den GAZ-Autowerken in Gorki. Das erste dreht sich um die Frage, was „modern" zu sein bedeutete, und um den Glauben der sowjetischen Führung an Technologie und Wissenschaft. Das zweite handelt von der eingebauten Ineffizienz des stalinistischen Wirtschaftssystems. Das dritte befasst sich mit der Rolle der Arbeiterklasse im sowjetischen System in Ideologie und Praxis.

Wenn wir an Ideologien von „Entwicklung" denken, sind wir geneigt, an die Programme zu denken, die Regierungen des Westens und der Dritten Welt nach dem Zweiten Weltkrieg in Gang brachten. Die sowjetische sozialistische Ideologie hingegen ging all diesen als Entwicklungsideologien par excellence voran. Wie Lenin es einmal ausdrückte: „Sozialismus ist Sowjetmacht plus Elektrifizierung." Das Regime glaubte, dass wirtschaftliche Entwicklung – und das bedeutete vor allem Industrialisierung – der Schlüssel für eine bessere Zukunft der Menschheit sei. Dieser Glaube war atemberaubend in seinem Optimismus und vielleicht in seiner Naivität. Doch lag darin der Antrieb für die Arbeit von Millionen in den Jahren nach der Revolution.

Die Geschichten in diesem Kapitel illustrieren aber auch die strukturellen Hindernisse, die das stalinistische Wirtschaftssystem schuf und die durch noch so große Begeisterung nicht überwunden werden konnten. Die Überzentralisierung des Systems, die dem Regime den Erhalt der völligen Kontrolle sichern sollte, führte zu Engpässen in der Versorgung, in der Auslieferung und im Bauwesen, ganz zu schweigen davon, dass sich Begeisterung in Frustration verwandelte. Zusätzlich entmutigten die Forderungen des Stalinregimes, Produktionsquoten um jeden Preis zu erfüllen – und die extremen Strafen bei Nichterfüllung –, jeden und jede, Risiken einzugehen oder Neuerungen auszuprobieren. Außerdem wurden die Menschen verleitet, aus Selbstschutz über Produktionsquoten zu lügen und damit das Problem an andere weiterzureichen.

Schließlich ist Reuthers Beschreibung der verschiedenen Programme und Institutionen in sowjetischen Fabriken, die „Arbeiter in die Produktion einbeziehen" sollten, wie etwa das Büro für Rationalisierung und Ent-

wicklung, wichtig für das Verständnis des Charakters des sowjetischen Regimes und der Stellung der Arbeiterinnen und Arbeiter darin. So sehr die Sowjetunion, besonders unter Stalin, eine brutale autoritäre Diktatur war, lag es dennoch im Interesse des Regimes, die Fiktion aufrechtzuerhalten, dass Arbeiterinnen und Arbeiter eine entscheidende Rolle im System innehatten. Die sowjetische Führung rechtfertigte ihre Herrschaft im Namen der Arbeiterklasse, sie behauptete, die Avantgarde der „Diktatur des Proletariats" zu sein. Daher war es für das Regime schwierig, Mechanismen zur Einbeziehung der Arbeiterinnen und Arbeiter zu demontieren, auch wenn diese in Bezug auf die Produktivität dysfunktional waren – und das waren sie häufig – oder von den Arbeitnehmenden als zynische Manipulation angesehen wurden – was sogar noch häufiger der Fall war.

P.T.C.

Kapitel 6
Die Arbeit im GAZ

Die Jahre 1932 bis 1935 markierten eine kurze Phase relativer wirtschaftlicher Normalität nach dem halsbrecherischen Tempo des ersten Fünfjahresplans. Die drückende Zwangskollektivierung der Landwirtschaft, die Millionen entwurzelt und sie als arme Leute und Bettler in die explodierenden neuen Industriegebiete geschickt hatte, wurde zeitweise abgeschwächt. Die hohe Geschwindigkeit der Kollektivierung hatte den Staat gezwungen, seinen wahnsinnigen Drang zu industrieller Konzentration etwas zu dezentralisieren. In dieser kurzen Phase zwischen dem Ersten und dem Zweiten Fünfjahresplan scheinen die Fähigkeiten ausländischer Fachleute am meisten anerkannt und geschätzt worden zu sein. Das Autowerk Gorki, GAZ, stellte eines der wichtigsten Vorzeigestücke in Stalins Zweitem Fünfjahresplan dar. Doch was nur als Produktion von Autos und Lastwagen begann, wurde bald um alle Arten militärischer und wissenschaftlicher Vorhaben erweitert.

Mit dem Aufstieg Hitlers und der Bedrohung durch einen Krieg kam zahlreiches Personal der Roten Armee in die Fabrik, um die Ausrichtung der Fabrik auf eine zweigleisige Produktion für Krieg und Frieden zu überwachen. Ironischerweise überzeugte diese Erfahrung Walter und mich, dass ähnliche Maßnahmen in den USA sinnvoll sein könnten, als wir uns auf den Zweiten Weltkrieg vorbereiteten. Unglücklicherweise traf unser dramatischer Vorschlag zur Umstellung der US-Autoindustrie (und des Verteidigungsministeriums) auf die Produktion von 500 Flugzeugen am Tag durch den Einsatz stillgelegter Automobilfabriken auf Skepsis. Die Industrievertreter der USA argumentierten, dass Werkzeugmaschinen für Autos nur zu einem Zweck eingesetzt werden könnten. Zu Ende des Kriegs allerdings brüstete sich die Industrie, vollbracht zu haben, was wir vorgeschlagen hatten – aber Jahre und Milliarden Dollar später.

Bald entwickelte sich Gorki zum Zentrum nuklearer Forschungseinrichtungen, der Raum- und Luftfahrtentwicklung, elektrischer Industrien und des Schiffbaus. In dieser von Stalin dazu erklärten „geschlossenen Stadt" sollte der Nuklearphysiker Andrej Sacharow arbeiten und in Verbannung leben. Anfangs bestand GAZ aus neun großen Gebäuden, die von dem gigantischen Kraftwerk mit seinen riesigen Schornsteinen überragt wurden. Wir waren beeindruckt, dass die Planer des Kraftwerks die Abwärme nutzten, um die ganze Stadt Sozgorod mit ihren 45.000 Einwohnern zu beheizen. Als wir ankamen, befand sich GAZ noch in Bau. Die meisten Gebäude waren höhlenartige Hallen, voll gestopft mit Containern mit Schwermaschinen und Bauteilen von Ford und anderen westlichen Firmen. Riesige Kräne brachten die neuen Maschinen an ihren Platz. Eine Seite des Gebäudes stand den eisigen Böen des russischen Winterwindes offen. Bevor alle Maschinen richtig standen und die Kräne entfernt werden konnten, dachte niemand daran, das Gebäude zu schließen und den Arbeitsplatz zu heizen.

Es war ein aufregender Tag, als John Rushton uns zum Werkstattraum in diesem weiträumigen Komplex führte. Endlich konnten wir unsere geliebten Werkzeugkästen, die wir durch ganz Europa getragen hatten, auf die Schulter schwingen und die weißen Schürzen anlegen, die das Zeichen der gelernten Werkzeugmacher in den USA waren. Es war so kalt, dass wir unter den weißen Schürzen Handschuhe und Schaffelljacken tragen mussten. Zu unserer Freude lag die Abteilung für Wärmebehandlung, wo Metalle getempert wurden[13], gleich neben unserem Arbeitsplatz, so dass wir, wenn die Frosttemperaturen unerträglich wurden, immer zur Wärmebehandlung flüchten und dort wieder auftauen konnten! Natürlich waren wir häufige Besucher der Wärmebehandlung, weil es unmöglich war, Präzisionsarbeit im Bereich von einem Zehntausendstel Inch (1 Inch = 2,54 cm, d. Ü.) mit Handschuhen auszuführen.

Walter übertrug man eine Mannschaft von acht jungen und größtenteils unerfahrenen Lehrlingen aus der Berufsschule der Fabrik. Ich wirkte als sein Assistent, bis ich die gleiche Aufgabe in der zweiten Schicht übernahm. Ein Arbeiter, Wladimir Wladimirskij, kam aus einer gebildeteren und kultivierteren Familie und eignete sich die neuen Fähigkeiten schnell an. Wir wurden gute Freunde und nach unserer Rückkehr in die USA übernahm er die Verantwortung für die Mannschaft. Später stieg er zum Aufseher einer erweiterten Werkhalle auf. Wir arbeiteten acht Stunden täglich, sechs Tage in der Woche. Die Arbeiterschaft im Werkzeugraum zählte 806 Arbeiterinnen und Arbeiter, davon 172 Frauen. Im Vergleich zu westlichen Ländern, wo Frauen systematisch von den qualifizierteren Ausbildungsberufen ausgeschlossen wurden, förderten die Sowjets die Einstellung von Frauen auf allen Ebenen.[14] Diese Praxis zeigte sich von großer Bedeutung, als der Krieg die Männer aus vielen Schlüsselindustrien abzog.

Die anderen in unserer Mannschaft kamen größtenteils aus bäuerlichen Familien und hatten wenig technische Erfahrung. Zwei hatten auf der Straße gelebt, waren gerettet und an die örtliche Berufsschule geschickt worden. Disziplin am Arbeitsplatz war nicht ihre Sache. Jeder Versuch, ihr willkürliches Herangehen an die Arbeit oder an Sicherheitsprobleme oder eigentlich überhaupt irgendetwas zu korrigieren, wurde mit einem Schulterzucken und einer Antwort bedacht, die die langen Jahre der Unterdrückung und Erniedrigung der Bauern widerspiegelte: *„Nitschewo* – macht nichts, schon in Ordnung." Daher tauften wir sie schließlich *„Nitschewo"*. Ich erinnere mich, wie eines Tages, als wir die Oberfläche einer großen Gussform mit der Chemikalie Vitriol verkupferten und zum Trockenwischen einen Lappen suchten, *Nitschewo* den Ärmel seiner gesteppten Jacke zum Abwischen benutzte. Als Walter das sah, schrie er: *„Njet,* das ist eine Säure und deine Jacke wird sich auflösen!" Die Antwort war das übliche *„Nitschewo"*. Am nächsten Tag kam er mit einem Ärmel weniger zur Arbeit. Eine andere Jacke war nicht so leicht aufzutreiben!

Die meisten Auszubildenden von der Berufsschule FEZ-U sogen allerdings begierig alles, was sie konnten, über die westliche Technologie auf. Neben dem verehrten Lenin rief auch der Name Henry Ford große Bewunderung hervor. Für uns aus Detroit war das ein kleiner Schock, doch verstanden wir bald ihren Wunsch, westliche technische Methoden einzusetzen, um auf diesem Weg soziale und politische Ziele zu erreichen. Bei diesem Gedanken wäre in Parteikreisen daheim sicherlich manche Augenbraue hochgezogen worden! Die Gier der Auszubildenden nach technischen Daten aus dem Westen war enorm. Jegliche Veröffentlichung, die solche Informationen enthielt, lasen sie sorgfältiger als die Arbeiter im Westen die Sportseite! In der ganzen Sowjetunion wurden die Arbeiter dazu angehalten, ihr technisches Fachwissen zu erweitern und Vorschläge zur Verbesserung der Arbeitseffizienz zu machen, immer schon eine erwärmende Idee für das kapitalistische Herz! Diese Praktiken hatten allerdings unvorhergesehene Folgen.

Unter der Bezeichnung BRIZ wurde ein staatliches Büro zur Förderung von Arbeit sparenden und Kosten vermeidenden Programmen eingerichtet.[15] Allein 1934, so behauptete man, hätten die Arbeiterinnen und Arbeiter des GAZ durch viertausend umgesetzte Vorschläge sechs Millionen Rubel eingespart. In der benachbarten Reifenabteilung soll der Vorschlag eines Arbeiters für eine neue Anordnung der Pressen 7.609 Rubel eingespart haben. Dieser Arbeiter erhielt einen ziemlich hübschen Bonus von 900 Rubeln, der angesichts des durchschnittlichen Monatseinkommens von 100 bis 125 Rubeln beim GAZ beachtlich war. Das BRIZ verkündete eine noch größere Einsparung in der Gießerei, wo ein Vorschlag zum Kolbenguss die Kosten um 203.000 Rubel senkte.

Die englischsprachige Zeitung *Moscow News* warb unter ausländischen Arbeitern besonders aktiv für das BRIZ-Programm und hielt sie dazu an, westliche Effizienz unter den weniger gut ausgebildeten sowjetischen Arbeitern einzufordern. Walter nutzte ihre Kolumnen regelmäßig, vor allem wenn er im Werk in Papierkrieg verwickelt wurde. Ein Fall lag ihm besonders am Herzen, da eine eklatante Missachtung der Sicherheitsvorschriften vorlag, was ein ständiges Problem in der Aufholjagd der Sowjetunion mit dem Westen darstellte. Ironischerweise wurden fehlende Sicherheitsvorkehrungen in den großen Säuberungen, die 1937 und 1938 durch alle Fabriken der Sowjetunion einschließlich des GAZ gingen, zu einem kriminellen Vergehen des Bereichs Sabotage erklärt. Damit rechtfertigte man Verhaftungen, Folter und Mord von Tausenden und Abertausenden redlicher Betriebsverwalter, die nur der staatlichen Politik gefolgt waren. Doch zurück zu der Beschwerde, die Walter so ernst nahm. Es handelte sich um einige einfache Vorkehrungen, die verhindert hätten, dass ein schweres Gussteil auf einen Arbeiter stürzen könnte. Dies war für Walter besonders dringlich, da er als Lehrling bei den Wellblechwerken in Wheeling, West Virginia, bei einem ähnlichen Unfall einen

Teil seines Fußes verloren hatte! Walter brachte seinen Fall in die Kolumne der *Moscow News*.

„In unserer Abteilung werden zum Beispiel schwere Formen und Gussteile mit einem Schwerkran angehoben. In jeder effizienten Werkstatt werden Sicherheitslöcher gebohrt, die die Anwendung von Haken zum Heben ermöglichen. Ich konnte keine einzige Form finden, in die man diese Löcher gebohrt hätte. Was ist das Ergebnis? Ich beobachtete einen Kranführer und zwei Helfer dabei, wie sie versuchten, eine schwere Pressform in eine Maschine zu heben. Sie mühten sich eine Stunde lang mit Versuchen ab, das Stück am Stahlseil zu balancieren. Mehrmals rutschte es ab und stürzte auf den Boden. Schließlich hofften sie, es würde im Gleichgewicht bleiben, und hielten den Atem an, während sie dem Kranführer dabei zusahen, wie er die Pressform zu der Maschine hinüberschwang.

Als die Pressform über dem Rand der Maschine baumelte, geriet sie durch den Ruck des anhaltenden Krans aus dem Gleichgewicht und stürzte mit Getöse zu Boden. Es hätte Tausende von Rubeln kosten können, wenn sie auf wichtige Teile der Maschine gestürzt wäre, – oder es hätte ein Leben kosten können. Die Kosten für die Anbringung von Sicherheitsbohrungen an diesem Teil hätten sich auf maximal zwei Rubel belaufen!"

In einem anderen Brief an die Herausgeber beschwerte sich Walter, dass „Baupläne oft zu spät im Monat eintrafen und Teile der Drucke fehlten; die Planung führte dazu, dass sich die Arbeit am Monatsende aufstaute." Und er suchte die Verantwortung an der richtigen Stelle: „Die Versäumnisse, die den größten Teil der Ineffizienz im Autowerk Gorki verursachen, sind administrativen Charakters." Sich über die Köpfe der Fabrikverwaltung hinweg an Moskau zu wenden, bereitete beiden Brüdern Reuther einige Unannehmlichkeiten. Kommunistische Bürokraten sind nicht anders als kapitalistische Bürokraten!

Als wir 1933 ankamen, war der tägliche Ausstoß des sowjetischen Ford Modell A kläglich. Aber bereits 1934 steigerte er sich schrittweise auf ungefähr 130 Fahrzeuge am Tag. Das Modell A war der perfekte Wagen für die sowjetische Wirtschaft und die russischen Straßen – einfach gebaut und hoch über dem Boden. Bedauerlicherweise blieben sie nicht dabei, bis die Pressformen abgenutzt waren. Aber da war Nationalstolz vor (und die Versuche gewisser Leute, sich bei der stalinistischen Elite in Moskau beliebt zu machen)! Einige ehrgeizige Ingenieure in Gorki beschlossen, ein so genanntes „einzigartiges sowjetisches Modell" zu entwickeln und zu produzieren, das sich als eine leicht veränderte Version des Ford Modell A entpuppte. Aber es wurde als völlig neuartiger IM, oder *„Imeni Molotowa"* („Des Namens Molotow", d. Ü.), groß angekündigt. Statt der vertrauten ovalen Ford-Plakette trug dieser Wagen auf dem Kühlergrill die Buchstaben IM, gestaltet in Anlehnung an das bekannte Ford-Logo, sowie Hammer und Sichel in Klein. Alles war geplant, um den IM bei der bevorstehenden Feier des Ersten Mai, dem traditionellen Anlass zur Prämierung von Errungenschaften, in Moskau vorzustellen.

Als der Erste Mai näher rückte, wurde in der GAZ-Fabrik wie immer fieberhaft auf den letzten Drücker gearbeitet, um den Prototyp des IM zur Vorführung fertigzustellen. Unter der ausgesuchten Gruppe von Facharbeitern und Ingenieuren befand sich ein gewisser junger Ingenieur namens Kadarian. Kadarian, der eine kurze Zeit in den USA verbracht hatte, entwickelte das Talent, Ideen aus technischen Publikationen der USA aufzugreifen, sie dem BRIZ als seine eigenen vorzulegen und damit natürlich die Prämien und die Ehre einzustreichen. Die Facharbeiter in Gorki hatten für den IM eine entsprechende Namensplakette gestaltet und hergestellt. Sie hatten diese fachgerecht am Armaturenbrett befestigt und den Wagen dann für den Transport nach Moskau verpackt. Doch der intrigante und geniale Kadarian, der den Transport des Ausstellungsstücks begleitete, vertauschte die Plakette mit einer anderen, die besagte, dass er, Kadarian, den IM entwickelt habe. Bei der Feierlichkeit wurde er als großer Innovator, Held der Arbeit und außergewöhnlicher *Udarnik* (Stoßarbeiter) gefeiert.

Walter und ich nahmen ebenfalls an dieser Delegation aus Gorki teil. Es war unser erster wirklicher Besuch des Kreml und wir bekamen das volle Programm geboten – einen Aussichtspunkt an der Seite des diplomatischen Korps und mit gutem Blick auf Stalin und das Podest, von dem aus die Parade abgenommen wurde.

BRIZ war nicht das einzige Instrument, mit dem die Fabrikverwaltung nach Wegen suchte, die Produktion zu rationalisieren. In der ganzen sowjetischen Industrie war es üblich, eine dreigliedrige Struktur zur Aufsicht über jedes Unternehmen zu schaffen. Genannt *Treugolnik* (Dreieck, gesprochen Tre-ugolnik, d. Ü.), bestand dieser Körper aus gleichrangigen Vertretern der Fabrikverwaltung, der Partei und der Gewerkschaft. Da die Partei den Staat leitete, bestand wenig Zweifel, wessen Stimme in diesem Triumvirat am schwersten wog. Über die Rolle der Gewerkschaften in der post-revolutionären Sowjetunion gab es tief gehende Meinungsverschiedenheiten in der russischen sozialistischen/kommunistischen Bewegung. Manche Kräfte (sogar unter den Bolschewiken) befürworteten ein Weiterbestehen der Unabhängigkeit der Gewerkschaften. Doch Stalins Ansicht setzte sich schließlich durch und die Gewerkschaften wurden bloße „Transmissionsriemen" der Partei. Als die *Treugolniki* entstanden, befanden sich die Gewerkschaften bereits fest unter der Kontrolle der Partei und wurden zu Instrumenten, mit denen Arbeitskräfte zum Erreichen von Produktionsquoten mobilisiert wurden, indem man sie mit Urlaubsreisen oder Bargeld belohnte.[16]

Als Handlanger des Staates unterstützten die Gewerkschaften Maßnahmen, die in unserem westlichen kapitalistischen Kontext als „gegen Arbeiter gerichtete Pläne der Betriebsverwaltung" bezeichnet und mit Zähnen und Klauen bekämpft worden wären. Es wurde zur Normalität, dass einzelne Arbeiterinnen und Arbeiter oder ganze Abteilungen im „Sozialistischen" Wettbewerb gegeneinander aufgehetzt wurden, um die Produktion zu steigern. Der Gruppenzwang war groß. *Udarniki* oder Stoßarbeiter ehrte man damit, dass ihre Maschinen mit einer kleinen roten Flagge, die das geschätzte Emblem von Hammer und Sichel trug, geschmückt wurden. Weniger produktive Arbeiterinnen und Arbeiter wurden in ähnlicher Manier mit einer kleinen Flagge aus Sackleinen an ihren Maschinen getadelt.

Manchmal waren die Ergebnisse dieser Wettbewerbe zum Schreien komisch. Ich erinnere mich daran, wie einmal die nebenan gelegene Reifen- und Bremsenabteilung unsere Abteilung zum Sozialistischen Wettbewerb herausforderte, um zu zeigen, welche Abteilung den größeren Beitrag zur Hebung des kulturellen Niveaus der Arbeitskräfte leisten könne. Bei der Ankündigung des Wettbewerbes in unserer Abteilungsversammlung zu Ende der Schicht wurden wir eindringlich davon in Kenntnis gesetzt, dass das Ziel der Partei und des Staates nicht nur eine materielle Verbesserung des Lebensstandards der Arbeiterinnen und Arbeiter sei, sondern auch, die „Neuen Sozialistischen Menschen" dabei zu unterstützen, kultiviertere Persönlichkeiten zu werden. Dies waren hehre Ziele, die wir nicht leichtfertig behandeln durften. Aber wir fragten uns, welchen Weg zu diesem Ziel wir in der GAZ-Fabrik einschlagen sollten. Tatsache, Innentoiletten waren schon installiert, auch wenn sich die meisten Arbeiter, frisch aus dem halbfeudalen Dorf, immer noch auf die Sitze stellten. Während wir noch überlegten, was wir auf die Herausforderung unserer Nachbarn entgegnen könnten, zögerte die Reifenabteilung nicht lange. Sie entsandten schnell eine Delegation nach Moskau (dem Ursprung allen Fortschritts zum Besseren), die mit Wagenladungen künstlicher Palmen zurückkehrte, die bald die Montagebänder für Reifen und Bremsen sowie das Endmontageband zierten. Voilà, unmittelbare Kultur! Doch wir Trödler aus dem Werkzeugraum konnten trotz all unserer Fähigkeiten anscheinend nicht mit einer Idee zur Hebung des kulturellen Niveaus aufwarten.

Schließlich fiel Walter etwas ein. Er hatte sich schon lange über die Kantine beschwert, weniger des Essens wegen als vielmehr wegen der ziemlich unhygienischen Holzlöffel *(Loschki)*, einem Überbleibsel des bäuerlichen Zeitalters. Also entsandten wir eine Delegation nach Moskau, die dort nach Suppenlöffeln aus Metall, wie sie in den USA üblich waren, Ausschau halten sollte. Doch waren solche in ganz Moskau nicht aufzutreiben. Die Delegation kehrte resigniert und mit leeren Händen zurück. Walter gab sich nicht so leicht geschlagen. Er sagte: „Wir werden sie aus Metallresten selbst machen!" Also wurde ein *Subbotnik* geplant und eine einfache Form zum Stanzen von Esslöffeln aus Metallresten von der Karosseriefertigung konstruiert. Die Löffel sahen wirklich ziemlich gut aus, doch hatten wir keine Schleudertrommel, um die Ränder zu entgraten – sie waren also mit Vorsicht zu genießen! Sie waren ein kultureller Knüller. Wir produzierten genug Löffel, um die Kantine für die ganze Abteilung auszustatten.

An dem Tag, als sie vorgestellt wurden, gab es ein großes Fest. Reden, Fahnen, Volkstänze und so weiter. Wir waren eindeutige Sieger im Kulturwettbewerb, denn diese Löffel aus Metall waren sterilisierbar. Wir konnten es am nächsten Tag kaum erwarten, in die Kantine zu kommen. Zu unserer Verblüffung gab es KEINE LÖFFEL! Jeder einzelne war mit nach Hause genommen worden. Die Bauernschaft kannte den Wert von Kultur. Schrecklich, Genossen, ihr habt Staatseigentum gestohlen. Vorträge des gesamten *Treugolnik* folgten. Schließlich fand man eine praktikable Lösung. Von nun an gab jeder Fabrikarbeiter, der die Kantine betrat, seinen Fabrikausweis mit Foto ab und erhielt dafür einen Löffel. Beim Hinausgehen wurde die Prozedur umgekehrt – der Löffel abgegeben und der Ausweis zurückerstattet. 34 Jahre später schrieb unser Sohn John, der seinen Abschluss an der Cornell-Universität mit dem Schwerpunkt US-Sowjetische Beziehungen gemacht hatte und nun an der Universität Moskau zum Graduiertenstudium eingeschrieben war, in seinem ersten Brief nach Hause: „Dad, erinnerst du dich an die Suppenlöffel, die ihr im Autowerk Gorki gemacht habt? Nun, wir benutzen sie hier an der Universität immer noch." Obwohl es solche heiteren Augenblicke gab, bleibt doch die Tatsache, dass die Anwesenheit zahlreicher Facharbeiter aus westlichen Ländern ungemein dabei half, das Land zu industrialisieren. Außerdem darf man die kulturellen Auswirkungen des direkten Kontaktes mit der internationalen Gemeinschaft auf die in der Sowjetunion entstehende Arbeiterklasse nicht übersehen.

Die Bedrohung des Kriegs war in der sowjetischen Gesellschaft ständig gegenwärtig. Hitler ließ keinen Zweifel daran, dass er auf die totale Vernichtung der Sowjets und des Kommunismus abzielte. Der Staat, die Partei und alle von ihnen kontrollierten Institutionen warnten die Öffentlichkeit bei jeder sich bietenden Gelegenheit vor der Gefahr. Buchstäblich Millionen von Bürgerinnen und Bürgern nahmen an Zivilschutzübungen teil. Sogar auf Abteilungsebene gab es Unterricht im Schießen und Fallschirmspringen. Die Einheiten der Roten Armee waren dazu angehalten, eine enge Bindung zu den Arbeitskräften in Industrie und Landwirtschaft zu formen. Jede Fabrik war unabhängig von ihrer gegenwärtigen Produktion auch eine Reserveeinrichtung für die Verteidigung. In den Gorkiwerken sah man häufig uniformierte Funktionäre der Roten Armee, die den Bau von Formen zum Pressen von Teilen für Panzer, Geschütze und Flugzeuge überwachten. Nach ihrer Fertigstellung wurden diese Formen eingeölt und sicher für den Augenblick gelagert, in dem die Gorkiwerke die militärische Produktion hochfahren sollten. Es ist nicht verwunderlich, dass die GAZ-Einrichtungen ein vorrangiges Ziel für die Bomber der Nazis wurden, als der Krieg begann.

Kapitel 7

Die Große Säuberung von 1936 bis 1938 bleibt eine der schweren Tragödien und in mancher Hinsicht eins der größten Mysterien der ganzen sowjetischen Periode. Die Welle der Massenverhaftungen, Deportationen und Hinrichtungen, die die Säuberungen ausmachte, begann als Angriff Stalins auf seine bereits isolierten Rivalen innerhalb der Kommunistischen Partei, weitete sich jedoch bald auf die gesamte sowjetische Gesellschaft aus. In den späten dreißiger Jahren war keine Gruppe oder Schicht der Bevölkerung, einschließlich der ausländischen Arbeiter, von denen Reuther berichtet, sicher vor Denunziation oder vor der Bedrohung, in eins von Hunderten von Gulags oder Zwangsarbeitslagern verbannt zu werden, deren Netz sich über die ganze Sowjetunion spannte.

Mitte der dreißiger Jahre war man in der Sowjetunion angestrengt mit Versuchen beschäftigt, den wirtschaftlichen und sozialen Umwälzungen in Folge von Stalins Politik der Kollektivierung und forcierten Industrialisierung gerecht zu werden. Zwar waren große Fortschritte in der Produktion industrieller Güter gemacht worden, doch wurde in diesem Sektor noch enorm viel verschwendet, die Landwirtschaft blieb ineffizient und war nicht in der Lage, den Bedarf der Bevölkerung in angemessener Weise zu decken. In politischer Hinsicht hatte Stalin schon längst die totale Kontrolle über die Kommunistische Partei und den Staatsapparat inne, sein persönlicher Despotismus war vollständig. Auf internationaler Ebene sah sich die Sowjetunion genau wie andere dem Aufstieg des Faschismus und Nationalsozialismus in Europa gegenüber. Obwohl die UdSSR die gegen Franco gerichteten Kräfte in Spanien aktiv unterstützte, bemühte man sich gleichzeitig um irgend eine Art von Abmachung mit Hitler, um nicht in den allgemeinen Krieg, der nach Stalins Auffassung bevorstand, hineingezogen zu werden.

Trotz der totalen Kontrolle durch Stalin (oder vielleicht deswegen) sah sich dieser selbst als verletzlich und von Feinden umgeben. Wenn es eine „logische" Erklärung für die Große Säuberung gibt, hängt diese zumindest teilweise mit Stalins Besessenheit mit Bezug auf potentielle Bedrohungen seiner Machtstellung zusammen. Die Historiker streiten sich weiterhin darüber, warum die Große Säuberung begann, doch einmal entfesselt, zog die Dynamik des Aufdeckens von Verschwörungen und der Möglichkeit, alte Rechnungen zu begleichen, Millionen in den Strudel. Es herrscht weiterhin große Uneinigkeit darüber, wie viele Menschen während der Säuberungen verhaftet und getötet wurden. Nach sowjetischen Akten wurden in den Jahren 1937 und 1938 mehr als eine Million Menschen in Arbeitslager geschickt und mehr als 680.000 hingerichtet. Neuere Schätzungen deuten darauf hin, dass zwischen zehn und elf Millionen Menschen zwischen 1930 und 1953 entweder getötet oder ins Gefängnis gebracht wurden. Als Stalin 1953 starb, befanden sich mehr als sechs Millionen Menschen in Lagern oder in Verbannung innerhalb der Sowjetunion. Es ist schwierig, die Reaktion der Menschen in der Sowjetunion auf die Säuberungen einzuschätzen: Viele glaubten Stalins Behauptungen, dass es von Feinden wimmele und diese ausgeschaltet werden müssten; andere kritzelten das Wort „Warum?" an die Wand ihrer Gefängniszelle; wieder andere schwiegen. Was die Außenwelt betrifft, wussten zwar viele zu dieser Zeit von den Prozessen der Großen Säuberung, doch kannten wenige das ganze Ausmaß des Terrors oder verstanden seine Auswirkungen auf die sowjetische Gesellschaft, das sowjetische Militär oder das politische System im Allgemeinen.

Wie die übrige Gesellschaft gerieten die sowjetischen Arbeiterinnen und Arbeiter in den Sog der Großen Säuberung und der damit verbundenen allgemeinen Umwälzungen. Die Produktion ging natürlich weiter, doch stand sie unter der allgegenwärtigen Bedrohung von Denunziation und Verhaftung für tatsächliche oder angebliche Misserfolge oder Vergehen. Auf der anderen Seite gab es für Arbeiterinnen und Arbeiter während der Säuberungen Belohnungen für herausragende Leistungen in der Produktion und der Lebensstandard mancher Arbeiterinnen und Arbeiter verbesserte sich in diesen Jahren. Allerdings war der Lebensstandard der meisten Arbeiterinnen und Arbeiter in den späten dreißiger Jahren niedriger als oder vergleichbar mit 1928, dem Jahr, als Stalin an die Macht kam. Für die Mehrheit der Arbeiterinnen und Arbeiter, von denen viele gerade erst vom Land kamen, gab es am 20. Jahrestag der Revolution nicht viel zu feiern.

P.T.C.

Kapitel 7
Die Große Säuberung

1934, als wir noch in Gorki waren, wurde der Leningrader Parteiführer Kirow ermordet. Stalin hatte bereits in den späten zwanziger Jahren einige prominente Parteispitzen ins Abseits gedrängt – Trotzki, Bucharin, Tomski, Sinowjew, Kamenew –, so dass 1934 Kirow als einziger noch in der Position gewesen wäre, Stalins Führungsanspruch anzuzweifeln. Die Außenwelt erfuhr vor den Menschen in der Sowjetunion, dass Stalin den Mord an Kirow angestiftet hatte und dann als Vorwand zu einer landesweiten Säuberung von Hunderttausenden benutzte, die er als seine inneren politischen Widersacher ansah.

Diese erste Säuberung wurde offen durchgeführt und alle Kräfte der Medien, der Geheimpolizei und der Partei wurden aufgeboten, um jede Teilgruppe der sowjetischen Gesellschaft bis zur bedingungslosen Unterwürfigkeit einzuschüchtern. Sich der Strömung entgegenzustellen, selbst in der banalsten Weise, konnte den Tod, Gefängnis oder Verbannung bedeuten. Wir waren Zeugen des Vorgangs der „Säuberung", die nach dem Mord an Kirow in der Partei stattfand, als tendenziöse Berichte aus Leningrad (dem Tatort, sozusagen) übermittelt und über Rundfunk an jedem Arbeitsplatz, einschließlich des GAZ, verbreitet wurden.

Unmittelbar danach geschahen seltsame Dinge im Dorf. Nachbarn und Kollegen in der Fabrik begannen zu verschwinden. Der erste war unser Nachbar in den Baracken, ein Italiener, der mit einer Russin verheiratet war und zwei kleine Kinder hatte. Der NKWD, die Geheimpolizei, kam eines Morgens um vier Uhr und verhaftete ihn. Es gab kein Gerichtsverfahren; seiner Familie und seinen Kollegen wurde später mitgeteilt: „Er hatte Kontakt zu Trotzki." Seine Frau und seine Kinder wurden als Angehörige eines „Volksfeindes" zur Räumung ihrer Unterkunft gezwungen und mussten sich alleine durchschlagen.

Ein weiteres Mitglied der italienischen Gemeinschaft im Dorf, das ein frühes Opfer der Säuberungen wurde, war Luigi Fattori, im Dorf und in der Fabrik bekannt als Alcide Vomero. Manche kannten ihn auch unter dem Namen Albertini. Die Agenten des NKWD am GAZ beschuldigten ihn der Aussage, „sowjetische Arbeiter blieben in ihren Anstrengungen hinter dem Westen zurück", die ihrer Meinung nach die Moral der Arbeiter senke – eine Anschuldigung, die niemals bewiesen wurde. Er wurde verhaftet und bald danach getötet. Andere Häftlinge im Gefängnis von

Gorki berichteten von seinem Tod. Mein Freund Leonardo Damiano, der durch die italienische Gemeinschaft eng mit Vomero verbunden war, erzählte davon, wie ehrenwert dieser war und wie sehr er sich einsetzte, um den sowjetischen Arbeitern technisches Wissen zu vermitteln. Auch in diesem Fall gab es kein Gerichtsverfahren. Er verschwand einfach!

In der Fabrik zirkulierten Gerüchte über zahlreiche Verhaftungen von Verwaltungsangestellten. Die häufigste Reaktion auf solche Verhaftungen, auch bei uns, lautete: „Sie müssen etwas Falsches getan haben!" Damals war es unvorstellbar, dass ohne Grund so hart gegen Einzelpersonen vorgegangen werden könne. Und Gott bewahre vor jeglichem Verdacht, dass die Regierung, die Partei oder Stalin und seine Handlanger des Terrors, Jeschow und Berija, Schuld trügen!

Die Säuberungen, die wir 1934 mitansahen, aber selten hinterfragten, waren im Vergleich zu den Säuberungen von 1937 und 1938 keine große Sache. Es sollte viele Jahre dauern, bis ich von Überlebenden der Stalinzeit unmittelbar von den verheerenden Auswirkungen der Säuberungen auf die internationale Gemeinschaft erfuhr, die mir als Amerikanisches Dorf in Gorki so vertraut war. Nach dem Zusammenbruch der Sowjetunion und der Öffnung der Stadt Gorki tauchten mehrere überlebende Amerikanerinnen auf und beschrieben in persönlichen Briefen an mich Ereignisse, die ich nur als Mikrokosmos eines politischen Holocaust bezeichnen kann, der Tausende ausländischer Fachleute und Flüchtlinge betraf. In der Geschichte dieser ausländischen Spezialisten geht es um Idealismus, Aufopferung, Vertrauen und schließlich Verrat. Ihre Geschichte muss erzählt werden. Mir ist bewusst, dass das Erzählen dieser Geschichte schmerzhafte Erinnerungen bei den überlebenden Angehörigen in vielen Ländern – Finnland, Schweden, Italien, Deutschland, Spanien, Kanada und den USA – hervorrufen wird. Doch mit dem Erzählen geht eine Heilung einher.

Und wir sollten nicht vergessen, dass diese Geschichte eine große Lehre für die heutige Gesellschaft in sich trägt. Während ich dies schreibe, gibt es in großen Teilen Osteuropas eine neue Welle von Antisemitismus und ausländerfeindlichem Wahn, die auch umliegende Gebiete ansteckt. Ironischerweise werben dieselben Länder nun eine neue Generation von Facharbeitern und technischen Beratern aus dem Westen an. Manche werden bei der Ölförderung helfen, andere in der Landwirtschaft, wieder andere als wirtschaftliche Berater, um den Übergang zur Marktwirtschaft zu beschleunigen. Jetzt ist der richtige Zeitpunkt, internationale Garantien festzulegen, damit sich die Geschichte nicht wiederholt. Wir müssen das Gewissen der westlichen Regierungen anstacheln, die selbstzufrieden wegschauten, als man Bürgerinnen und Bürgern, die ihren Pass trugen, die grundlegenden Menschenrechte verweigerte. Die USA zum Beispiel hatten zur Auflage gemacht, dass ihre Botschaft in Moskau sofort zu informieren sei, falls US-Staatsangehörige in Konflikt mit den sowjetischen Behörden geraten sollten, damit die Botschaft eingreifen und ihre Staatsangehörigen schützen könne. Doch machten die USA nie ernsthafte Anstrengungen, die Einhaltung dieses Abkommens einzufordern. Es gibt zwei Gründe für diese Politik der Nichteinmischung.

Erstens war die überwältigende Mehrzahl der US-Staatsangehörigen, die in die Sowjetunion gingen, radikal in der einen oder anderen Schattierung. Die dazu vorherrschende Meinung lautete: „Lass diese Leute sich doch gegenseitig auffressen." Von größerer Bedeutung waren allerdings weltpolitische Entwicklungen. Der Westen begann, seine Reihen aus Furcht vor der wachsenden Macht Hitlers zu schließen. Vor allem die USA waren so darauf bedacht, die Sowjets zu einem Bündnis zu bewegen, dass sie entschlossen waren, dem nichts in den Weg zu stellen. In diesem Zusammenhang war es für das Außenministerium der USA und anderer Staaten einfach, wegzuschauen, wenn Staatsangehörige verhaftet, gefangen gehalten und sogar hingerichtet wurden. Offizielle Archive des US-Außenministeriums enthalten wenig, was gegen diese Gleichgültigkeit – aus welchen Motiven auch immer – spräche. Wir können nicht zulassen, dass wir geblendet durch die undifferenzierte Unterstützung unseres Landes für die Entwicklung einer Marktwirtschaft die Augen vor der Verfolgung von Ausländern oder der Verweigerung ihrer Rechte im heutigen Russland verschließen.

Zwar trifft zu, dass viele ausländische Arbeiterinnen und Arbeiter in den dreißiger Jahren ihre Pässe aufgaben und gegen sowjetische eintauschten. Dieser Austausch geschah nicht auf der Grundlage eines formalen Beschlusses, doch dass enormer Druck auf die Fachleute und politischen Flüchtlinge ausgeübt wurde, ist gut dokumentiert und wird von so gut wie allen Überlebenden betont. Oft bestand die Drohung, verhaftet oder ins Arbeitslager geschickt zu werden, die man angesichts der auf allen Seiten verschwindenden Nachbarn nur unter größter Gefahr ignorieren konnte. An dieser Stelle erinnere ich mich an die Schwierigkeiten, die Walter und ich hatten, unsere Pässe vom Vertreter des Außenministeriums im GAZ zurückzubekommen. Das war nur ein Vorgeschmack der noch bevorstehenden Großen Säuberung.

Die vorrangig für die Säuberung verantwortliche Institution war der NKWD, eine Organisation militärischen Stils unter dem persönlichen Befehl Stalins, der eine große Armee zur Verfügung stand. Sie war für ihre widerwärtigen Attacken gut ausgebildet. Einer der Gründer und Theoretiker des NKWD war M. Lazis, Vorstandsmitglied der All-Russischen Außerordentlichen Kommission, der bereits am 1. November 1918 schrieb: „Wir kämpfen nicht gegen Individuen, wir vernichten die Bourgeoisie als Klasse. Erwartet keine materiellen Beweise dafür, dass der Angeklagte mit Worten oder Taten gegen die Sowjetmacht gehandelt hat. Die erste zu stellende Frage sollte sein: 'Welcher Klasse gehört er an? Was ist seine Herkunft? Welche Ausbildung und welchen Beruf hat er?'" Mit dieser Bibel des „Roten Terrors" in der Hand wurde eine Generation von „Tschekisten"[17] indoktriniert, gegen alle Krieg zu führen, die sie als „Feinde" betrachteten. Nach ihrer „Logik" waren die Ehefrauen oder -männer und die Kinder der Angeklagten ebenfalls Feinde. So wurden also Familien aus ihrem Zuhause vertrieben, ihre Besitztümer konfisziert, Kinder aus der Schule oder vom Arbeitsplatz entfernt und geschnitten, weil die Nachbarn fürchteten, angesteckt zu werden. Ob es eine Gerechtigkeit für solche makabren Taten geben mag, ist fraglich, doch Lazis, der Verfasser dieser Schulung zum Terror, stand schließlich selbst einem Erschießungskommando gegenüber, das aus seinen eigenen Zöglingen bestand.

Säuberungen der Partei

Die Säuberungen fanden auf allen Ebenen der sowjetischen Gesellschaft von der niedrigsten bis zur höchsten statt. Zuerst dienten sie dem Zweck, jeden und jeglichen Gegner Stalins innerhalb der herrschenden Kommunistischen Partei zu eliminieren. Keine abweichende politische Meinung auf theoretischem oder taktischem Gebiet wurde geduldet. Wer nicht bereit war, der Führung die totale und absolute Kontrolle zu überlassen, galt als Feind, der zu vernichten war.

Historiker haben auf die Warnungen Lenins, des Gründungsvaters der bolschewistischen Revolution und des sowjetischen Staates, hingewiesen, dass Stalin nicht die Führung des Staats- und Partei-Apparats anvertraut werden solle. Lenin lag schon auf dem Sterbebett und die Parteiführung war tief gespalten zwischen den Kräften um Leo Trotzki und seine Anhänger auf der einen Seite und Stalin, seinen Getreuen und zeitweisen Verbündeten (Sinowjew und Kamenew, die später Opfer Stalins werden sollten) auf der anderen Seite. Die Warnung Lenins auf dem Sterbebett wurde bewusst in einem engen innersten Kreis geheim gehalten. Zwischen dem 23. und 26. Dezember 1922 diktierte Lenin, schwer krank und ans Bett gefesselt, einen Brief, der folgende Passage enthält: „Stalin ist zu grob und dieser Fehler, der unter uns Kommunisten toleriert werden könnte, wird in der Position des Generalsekretärs untragbar werden. Aus diesem Grunde schlage ich vor, dass die Genossen über einen Weg nachdenken, Stalin aus dieser Stellung zu entfernen und eine andere Person dafür zu berufen, die sich in jeder Hinsicht von Stalin vorteilhaft unterscheiden würde, nämlich durch mehr Toleranz, mehr Loyalität, mehr Höflichkeit und mehr Aufmerksamkeit gegenüber den Genossen, weniger Unberechenbarkeit etc."[18] Hätte Lenins Brief die Delegierten des Parteikongresses erreicht, hätte die Geschichte vielleicht einen ganz anderen Lauf genommen. Doch dieser Brief erreichte die Delegierten nie. Dafür sorgte Stalin. Lenins engste Gefährten begingen durch ihr Schweigen Verrat an ihm.

Es gibt noch einen anderen Brief von Lenin an Stalin, datiert 5. März 1923, der erst nach Stalins Sturz aufgetaucht ist. Er lautet: „Dem Geschätzten Genossen Stalin: Streng vertraulich, Persönlich! Geschätzter Genosse Stalin! Sie waren so unverschämt, meine Frau ans Telefon zu rufen und sie zu beleidigen. Obwohl sie sich bereit erklärte, das Gesagte zu vergessen, kam die Angelegenheit durch sie auch Sinowjew und Kamenew zu Ohren. Ich hege nicht die Absicht, zu vergessen, dass, was meiner Frau getan wird, ich leicht auch gegen mich getan sehe. Darum bitte ich Sie abzuwägen, ob Sie bereit sind, das Gesagte zurückzunehmen und eine Entschuldigung vorzubringen, oder vorziehen, die Beziehungen zwischen uns abzubrechen. Gruß, Lenin." Kurz vor seinem Tode war Lenin zu der Anschauung gekommen, dass Stalin als Person einer Führungsposition in der alten Garde der Bolschewiken unwürdig sei. Doch der verehrte Gründer des sowjetischen Staates hatte, als er die „parlamentarische Demokratie" der Sozialdemokraten unter Kerenski ablehnte und den Weg der „Diktatur des Proletariats" wählte, bereits die Saat der Selbstzerstörung ausgebracht. Lenin hatte einen Einparteienstaat geschaffen, in dem der Gebrauch der Macht nur durch die Stellung des Einzelnen in der Partei und seinen Sinn für Mäßigung eingeschränkt war. Wenn ein so „grober" Mensch wie Stalin die Kontrolle erhielt, war seine Macht unbegrenzt. Nach Lenins Tod handelte Stalin unverzüglich und skrupellos, um seine unsichere Position sowohl in den Reihen der Partei als auch im gesamten riesigen Land zu festigen. Den Wortlaut der Briefe Lenins zu unterdrücken, war eine leichte Sache im Vergleich zur Liquidierung der Mehrzahl der Delegierten, die zum XVII. Parteikongress gewählt worden waren. Die grausame Wahrheit dieser Episode wurde in den schockierenden Enthüllungen der Verbrechen Stalins durch Nikita Chruschtschow 1956 ans Licht gebracht, doch für die meisten Menschen in der Sowjetunion und der ganzen Welt sollten um diese Verbrechen bis zur Veröffentlichung von Roy Medwedjews Werk *Das Urteil der Geschichte* im Ausland und des halboffiziellen Buches *Rehabilitierung. Politische Prozesse in den dreißiger bis fünfziger Jahren* in der Sowjetunion 1991 unbekannt bleiben. Die letztgenannte Studie berichtet, dass von 139 Mitgliedern und Ersatzmitgliedern des Zentralkomitees der Partei, die zum XVII. Parteikongress 1937 gewählt worden waren, 98 verhaftet und von Erschießungskommandos hingerichtet wurden, größtenteils in den Jahren 1937 und 1938. Das bedeutet siebzig Prozent dieses Regierungsorgans. Was ihre soziale Stellung angeht, waren die meisten Kongressdelegierten Arbeiter und Arbeiterinnen (96 Prozent der stimmberechtigten Delegierten). Von insgesamt 1.966 Delegierten zum gesamten Kongress (stimmberechtigte und beratende Delegierte) wurden weit über die Hälfte (1.108 Personen) verhaftet und konterrevolutionärer Verbrechen angeklagt, eine Anschuldigung, die also gegen die Mehrheit der gewählten Teilnehmer des XVII. Parteikongresses vorgebracht wurde.

Unter den Delegierten und den Opfern dieses traumatischen XVII. Parteikongresses befanden sich einige, die nicht einmal Staatsangehörige der Sowjetunion waren. Wie üblich hatten Stalin und das Politbüro Delegierte aus den verbrüderten kommunistischen und Arbeiterbewegungen aus anderen Ländern eingeladen. Stalin und seine Mitverschwörer sahen dies als eine gute Gelegenheit, die Reihen der internationalen Bewegung von denen zu säubern, die nicht hundertprozentig loyal zu Stalin und seiner Führung standen. Unter den prominenten internationalen Gästen war Bela Kun, Mitglied des Exekutivkomitees der Kommunistischen Internationale und Gründer der Kommunistischen Partei Ungarns. Er wurde gefangen genommen und hingerichtet. In den Verließen des NKWD fanden zwölf ehemalige Kommissare der Ungarischen Sowjetrepublik von 1919 ihren Tod, darunter K. Karikash, D. Bokani, F. Gabor und L. Magyar. Und aus der Tschechoslowakei der führende Genosse B. Shmeral. Manchmal erhielten ausländische Parteispitzen dringende Einladungen in den Kreml zu „Konsultationen" mit Stalin und anderen. Oft waren diese Einladungen bloß eine List, um sie über die sowjetische Grenze zu locken und ihren Untergang zu beschleunigen. So geschah es vielen Führungsspitzen aus Polen. Julian Leczinski-Lenski wurde verhaftet, gefoltert und hingerichtet. Ähnlich A. Usaski, einer der Gründer der Sozialdemokratischen Partei Polens, der im Alter von 70 Jahren von einem Erschießungskommando hingerichtet wurde. Frauen in Führungspositionen erging es nicht besser. Wera Kostrzewa, die sich jahrelang der Sache der polnischen Arbeiter gewidmet hatte – hingerichtet von einem Erschießungskommando. Zu der langen Liste sind noch die Namen H. Henrykowski, Elji Pyng und anderer hinzuzufügen.

Die Parteiführung Jugoslawiens wurde ihrer engagiertesten Mitstreiter beraubt, darunter Filip Filipovic, Vladimir Chopic und Generalsekretär Milan Gorkic, alle hingerichtet. Die Liste ist noch viel länger, einschließlich vieler, die nach Spanien gegangen waren, um die Faschisten um Franco zu bekämpfen, aber ihr Ende durch den Genossen Stalin fanden. Die bulgarische Führung geriet ebenfalls ins Visier. P. Iskrow wurde hingerichtet. Blagoi Popow, der im Prozess um den Reichstagsbrand mit Dimitrow bekannt wurde, saß mit Miltschakow im Gulag in Norilsk im Gefängnis.

Kein noch so abgelegener Winkel der internationalen kommunistischen Bewegung entging Stalins Aufmerksamkeit. China, Indien, Korea, die Mongolei, Finnland, Italien, Belgien, Deutschland, Österreich und sogar die Vereinigten Staaten und Kanada hatten Opfer zu beklagen.

Säuberungen des Militärs

Das Militär wurde ebenso gründlich gesäubert. Bis zum heutigen Tag kann weder der russische Verstand noch der irgendeines westlichen Menschen wirklich nachvollziehen, warum Stalin, im Angesicht der eindeutigen Pläne Hitlers, ganz Europa und die Welt zu erobern, die Reihen des Militärs dezimierte. Harrison Salisbury berichtet in seiner meisterhaften Darstellung der Belagerung von Leningrad, dass 1937 bis 1938 drei von fünf Marschällen der Sowjetunion hingerichtet wurden – die Marschälle

M. N. Tuchatschewski, W. K. Bljucher und A. I. Jegorow. Zwei der vier Flottenkommandanten traf das gleiche Schicksal – die Admiräle V. M. Orlow und M. W. Woktorow. Alle Korpskommandanten der Armee wurden erschossen und fast jeder Divisionskommandant wurde erschossen oder nach Sibirien geschickt. Die Hälfte der Regimentskommandanten, Mitglieder militärischer Räte und Leiter der politischen Arbeit verschwanden. Zwischen einem Drittel und der Hälfte der 75.000 Offiziere der Roten Armee waren bis 1938 verhaftet worden. Unter den höheren Chargen war der Anteil noch höher – alle elf stellvertretenden Kriegskommissare, 90 Prozent der Generäle und 80 Prozent der Obristen. Es wird geschätzt, dass 30.000 Offiziere der Rangstufen darunter von den Säuberungen betroffen waren. Als der Krieg begann, hatten weniger als sieben Prozent der Offiziere der Roten Armee eine hinreichende militärische Ausbildung. Mehr als 37 Prozent hatten nie einen Fuß in eine militärische Einrichtung gesetzt.

Säuberungen der neuen Klasse der Techniker in der Industrie

Als nächste Schicht der sowjetischen Gesellschaft wurde die Kerngruppe von Technikern und Experten in der Industrie angegriffen. Selbstverständlich mussten als erstes die altgedienten „bourgeoisen", „liberalen" und nicht-bolschewistischen Revolutionäre gehen, deren Einsatz und Erfahrung die Sowjetunion durch ihr erstes Jahrzehnt gebracht hatten. Doch nach dem Mord an Kirow richtete sich der Angriff gegen loyale Parteimitglieder. Fast alle Direktoren der großen Unternehmen des Landes wurden verhaftet.

GAZ war keine Ausnahme. Die Säuberungen dort wurden von Schdanow geleitet, dem Kopf der Parteiorganisation in Gorki und getreuen Leutnant Stalins. Nachdem er seine Fähigkeiten durch die Säuberung des GAZ von einem Großteil der industriellen Fachkräfte bewiesen hatte, belohnte Stalin Schdanow mit einer Versetzung nach Leningrad, in das Zentrum der Opposition, um die Säuberungen dort zu Ende zu bringen. Bald wurde er ins Politbüro berufen. Schdanow sorgte dafür, dass jeder Stein umgedreht wurde. Sein Sohn heiratete die Tochter Stalins, Swetlana.

Wären wir am GAZ geblieben, hätten wir es 1938 kaum wiedererkannt. Der fähige und hart arbeitende Direktor Sergej S. Djakonow, der im Juli 1932 auf diesen Posten berufen worden war, wurde 1938 verhaftet und als „Volksfeind" hingerichtet. Der einflussreiche politische Leiter des Motorenwerkes, Parteisekretär am GAZ und seit September 1932 in dieser Position, wurde 1938 hingerichtet. Der Anführer der jüngeren Generation, Wladimir Sorokin, der seine Anhänger im Komsomol mobilisiert hatte, um den Ausstoß der Fabrik zu steigern, wurde verhaftet und in ein Gulag transportiert. Die unteren Ränge des Verwaltungspersonals, der Ingenieure, der Aufseher etc. wurden ähnlich dezimiert. Und was geschah mit den ungefähr 300 Technikern, die mit großem Aufwand und großen Kosten an das Ford-Werk in Rouge zur Fortbildung geschickt worden waren? Die große Mehrheit dieser erfahrenen Kerngruppe, die das Werk von einem unsicheren Anfang zu seiner Vollendung geführt hatte, geriet als „Volksfeinde" unter Verdacht. Es gab manche am GAZ, die diesem Schicksal entkamen. Der bekannteste unter ihnen war Pawel Sergejewitsch Kutschumow, ehemaliger Chefingenieur am GAZ von 1937 bis 1941. Kutschumow, der ebenfalls in Rouge ausgebildet worden war, stieg später zum Vizeminister für die Automobilindustrie der gesamten UdSSR auf. Als Walter und ich dort waren, arbeitete er als Leiter der Motorenabteilung.

Innerhalb der Werkstätten und Abteilungen war es genauso schlimm. Auch hier benutzte man Foltermethoden, um falsche Geständnisse und verleumderische Lügen zu erzwingen. Es ging Mitarbeiter gegen Mitarbeiter, wobei jeder versuchte, die eigene Haut zu retten. Jeder Arbeiter wurde zum Agenten im Dienst des gefürchteten NKWD.

Säuberungen bei ausländischen Arbeiterinnen und Arbeitern sowie politischen Flüchtlingen

Zwar wird meine Geschichte vor allem vom Schicksal der ausländischen Fachleute in der Industrie erzählen, doch waren sie nicht die einzigen Fachleute, die es aus Idealismus und Engagement in den jungen sowjetischen Arbeiterstaat zog. Landwirtschaftliche Spezialisten wurden ebenfalls gebraucht. Die Kollektivierung war in der Theorie ein Versuch, althergebrachte landwirtschaftliche Kommunen *(Mir* genannt), sozialistische Prinzipien und Wirtschaft im großen Maßstab zu kombinieren. Doch ein Großteil der Landwirtschaft war immer noch feudal, sowohl in sozialer Hinsicht als auch in der Produktionsweise. Ausländische Spezialisten aus dem Westen wurden dringend benötigt, um einer halbfeudalen Bauernschaft moderne Landwirtschaftsmethoden zu vermitteln.

Ich erinnere mich so gut an die Medienberichte der Sowjets über eine Gruppe von Landarbeitern aus Seattle im Staat Washington, die ganz zu Anfang der dreißiger Jahre moderne Landwirtschaftsmaschinen zusammenstellten und sich nach Russland einschifften. Sie wurden auf unberührtem Land nahe Rostow am Don in einer Vorzeigekommune angesiedelt, die sie passenderweise *Kommuna Sejatel* nannten (was übersetzt Säer bedeutet, aber ausgesprochen wie Seattle klingt). Sie waren nicht nur der Stolz, aber auch Objekt des Neids des gesamten Gebietes um Rostow am Don, weil ihre Erzeugnisse reichlich und günstig waren, sondern ihre Anstrengungen wurden zum Musterbeispiel für kollektive Landwirtschaft in der ganzen UdSSR, wenigstens in den Augen der sowjetischen Medien. Als in den späten dreißiger Jahren der Terror überall zuschlug, wurde nach W. I. Wolgin die Mehrzahl dieser amerikanischen Farmer wie viele andere verhaftet und ohne Gerichtsverfahren verbannt.

Im Amerikanischen Dorf in Gorki wirkte die Säuberung von 1938 mit voller Kraft. Leonardo Damiano, einer der italienisch-amerikanischen Arbeiter, war in dem Autobuswerk des GAZ bei Kanawino beschäftigt, das ungefähr zwölf Meilen vom Hauptwerk entfernt und näher an den Ufern der Wolga zwischen den hohen Kliffs des alten Nischnij lag. Jeden Morgen brachte ein Bus Leonardo und ungefähr zwanzig weitere Bewohner des Amerikanischen Dorfes, darunter einige Finnen, sechs österreichische Schutzbündler, einen Amerikaner namens Frank Williams, vier Polen und eine Handvoll Ungarn und Jugoslawen, zur Arbeit. Doch eines Morgens früh im Jahr 1938 kamen nur fünf zum Bus. Die Männer standen unter Schock und konnten keine tröstenden Worte für die Frauen derjenigen finden, die verschwunden waren. Unbeantwortete Fragen lagen ihnen auf der Seele. Wie konnten diese Arbeitskollegen verhaftet werden? Hatten sie nicht durch jahrelange harte und erfolgreiche Arbeit bewiesen, dass sie die Sache der sowjetischen Nation vorantrieben? Welche Verbrechen hatten sie begangen? Keine Gerichtsverhandlungen, keine Erklärungen. Doch dies war nur der Anfang. Vier Tage später, erinnert sich Leonardo, wurden fast alle Polen im Dorf hingerichtet, darunter auch Litwitowicz, Jaworski und Halinski. Die Italiener standen als nächste auf der Liste – Alfredo Mauri, Ottocaro, Dino Maestrelli und Perrini, so dass im Dorf nur weinende Frauen und Kinder zurückblieben. Zu der tiefen Verzweiflung jeder Familie kam noch die politische Isolation von Seiten anderer, die nicht selbst zum Opfer werden wollten. Wenn manche Frauen zu stark protestierten, wie es Luisa Marcelli und Lisa Merendi taten, wurden sie ebenfalls verhaftet und ins Gefängnis geworfen. Die letzte Ironie dieses tragischen Vorfalls lag darin, dass Lisas sechzehnjähriger Sohn Primo gerade angekommen war, um bei seiner Mutter in Gorki zu leben. Sie wurde nach mehrjähriger Haft entlassen, doch der NKWD verlangte von ihrem jungen Sohn, andere Ausländer in der Region auszuspionieren. Es ist nicht überraschend, dass Primo, der schließlich nach Italien zurückkehrte, nichts mit den Sowjets oder irgendwelchen kommunistischen Aktivitäten zu tun haben will.

Die Zahl der übrig gebliebenen Italiener konnte man nun an einer Hand abzählen! Da waren Leonardo Damiano, Vomeros Frau Laura Albertini, Eduardo Rizzoli (tatsächlich Memo Gottardi) und Francesco Dispancher. Mein Freund und Kollege bei der Werkzeugproduktion, Severino Buzzacchero, fand gemeinsam mit seiner Frau und ihrem Sohn Roger eine Zuflucht in Sozgorod. Damiano erzählte mir, wie er eines Tages bei der Rückkehr von der Arbeit Rizzolis Frau wegen der Verhaftung ihres Mannes in Tränen aufgelöst fand. Er schloss daraus zu Recht, dass er selbst der Nächste auf der Liste sein werde.

Am 22. April 1938 um vier Uhr morgens weckten laute Schläge an die Tür Leonardo und seine kleine Familie. Er sagte zu seiner Frau Elsie: „Da ist es, jetzt sind sie gekommen, um mich zu holen. Geh und öffne die Tür." Elsie fragte mit zitternder Stimme, wer da sei. „Mach die Tür auf, Elsie", erklang die Stimme des *DOMKOM* (Hauswart). An der Seite des Hauswartes standen dort zwei Soldaten der Roten Armee in voller Ausrüstung mit Gewehren und aufgepflanzten Bajonetten. Eine kleine Gestalt in Zivil trat dann ein und fragte: „Bist du Leonardo Damiano?" Leonardo bejahte und ihm wurde befohlen: „Zieh dich an, nimm einen Becher und ein Handtuch und einmal Wäsche zum Wechseln. Du kommst mit uns mit!" Die Soldaten durchsuchten systematisch jede Ecke des Zimmers, leerten Schubladen und den Schrank aus und nahmen sich einige Briefe von Leonardos Mutter, seine Kodak-Kamera und was sie sonst noch für wertvolle Tauschwaren hielten. Nach tränenreichen Abschiedsküssen von Elsie und seinem kleinen Sohn Sammy wurde Leonardo mit einem Gewehr im Rücken zu den wartenden Armeelastwagen abgeführt.

Ich werde die Erlebnisse Leonardo Damianos aus gutem Grund in größerem Detail berichten. Als Überlebender von Gorki, des GAZ und des Amerikanischen Dorfes führte er ein genaues Tagebuch über seine

Erfahrungen, was am besten ein Bild davon vermittelt, was Tausende anderer erlitten. Durch sein schriftliches Testament hören wir die Stimmen der Opfer der Säuberungen! In Leonardos eigenen Worten: „Als wir zum Ende des Dorfes kamen, sah ich einen mit Planen gedeckten Lastwagen, der von zwei weiteren Rotarmisten bewacht wurde. Ich wurde gezwungen, auf den Laster zu steigen, wo ich fünf oder sechs andere Männer fand, die dort schon saßen – einige deutsche politische Emigranten und auch ein paar Schutzbündler. Später wurden noch mehrere gebracht, bis wir ungefähr zu zehnt waren. Der Mann in Zivil stieg dann zu uns, mit zwei bewaffneten Wachen vorne und zweien hinten. Wer wäre unter diesen Umständen so dumm gewesen, an Flucht zu denken, doch trotzdem warnte uns der Offizier der Wachen bald und befahl brüllend: 'Hört zu, Ihr da, sitzt still, und vergesst nicht, dass bei jedem Fluchtversuch die Soldaten sofort und ohne Vorwarnung schießen werden!' Bei diesen Worten fuhren wir los. Wie lange wir fuhren, konnte ich nicht sagen, wo es hinging, wussten wir auch nicht. Man hatte uns keine Haftbefehle vorgelesen, keinen Grund für die Verhaftung genannt und nicht gesagt, warum wir angeklagt waren. Als wir anhielten, sah es danach aus, dass wir im Hof eines Gebäudes waren, das ein Gefängnis sein musste, denn wir waren von hohen Mauern mit Eisengittern an allen Fenstern umgeben. Ich vermutete, dass es das Miisa-Gefängnis außerhalb von Gorki war. Einmal drinnen, wurden wir getrennt, ich wurde zu einem kleinen Warteraum geführt, wo bald ein Gefängniswärter eintrat, der mir befahl, meinen Gürtel abzulegen, den er an sich nahm, dann mit einer Schere alle Knöpfe von meiner Kleidung schnitt, mich nach waffenartigen Gegenständen durchsuchte und so missmutig den Raum verließ, wie er eingetreten war. Eine Ewigkeit schien zu vergehen, bis ein anderer den Raum betrat und mir ein Stück Schwarzbrot (etwa 600 Gramm) anbot. Schwarzbrot hatte ich noch nicht zu schätzen gelernt, doch als ich herausfand, was sonst noch als so genanntes Essen serviert wurde, begann ich es zu lieben! Eine andere Wache erschien und führte mich durch einige Korridore, öffnete schließlich eine Tür und während er mich in den Raum schob, sagte er, 'Hier, Leute, hier ist noch einer für Euch', und verschloss die Tür.

Als ich mich umsah, befand ich mich in einer Zelle von ungefähr vier Metern Länge und sechs bis acht Metern Breite. Auf dem Boden und auf Brettern über den Pritschen saßen einige der erbärmlichsten menschlichen Wesen, die ich je gesehen hatte – unrasiert, dreckig und gegenüber bei der Tür stand ein Fass, aus dem der widerlichste Gestank kam. Es war das Urinfass, was mich weiter in den Raum trieb. Bald waren von einem von ihnen die Worte zu hören: ‚Ist schon in Ordnung, mein Sohn, du wirst dich dran gewöhnen. Wir haben uns genauso gefühlt, als wir das erste Mal diese Hölle betraten. Also dann, erzähl uns von dir, wer bist du und wo kommst du her?' Ich antwortete dem Fragenden, der sagte, sein Name sei Antonow, er sei Vorsitzender eines kollektiven Landwirtschaftsbetriebes, und als die Ernte schlecht war, habe man ihn verhaftet und der Sabotage beschuldigt. Durch sein bestimmtes Auftreten war klar, dass er der *Starosta* oder gewählte Vorsteher der Insassen dieser Zelle war. Während sich meine Augen umstellten, sah ich mich um und schätzte, dass wir in dieser einen Zelle ungefähr 60 waren. ‚Ja', sagte Antonow, ‚61 von uns wie Sardinen zusammengepresst von diesen Läusen, in einer Zelle für normalerweise sechs Personen.'

Doch wo würden wir nachts schlafen? Bevor es darauf eine Antwort gab, ging die Tür auf und einige Gefangene (nicht politische, sondern Diebe, Betrüger und sogar Mörder) schoben ein Fass herein, das der *Starosta* übernahm, und noch ein weiterer Eimer wurde in den Raum gereicht und die Tür wieder geschlossen. Was für ein Hohn, was für eine Erniedrigung. Hier waren die schlimmsten Verbrecher, die die bevorzugten Küchenstellen bekamen, während ich bald erfahren sollte, dass politische Gefangene, die sich nichts hatten zuschulden kommen lassen, auf der untersten Stufe standen, gefoltert, dem Frost ausgesetzt und oft erschossen wurden.

Doch zurück zu dem Fass Essen. Hölzerne Schüsseln und Löffeln wurden ausgegeben, und während das Fass den schmalen Gang zwischen den Männern entlang geschoben wurde, teilte Antonow mit einer kleinen Kelle eine kleine Portion dunkler, trüber Flüssigkeit aus, in der ein Stück Kohl schwamm. Meine Mitgefangenen nannten sie *Bolanda*. Ich entdeckte in wieder anderen Gefängnissen, dass in der ganzen Sowjetunion Gefangene dieses Übelkeit erregende Wasser ohne Geschmack namens *Bolanda* bekamen. Als ich als Junge in einem Restaurant in Boston als Tellerwäscher arbeitete, war das Spülwasser ein besser schmeckendes Gericht als *Bolanda*. Ich schob es weg, unter dem Gelächter der anderen, die mich daran erinnerten, dass ich es zu essen lernen würde, wenn ich wirklich hungrig war. Antonow ging weiter seiner Pflicht nach und kam mit einem Eimer *Kascha* vorbei, aus dem er einen Becher für jeden in der Schlange verteilte, der wiederum durch vier geteilt werden musste, so dass jeder nur einen Viertelbecher erhielt. Die meisten kauerten beim Essen auf dem Boden oder drängten sich auf den wenigen Pritschen zusammen. Nachts wurden Bretter zwischen die Pritschen gelegt, um mehr Platz zum Schlafen zu schaffen. Eine Lage Männer schlief unter den Pritschen und Brettern und eine Lage darauf. Manche versuchten, in kurzen Schichten zu schlafen. Eines galt allgemein: Alle hatten die stinkenden Füße eines Nachbarn im Gesicht.

Die beliebteste Zeit für die Verhöre des NKWD war mitten in der Nacht. So gab es jede Nacht die freien Schlafplätze derjenigen, die gerade befragt wurden. Zu dieser Zeit fand die Folter statt, um jeden von uns zu zwingen, Geständnisse zu unterschreiben. Wenn nicht gleich, gehorchten die meisten, nachdem sie blutend und erschöpft dagelegen hatten und dann zum weiteren ‚Verhör' gerufen wurden. Der Appell der Nachtwache fand regelmäßig zwischen zehn und elf Uhr abends statt. Es wurde an die Tür geklopft, der *Starosta* legte sein Ohr an die kleine Öffnung in der Tür und erhielt den Befehl, seine Männer zur Aufmerksamkeit zu rufen. Wenn sich die Tür öffnete und der Adjutant eintrat, riefen alle Gefangenen einstimmig wie befohlen ‚*Zdrawstwujte*', was wörtlich übersetzt ‚Euer Wohlergehen' bedeutet, die übliche Begrüßung auf Russisch. Dann berichtete der *Starosta* über alle 61 Männer, einschließlich der Kranken, und ihren Zustand in einem kurzen schriftlichen Report. Falls einer der Gefangenen außerdem einen Antrag stellen wollte, musste er in schriftlicher Form durch den *Starosta* an die Wache weitergeleitet werden.

Wir versuchten dann, ein Nickerchen zu halten, denn um ein oder zwei Uhr morgens wurden die Männer in kleinen Gruppen von je ungefähr 20 hinausgelassen, um zur Toilette und in den Waschraum zu gehen. Das übel riechende Fass in unserer Zelle war nur zum Urinieren bestimmt, also mussten wir unsere anderen Bedürfnisse bis zu den festgesetzten Zeiten zwischen ein und zwei Uhr mittags und zwischen ein und zwei Uhr morgens kontrollieren. Es war nicht einfach, unsere Verdauung zur Übereinstimmung mit dieser Disziplin zu bringen."

Tage, die wie Wochen schienen, vergingen. Schließlich wurde Leonardo vom NKWD ausgesondert und man übergab ihm eine kleine Mitteilung, die besagte, dass er, Damiano, ein Vergehen nach Paragraph 58 des Strafgesetzbuches, Punkt 6, begangen habe. Was er da las, war ihm unbegreiflich, und als er fragte, was das zu bedeuten habe, antwortete die Wache: „Du wirst es noch früh genug herausfinden."

Inzwischen war er schon zehn Tage im Gefängnis. Würde man ihm erlauben, mit einem Rechtsbeistand zu telefonieren? Ob er die Erlaubnis erhalten würde, die MOPR[19], die Internationale Organisation zur Unterstützung von Revolutionären, anzurufen? Oder vielleicht ein Anruf bei seiner Familie? Plötzlich kamen ihm frühere Verhaftungen bei Streiks und Demonstrationen in Boston, Brownsville und Pittsburgh in den Sinn, wo ein einfacher Anruf rechtlichen Beistand oder Geld für die Kaution durch die ILD, die Internationale Liga zur Unterstützung, brachte. Doch damals hatte er im Kampf der Arbeiter gegen die Kapitalisten gestanden. Hier und jetzt war er im Vaterland der Arbeiter, das er schon jahrelang loyal unterstützt und wofür er sich aufgeopfert hatte. War das der Sozialismus, dem er sein Leben gewidmet hatte? Sicherlich war Stalin nicht bewusst, welche Verbrechen diese lokalen Kriminellen vom NKWD begingen!

Zurück in seiner Zelle bestätigte einer der Gefangenen, Janowski, der in Russland geboren und entfernt polnischer Herkunft war, dass die Anklagen normalerweise vage formuliert und mit weitschweifigen Anschuldigungen wie „Konterrevolutionär, Faschist, Spion" etc. etc. verschleiert seien, dann werde man geschlagen und gefoltert, bis man dieses Papier mit einem Geständnis unterschreibe. Erst dann komme man mit der Strafe davon, die man in einem Arbeitslager in den Weiten Sibiriens ableisten müsse. Nicht zu gestehen, was man niemals begangen habe, sei eine Einladung an das Erschießungskommando. Janowski wusste Bescheid, denn er war Anwalt im etwa 60 Kilometer von Gorki entfernten Dserschinsk gewesen. Wegen seiner mutmaßlich ausländischen Herkunft (Generationen vorher) wurde er als Spion verhaftet.

Leonardo schwor, dass er niemals irgendein Papier mit einem Geständnis von Taten, die er nie begangen habe, unterschreiben werde! Janowski zuckte mit den Schultern und gab zu verstehen: „Es ist Deine Sache… aber es gibt keinen anderen Ausweg… und außerdem brauchen sie in den Lagern Deine Arbeitskraft." In seinen Worten lag eine gewisse Logik. Ein anderer Zellengenosse half, die dunklen Gedanken zu vertreiben. Sein Name war Willi Mittelmeyer, entfernt deutscher Abstammung, der jedoch kein Wort Deutsch mehr sprach. Er war russisch bis aufs Blut, doch man hatte ihn wegen seines nicht-russischen Namens verhaftet. Willi und Leonardo hatten Brotkrümel aufgehoben, aus denen sie Schachfiguren fabrizierten, und sie zeichneten auf einem Blatt Papier ein Schachbrett, das ihnen half, nicht den Verstand zu verlieren.

Etwas mehr als zwei Wochen nach ihrer Verhaftung hörte man spät nachts laute Schreie unten aus dem Hof. Ein Mann rief: „Nein. Erschießt keine Genossen! Erschießt mich nicht, ich habe nichts getan!" Dann erklang ein Schuss. Noch ein unmenschlicher Schrei. Noch ein Schuss, dann Stille. Tränen stiegen denjenigen, die noch in den Zellen saßen, in die Augen. In dieser Nacht wurde nicht viel geschlafen. Oh, dachte Leonardo, wenn es nur eine Möglichkeit gäbe, Stalin von diesen Verbrechen gegen unschuldige Menschen zu informieren, würde er dem ein Ende machen. So sah der blinde Glaube an den großen Stalin aus!

Als Leonardo auf dem Fußboden lag, machte er sich Sorgen um Elsie und den kleinen Sammy. Wurden auch sie grundlos verfolgt? Dann erinnerte er sich an die Worte bei Dante: „Lasst alle Hoffnung fahren, die ihr hier eintretet!" Am Abend des 1. Mai 1938 befahl man Janowski, Leonardo und einigen anderen, ihre Kleidung zu holen und in einen anderen Flügel zu wechseln. Als sie eintraten, trauten sie ihren Augen kaum, denn sie waren eine kleine, überfüllte Zelle gewohnt. Nun betraten sie einen viel größeren Saal, ursprünglich für vielleicht 24 Personen gedacht und nun mit 240 voll gestopft. Immer noch verblüfft, hörte Leonardo jemanden seinen Namen auf Italienisch rufen und vor ihm stand Rizzoli, sein alter Freund aus dem Amerikanischen Dorf. Damals im Dorf waren sie sich nicht immer einig gewesen, doch hier saßen sie im selben Boot und umarmten sich herzlich. Es gab noch andere vertraute Gesichter. Da war der Schutzbündler August Deninger, da war Antonow, ein US-amerikanischer Staatsangehöriger bulgarischer Herkunft, der aus Detroit gekommen war, und Halinski (tatsächlicher Name Maur), ein polnischer Genosse, der seit 1937 im Dorf vermisst wurde. Noch andere Schutzbündler, die Leonardo nur mit Vornamen kannte, Willi, Kurt und Marko, und einer, an dessen flammend rote Haare er sich erinnerte. In der größeren Zelle hier sah er auch Ludovic Horvat, einen Jugoslawen aus dem Dorf, der in Niagara Falls in den USA gearbeitet hatte. Er erinnerte sich daran, dass Horvat, als dieser nach Gorki kam, seine Maschine zum Reparieren von Schuhen mitgebracht hatte und die Erlaubnis erhielt, eine Schuhreparaturwerkstatt auf der Swerdlowsker Straße im Zentrum Gorkis zu eröffnen. Leonardo erinnerte sich, dass die beiden überlebenden Söhne die Werkstatt bis in die späten vierziger Jahre weiterführten. Doch Horvat senior war einer der Verschwundenen!

In der neuen größeren Zelle war der gewählte *Starosta* Calinski, der im Dorf Leonardo gegenüber gewohnt hatte. Es war ein willkommenes Zusammentreffen, denn Leonardo brachte ihm erste Neuigkeiten von seiner Frau und seinem Sohn. Calinski teilte Leonardo gleich für die zweite

Brigade ein, so dass er sich um seine Bedürfnisse kümmern konnte, und gab ihm einen Schlafplatz auf dem Fußboden unter seinem Freund Antonow aus Detroit. Es folgte ein detaillierter Bericht von Calinski über alles, was seit seiner Verhaftung vor einem Jahr geschehen war. Man hatte ihn angeklagt, ein Spion zu sein, und zur Verbüßung einer zehnjährigen Haftstrafe in ein Lager nach Kolyma nahe dem Polarkreis geschickt. Doch dann brachten sie ihn ohne Erklärung zurück, da ihm noch weitere Verhöre bevorstanden. Als ehemaligen Gefangenen im lokalen Gefängnis wählte man ihn zum *Starosta*.

Am 7. Mai 1938 wurde Leonardo zum Verhör gerufen. Calinski, Rizzoli und Antonow wünschten ihm Glück, als er abgeführt wurde. Ihre Ratschläge zum Abschied lauteten, sich nicht von ihnen schlagen zu lassen ... alles zu unterschreiben ... durchzuhalten und auf bessere Zeiten zu hoffen. Doch Leonardo fragte sich, wie er noch auf irgendetwas hoffen sollte, wo doch alles, woran er geglaubt hatte, zusammengebrochen war? Ein bewaffneter Wachposten brachte ihn zum Büro eines uniformierten Offiziers des NKWD, der ihn in einen Hof führte, wo es schon dunkel war und wo einer der Busse wartete, die er mit Karl im Werk in Kanawino gebaut hatte. Sie hatten diesen Bus die Schwarze Maria genannt und er war eindeutig zum Transport von „Volksfeinden" bestimmt. Also stieg Leonardo nun in diesen Bus, von dem er jedes Schräubchen noch vom Bau kannte. Und dann kam ihm ein beängstigender Gedanke. Wenn sich die richtige Gelegenheit böte, wüsste er, wie er hier herauskäme und in die Dunkelheit hinausstürzen könne – in die FREIHEIT! Wie verrückt, wo würde er hingehen? Nach Hause? Sie würden schon vor ihm da sein und auf ihn warten. Wohin sonst? Er hatte keine Verwandten. Und außerdem, welche Verwandten oder Freunde wollten schon einen „Volksfeind" aufnehmen? Ein dummer Albtraum, beschloss er.

Was als nächstes geschah, beschreibt Leonardo in seinen eigenen Worten: „Der Bus kam zu einer besseren Straße und ich vermutete, dass wir in der Stadt und wahrscheinlich auf dem Weg zum *‚Worobjowka'*-Hauptquartier des NKWD in Gorki auf der Worobjow-Straße waren. Unter den wachsamen Augen zweier Posten wurde ich zu Raum Nr. 320 geführt und vor einen riesigen Tisch gesetzt. Ich hatte kaum Platz genommen, als eine Tür auf der anderen Seite aufging und ein uniformierter Offizier des NKWD eintrat. Er dankte den Wachposten, als er sie entließ, und widmete seine Aufmerksamkeit dann einer Mappe mit Dokumenten, während ich seine Gesichtszüge studierte. Er schien ungefähr 27 oder 28

Jahre alt zu sein, hatte rotes Haar, war ziemlich muskulös und trug den Rang eines Leutnants und den Namen Zuntabel. Nach langem Schweigen, während er las, waren seine ersten Worte: ‚Damiano Leonardo Semjonowitsch, wie kommen Sie zu so einem russischen Vatersnamen, wenn Sie Ausländer sind?' – ‚Ein Irrtum', antwortete ich, ‚als ich einen sowjetischen Pass bekam, gab es einen Übersetzungsfehler und statt Savinowitsch, nach meinem Vater Savino, schrieb der Übersetzer Semjonowitsch.'" Der Offizier öffnete eine Schachtel russischer Zigaretten, *Papirosy*[20] mit Filter, und bot Leonardo zu rauchen an (genau wie Calinski vorhergesagt hatte). „Ich nahm an, weil es wenigstens helfen würde, meine Nerven zu beruhigen. Dann kam er zur Sache: ‚Also, Damiano, Sie sollen eins wissen. Wenn Sie sich bemühen, hilfsbereit zu sein, wird alles für Sie in Ordnung kommen, aber wenn sie störrisch werden, haben Sie sich nur selbst die Schuld zu geben.' Ich erwiderte, dass ich der Wahrheit entsprechend antworten und nichts verbergen werde. Dann folgte eine lange Liste von Fragen danach, wo ich geboren war, wo ich in den Jahren gelebt hatte, welche Umstände dazu geführt hatten, dass ich mit meiner Familie in die UdSSR gekommen war, etc. Dann fragte er mich scharf: ‚Wann und von wem wurden sie rekrutiert, um geheimdienstlich in diesem Land zu arbeiten? Sie wissen, dass Sie angeklagt sind, ein Spion der italienischen Regierung zu sein.' Ich erwiderte: ‚Das ist eine idiotische Anschuldigung. Selbst wenn ich wollte, könnte ich kein Spion der italienischen Regierung sein.' Ich versuchte, die Ruhe zu bewahren, gefasst und ehrlich zu bleiben, doch der Offizier explodierte! ‚Was zum Teufel meinen Sie? Versuchen Sie hier, schlau zu sein? Wagen Sie nicht, unsere Beweise anzuzweifeln', schrie er mir ins Ohr. Als ich antwortete, dass er falsche Informationen habe, bekam ich eine Ohrfeige, die mich vom Stuhl warf. Als ich mich erholt hatte, sprach er weiter: ‚Sehen Sie mal, Damiano, ich dachte, wir hätten uns geeinigt, hilfsbereit zu sein und die Wahrheit zu sagen.' Darauf sagte ich: ‚Wenn Sie die Wahrheit nicht hören wollen, werde ich vielleicht einfach den Mund halten.' Seine Antwort hatte ich schon erwartet. Er sagte: ‚Phh, machen Sie sich keine Sorgen, wir werden Sie zum Reden bringen, bevor wir mit Ihnen fertig sind.' Meine Erwiderung war schnell, ruhig und ganz natürlich: ‚*Graschdanin Isledowatel* (Bürger Inspektor), ich könnte kein Spion für Italien sein, aus dem einfachen Grund, dass meine Eltern mich aus Italien in die Vereinigten Staaten brachten, als ich acht Jahre alt war, und ich in der Stadt Boston aufwuchs.' Das schien ihn zu erstaunen und er schaute wieder in das Dossier. Zum ersten Mal schien er verwirrt und unsicher zu sein, und dann tobte er: ‚Wenn Sie kein Spion für Italien sind, dann sind Sie ein Spion für Roosevelt.' Doch in seiner Stimme war ein unsicherer Klang. Er hob den Hörer ab und sagte: ‚*Gotow* – fertig.' Seine letzten Worte in dieser Nacht waren: „Hören Sie, ich schicke Sie zurück in Ihre Zelle, doch wenn Sie das nächste Mal gerufen werden, will ich, dass Sie bereit sind zu reden und ein ehrliches Geständnis zu unterschreiben, um zu zeigen, dass es Ihnen Leid tut, dass Sie etwas gegen unseren Staat verbrochen haben, und dafür geradestehen wollen.' Ruhig antwortete ich: ‚Aber Sie haben mir nichts gezeigt, was meine Schuld beweist, keine Zeugen, keine Unterlagen, nichts beweist, dass ich diesem Land geschadet habe.' – ‚Was?', brüllte er und begann, mit Schlägen auf mich einzudreschen, bis ich zu Boden fiel und zu schwach zum Stehen war und das Blut mir aus der Nase floss. ‚Jetzt passen Sie mal auf', schrie er,‚Sie sind derjenige, der zu zeigen hat, dass Sie unserem sozialistischen Land keinen Schaden zugefügt haben.'

Die gleiche Wache, die mich gebracht hatte, holte mich ab, führte mich zum Waschraum, damit ich das Blut aus meinem Gesicht entfernen konnte, und brachte mich zurück in den Hof zum Bus für den Transport zurück in meine Zelle. Unterwegs erinnerte ich mich an die Prügel, die ich in Streikpostenketten oder bei Demonstrationen in kapitalistischen Ländern eingesteckt hatte, doch da wusste ich, wofür ich geschlagen wurde, nämlich für meine Gewerkschaftsaktionen und für meine politische Einstellung. Aber warum wurde ich, ein Kommunist, in einem sowjetischen Gefängnis geprügelt? Die Wahrheit dämmerte mir noch nicht. Verantwortlich waren, wie ich mir zurechtlegte, die hinterhältigen Untergebenen, die Parteibürokraten, nicht etwa die Parteiführung. Nein, nicht der große Stalin!"

Während seiner Jugend im Bostoner Stadtteil North End hatte Leonardo Boxen trainiert. Er zweifelte nicht daran, dass er den NKWD-Offizier, der ihn geschlagen hatte, zu Boden gebracht hätte. Er war sich sicher, dass er ihm nichts schuldig geblieben wäre. Doch die Worte Calinskis hallten in seinem pochenden Kopf wider und er erinnerte sich in diesem Moment auch daran, was mit seinem Freund Karl, dem Schutzbündler, geschehen war, den er nach einem Verhör bewusstlos auf dem Fußboden gefunden hatte. Karl war ein stämmiger, kräftiger Kerl und hart im Nehmen. Als der Vernehmungsbeamte ihn zu schlagen begann, wirbelte er herum und verpasste ihm so eine Tracht Prügel, dass seine

Schreie andere Beamte und Wachen im Laufschritt zu Hilfe eilen ließen, und als sie ihren Kollegen heftig blutend auf dem Boden sahen, setzten sie Karl gnadenlos zu, bis er kein Lebenszeichen mehr von sich gab. Mit schwacher, vor Schmerz erstickter Stimme erzählte er Calinski, was passiert war, und fügte hinzu: „Mir ist egal, ob ich das hier nicht überlebe, ich will nicht länger in diesem Land sein. Wenn ich hier lebend herauskomme, werde ich nicht ruhen, bis sie mich töten oder ich in mein Heimatland fliehen kann. Was ich heute Abend getan habe, tut mir nicht Leid. Es soll ein Beispiel setzen, damit sie andere Gefangene nicht schlagen."

Bis zum Morgen verschlechterte sich Karls Zustand und er wurde abgeholt, aber es ist nicht bekannt, ob er in ein Krankenhaus oder ins Leichenhaus kam. Das war das letzte, was man von ihm erfuhr. Jahre später begleitete Leonardo Karls Witwe nach Moskau zum Zug zurück nach Österreich. Sie erhielt niemals einen offiziellen Bericht über Karls Schicksal.

Die Schwarze Maria hatte Leonardo zurück zum Gefängnis transportiert, wo man seinen schlaffen Körper in die Zelle schleifte und hinwarf. Das Mitgefühl und die Solidarität seiner Mitgefangenen gebot, dass man für ihn einen freien Schlafplatz sicherte und seine Rationen für ihn aufbewahrte. Diese Verpflichtungen waren heilig und wurden von allen beachtet. Calinski musste seine Autorität nicht einsetzen. Seine engsten Vertrauten, Rizzoli, Halinski und Antonow, kauerten sich um ihn, um die zu erwartenden grausigen Einzelheiten zu erfahren und dann gemeinsam mit verhaltener Stimme auszustoßen: „Diese Ratten, diese Bastarde, dass sie dich, der gegen Mussolini und die Faschisten gekämpft hat, als ihren Spion bezeichnen!" Bald gewann der Realismus Calinskis wieder die Oberhand und er warnte: „Damiano, denk daran, was ich dir gesagt habe, das nächste Mal bringen sie dich um. Das ist es nicht wert!"

Die Vorladungen in die *Worobjowka* gingen weiter und auch die Prügel für Leonardo. Ein Schläger namens Below wurde dazugerufen, um bei den Angriffen auf ihn zu helfen. Trotz der Warnungen und Ratschläge Calinskis schrie Leonardo seine Ankläger an: „Wenn Genosse Stalin wüsste, was ihr mir antut und allen von uns antut, würdet ihr an meiner Stelle sitzen und ich wäre frei!" Es hagelte noch brutalere Schläge auf Leonardo, während sie zurückbrüllten: „Was, du verdammter Spion, du verdammter Konterrevolutionär, Stalin ist nicht dein Genosse, merk dir das!"

Der Moment trat ein, wie Calinski vorhergesehen hatte, an dem Leonardo es nicht mehr aushalten konnte. Selbst wenn er erschossen würde, wäre wenigstens dieser Albtraum vorbei. Also sagte er: „Macht schon, setzt euer verdammtes Papier auf, schreibt auf, was ihr wollt, wenn ihr es haben müsst." Sie antworteten: „Jetzt redest du endlich vernünftig." Doch wie sollte Leonardo spezifische Fragen nach den Namen seiner Komplizen beantworten? Er nahm sich vor, die Unschuldigen zu schützen. Er zerbrach sich den Kopf, wer schon nicht mehr am Leben war oder das Land verlassen hatte. Ihm fiel ein ehemaliger Arbeiter aus Detroit ein, der nach einem Jahr dorthin zurückgekehrt war, und von dem er nicht wusste, ob er noch lebte – doch selbst wenn, war dieser nun in Sicherheit, und er gab seinen Namen an. Er nannte auch einige Namen von Italienern, die Gorki verlassen hatten, um in Spanien zu kämpfen, und nie zurückgekehrt waren. Namen, Namen. Irgendwelche Namen, damit sie von ihm abließen, aber niemand, den sie jemals finden und mit hineinziehen könnten. Die Schläger des NKWD wollten nur das tun, was ihre Bosse ihnen befahlen, und ein Geständnis produzieren, ein Stück Papier. Helden des sowjetischen Vaterlandes hatten ihre Pflicht getan! Was Leonardo betraf, sorgte er sich darum, dass die überlebenden Verwandten derjenigen, deren Namen er genannt hatte, ihm nicht verzeihen könnten. Leonardo unterschrieb die Papiere, ohne sie zu lesen. Was machte ihr Inhalt schon aus?

Nicht die körperliche Folter brach seinen Willen, noch die weisen Ratschläge des Überlebenden Calinski. Die Zerstörung aller Werte, die er sein Leben lang hochgehalten hatte, brachte ihn schließlich zum Unterschreiben! Er war seiner Menschlichkeit, seiner persönlichen Würde und schließlich seines innersten Selbst beraubt worden. Sein ganzes Erwachsenendasein hindurch war er bereit gewesen, für den Sozialismus und eine Demokratie der Arbeiter Opfer zu bringen und, wenn nötig, auch zu sterben. All dies zerbrach in den Händen derjenigen, die behaupteten, dass sie zur Verteidigung eines sowjetischen sozialistischen Staates, der den arbeitenden Menschen gewidmet sei, handelten.

Die Prügel und der geschwächte Gesundheitszustand brachten viele auf die Krankenliste. August Deninger, ein Schutzbündler aus Linz, kam mit blutigem Durchfall ins Krankenhaus, wie auch der Bulgare Antonow. Eines Tages erhielt Leonardo eine Nachricht, das Ludovic aus der zehnten Mannschaft unbedingt mit ihm sprechen wolle. Er lag eindeutig im Sterben und bat darum, mit seiner Frau und seinem Sohn Nick in Gorki in Verbindung zu treten und ihnen von seinen letzten Tagen zu erzählen. Obwohl Leonardo wenig Hoffnung hegte, diese Prüfung zu überstehen, versprach er es. Er sollte überleben und dieses Versprechen erfüllen können.

Wie verbunden fühlt man sich einem Mitgefangenen, der etwas Menschlichkeit und Mitgefühl zeigt! Leonardos *Starosta* Calinski wurde auch eines Tages fortgebracht, doch wohin? Vielleicht zurück ins arktische Kolyma. Doch die letzte Nachricht von ihm würde er 1958 oder 1960 erhalten. Der NKWD in Moskau lud Leonardo vor und fragte, was er über Calinski wisse – was vor ihrer gemeinsamen Gefangenschaft sehr wenig war. Als sie Nachbarn im Dorf waren, trafen sie sich nur bei geselligen Anlässen. Leonardo wusste nur, dass er ein polnischer Flüchtling war. Aus dem Verhör beim NKWD schloss er, dass seine Frau versuchte, herauszufinden, ob er noch am Leben war, und auch seinen Namen zu rehabilitieren. In jedem Fall hatten die Ereignisse seine Familie überholt. Sein Sohn war tot und seine Frau hatte wieder geheiratet!

Später in diesem Sommer wurde Leonardo zur Zellentür gerufen. Ihm wurde von der Wache ein Papier ausgehändigt, das besagte: „Das Revolutionäre Tribunal hat entschieden, dass Leonardo Damiano eines Verbrechens gegen den Staat nach Paragraph 58, Punkt 6, des Strafgesetzbuches der UdSSR [Spionage] schuldig ist und zur Strafe zu acht Jahren Umerziehung im Arbeitslager verurteilt wird." Unterschrieben und besiegelt! Keine Anhörungen, keine Verhandlungen, keine Möglichkeit zur Verteidigung. Was für eine schöne Demokratie, dachte er. Doch seine Zellengenossen waren erfreut. Du Glückspilz. Auf dem Weg in ein Arbeitslager. Frei aus diesem höllischen Loch. Auf an die frische Luft und zu besserem Essen! Glückwünsche kamen von allen Seiten. Was waren schon acht Jahre! Er war noch am Leben und stand davor, ein anderes Leben zu beginnen, wenn auch nicht als freier Mensch!

Kapitel 8

In all den Memoiren, die das Leben in den Gefängnislagern Stalins – dem durch Alexander Solschenizyn berühmt gewordenen Archipel GULAG – beschreiben, macht besonders die Grausamkeit, Monotonie und surreale „Normalität" des Lageralltags betroffen. In dieser Hinsicht unterscheidet sich die Geschichte des italienischen Arbeiters Leonardo Damiano, die in diesem Kapitel erzählt wird, nicht von den übrigen Autobiographien. Sie ist allerdings ein einzigartiges historisches Zeugnis des Schicksals der ausländischen Arbeiterinnen und Arbeiter, die die Erfahrungen so vieler dort geborener sowjetischer Bürgerinnen und Bürger teilten.

Die Grausamkeit und Monotonie des Alltags in den Lagern tritt auf den folgenden Seiten zu Tage. Stalin schuf durch das Netzwerk von Gefängnislagern, das die Sowjetunion überzog, lokale Despoten – „kleine Stalins" –, um diejenigen zu terrorisieren, die beim Regime in Ungnade gefallen waren. Die Macht der Lagerleiter war uneingeschränkt; doch die politischen Klimawechsel brachten oft gerade sie als nächste ins Lager. Wer heute Folterknecht war, wurde morgen das nächste Opfer. In den Lagern warf man politische Gefangene und gewöhnliche Kriminelle zusammen. Wer nichts getan hatte, wurde nicht anders oder manchmal sogar schlechter behandelt als jemand, der einen Mord auf dem Gewissen hatte. Dabei handelte es sich um eine bewusste Vorgehensweise der Regierung, mit der politische Meinungsunterschiede kriminellem Verhalten gleichgesetzt werden sollten.

Die surreale „Normalität" des Lagers resultierte größtenteils daraus, dass das Lagersystem eine bedeutende Schattenwirtschaft in der Sowjetunion bildete. Wie in jedem anderen Sektor der Wirtschaft kam es auch hier auf die Produktion an. Die Arbeitslager befanden sich in Gebieten, wo die gefährlichste und schwerste Arbeit zu leisten war, vor allem in der Rohstoffgewinnung, besonders im Bergbau und in der Holzgewinnung, oft in den abgelegensten Gegenden des Landes. Lagerinsassen wurden auch bei Bauprojekten in großem Maßstab eingesetzt, so dass bis zum heutigen Tag viele Bauten in Russland, wie etwa das Hauptgebäude der Staatlichen Universität Moskau, als kontinuierliche Mahnung an das mörderische Regime Stalins stehen.

Schließlich dokumentieren die Geschichten vom Alltag in den Lagern auch eine der erschreckendsten Wahrheiten der russischen und sowjetischen Gesellschaft nach Stalin. Diese Wahrheit liegt darin, dass, als Millionen denunziert, verhaftet und getötet wurden, auch Tausende oder Hunderttausende denunzierten, verhafteten oder töteten. Seit dem Ende der Stalinzeit mussten sich die sowjetischen und nun post-sowjetischen Gesellschaften mit den persönlichen und sozialen Folgen dieser schrecklichen Spaltung auseinander setzen.

P.T.C.

Kapitel 8
Im Gulag

Im Oktober 1938 verlegte man Damiano in eine noch größere Zelle, in der etwa 300 Häftlinge untergebracht waren. Hier wurden zum ersten Mal hartgesottene Kriminelle mit politischen Gefangenen zusammengebracht. Die Erfahreneren unter ihnen stimmten überein, dass dies auf eine baldige Verlegung in ein Arbeitslager hinwies. Alle waren bereits verurteilt und daraus zog man allgemein die Schlussfolgerung, dass sie bald „*etapami*" (unterwegs) sein würden, mit zahlreichen Aufenthalten vor dem Erreichen ihres Bestimmungsortes. Leonardo wurde einem Trupp zugeteilt, dessen Anführer Stepke wegen Diebstahls verurteilt war. Mit 32 Jahren war Stepke schon ein Veteran der Gefängnisse und Arbeitslager – einmal für drei Jahre, ein andermal für fünf Jahre. Als er erfuhr, dass Damiano aus den Staaten kam, fand er Gefallen an ihm und fragte ihn nach Einzelheiten über solche romantischen Untergrundgestalten wie Al Capone aus. Geringere Ganoven unter den Insassen erkannten schnell, dass Damiano besondere Achtung gezollt werden musste, wenn sie nicht den Zorn von Boss Stepke auf sich ziehen wollten. Stepke überwachte die Verteilung des Essens und sorgte dafür, dass Leonardo mehr als seinen Anteil bekam. Doch dieser arbeitete auch härter und machte erhebliche Überstunden beim Erzählen von Geschichten. Leonardo beschränkte seine Erzählungen nicht nur auf die Heldentaten berühmter amerikanischer Gangster. Er rief sich die Geschichten seiner Kindheit wie *Die drei Musketiere, Die Schatzinsel, Der Graf von Monte Christo* und andere in Erinnerung, schmückte sie aus und improvisierte damit. Manchmal zahlte sich das Geschichtenerzählen dadurch aus, dass ihm einer der harten

Jungs heimlich ein Stückchen Zucker zusteckte. In solchen Augenblicken behauptete sich die Gemeinschaftlichkeit des Menschengeschlechts. Bei einer Gelegenheit gewann Damiano den Eindruck, dass er eine Art „Schamane" für seinen Trupp geworden war. Ein- oder zweimal in der Woche erhielten die Gefangenen die Erlaubnis zu duschen und eines Tages sah Leonardo, dass sein einziges, von daheim mitgebrachtes Handtuch verschwunden war. Als er tropfnass und verärgert zurückkehrte, bemerkte der Boss Stepke, dass etwas nicht in Ordnung war, und rief die ganze Mannschaft zusammen. Mit drohender Stimme schrie er: „Das war ein Fehler, irgendein Bastard, der das getan hat, hat es dem Falschen getan. Das Handtuch wird wiedergefunden! Der Kerl, der es hat, wird seinen Teil abkriegen, doch alles geht in Ordnung, wenn das Handtuch gefunden und zurückgegeben wird." Am nächsten Morgen beim Aufwachen lag das vermisste Handtuch neben ihm auf dem Fußboden! Prompte Gerechtigkeit!

Mitte Dezember 1938 betrat eine Wache die Zelle und kündigte an, dass einige Gefangene ihre Sachen packen und sich bereitmachen sollten, augenblicklich aufzubrechen. Stepke und Leonardo waren unter den Ausgerufenen. Stepke bedeutete Leonardo, sich an ihn zu halten. Um zwei Uhr morgens wurde die Gruppe abgeholt, mit gesteppten Decken und Jacken, je einem Laib Schwarzbrot, ein paar Stücken Zucker und getrockneten Salzheringen ausgestattet und dann zu den wartenden Lastwagen in den Hof hinausgeschubst. Pro Lastwagen 25 Mann, viele auf ihren Kleidersäcken sitzend, dazu zwei Wachen der Roten Armee, die wieder zur Erinnerung daran dienten, was bei einem Fluchtversuch zu erwarten sei. Die kalte, frische Dezemberluft ließ sie aufatmen. Die Lastwagen fuhren in eine Vorstadtgegend, wo der Bahnhof in der so genannten *Gorki Sortirowotschnaja* endete, was für Rangierbahnhof steht, und dort hielten die Laster an. Die Männer wurden herausgeholt und in langen Einzelreihen, mit aufgepflanztem Bajonett und deutschen Schäferhunden bewacht, aufgestellt.

Stepke, der damit schon Erfahrung hatte, nahm Leonardo unter seine Fittiche und manövrierte sie beide an den Anfang der Reihe. Dabei flüsterte er, dass die Ersten die besten Plätze bekämen. Sie machten den langen Zug aus Güter- oder Viehwaggons auf einem Nebengleis aus. Stepke und Leonardo kletterten unter den Ersten an Bord. Stepke steuerte einen guten Platz an der gegenüberliegenden Wand an, so weit wie möglich von der Schiebetür entfernt, sowohl wegen der Wärme, als auch weil dort das

Urinfass stand. Es war stockdunkel im Waggon, doch Damiano hatte sich schon einige Zeit nicht erleichtert und brauchte das Fass. Er tastete sich quer durch den Waggon und urinierte in ein Fass. Unglücklicherweise sahen andere in der Dunkelheit besser und bald hörte man Rufe: „He, du Bastard, das Fass ist das Trinkwasser!" Stepke rettete Leonardo, indem er ihm die Hand vor den Mund hielt und flüsterte: „Beweg' dich nicht, du Dummkopf, und sei ruhig. Wie solltest du wissen, dass es das falsche Fass war." Der Aufruhr ging noch eine Weile mit unflätigen Drohungen, groben Beleidigungen und geschwungenen Fäusten weiter. Bald wurde von draußen an die Tür gehämmert und die Stimme einer Wache erklang: „Wenn ihr Tiere wisst, was gut für euch ist, dann hört mit diesem Krach auf." Schweigen. Bis auf eine einsame unterdrückte Stimme von innen: „Wir wissen immer noch nicht, welcher Bastard unser Trinkwasser mit Syphilis verseucht hat." Keiner wollte, dass sich die Wachen einmischten.

Der kleine Holzofen im Waggon gab nicht viel mehr her als die Körperwärme und vor Sonnenaufgang war er ausgebrannt. Die Nacht im Zug war lang, kalt und laut. Nur Veteranen wie Stepke schafften es zu schlafen, denn sie waren das häufige Klopfen der Patrouillen die ganze Nacht hindurch gewohnt. Am Morgen stellte sich wiederum das ungelöste Dilemma, was mit dem Trinkwasser geschehen solle. Als der Zug zum ersten Mal hielt, hämmerten die Männer an die Tür und fragten nach Wasser. Die Wache erwiderte: „Ihr Schurken könnt doch nicht das ganze Wasser ausgetrunken haben." Als man ihm erklärte, dass irgendein Bastard hineingepisst habe, antwortete die Wache mit dem Befehl, ihn auszuliefern, sonst gebe es kein Wasser! Geschrei kam von innen auf. Sie wünschten auch, sie wüssten, wer es sei! Da Salzheringe die einzige Nahrung bildeten, war Wasser eine Lebensnotwendigkeit. Bevor die Sache entschieden war, fuhr der Zug los und niemand hatte die leiseste Ahnung, wann er wieder halten würde.

Glücklicherweise gab es einen Veteranen vieler solcher Reisen, einen älteren Mann namens Smirnow, ehemaliger Vorsitzender eines Landwirtschaftskollektivs bei Gorki, der Ruhe forderte und sagte: „Mir ist egal, was ihr Kerle macht, aber der Kerl, der das Geschäft gemacht hat, hat es niemals mit Absicht getan. Es war dunkel, der arme Junge muss fast geplatzt sein und ich werfe es ihm nicht vor. Es ist schlimm genug, was sie uns antun. Wir dürfen uns nicht gegenseitig an die Kehle gehen. Ich werde dieses Wasser nehmen und bald werdet ihr es auch, denn es gibt keinen anderen Ausweg. Es passiert schon nichts, nehmt einfach eine Tasse und kocht es über dem Ofen ab, ihr werdet den Unterschied nie merken. Der halbe Liter mehr im Fass bedeutet weniger als einen Tropfen pro Tasse. Also, los geht's." Mit diesen Worten schöpfte er eine Tasse Wasser und brachte sie auf dem Ofen zum Kochen. Bald saß er wieder, mit der Tasse an den Lippen, und genoss sein Frühstück aus Salzhering, Brot und heißem Wasser! Für das abgekochte Wasser mit einem Stück Zucker standen bald alle am Ofen Schlange. Hunger und Durst besiegen eben alles.

Jeder wollte das Ziel der Reise erfahren. Sie waren schon zehn Tage lang durch dichte Wälder und tiefen Schnee gefahren. Die meisten vermuten, dass man nach Norden in Richtung Kirow unterwegs sei. Unterwegs erlaubten die Wachen den Männern an einem Haltepunkt, das Wasserfass auszuwaschen und mit frischem Wasser zu füllen. Bei diesem Halt gelang es dem *Starosta,* aus den Wachen herauszuquetschen, wo der Transport hinführte.

Die Stadt Kirow und das dazugehörige Gebiet waren zuvor Teil des Verwaltungsgebietes Gorki gewesen, das nach dem die Gegend durchquerenden Fluss Wjatka genannt wurde. Nach dem Mord an Kirow teilte man das Gebiet Gorki in zwei Teile und benannte einen davon im Gedenken an den toten Genossen. Das Ziel der Gruppe war das Lager Wjatka, ein Arbeitslager im Kreis Kaiski. Diese Gegend war für ihre endlosen Wälder bekannt und wurde ein bedeutendes Zentrum der Holzgewinnung durch Zwangsarbeit für die Versorgung der sich vervielfachenden Baustellen in der Sowjetunion. Durch die Neuankömmlinge wuchs die Bevölkerung der Gefängnisse auf mehr als 60.000 Menschen, die auf ungefähr 15 einzelne Lager verteilt waren. Wegen der harten Winter, der knappen Nahrung und der brutalen Behandlung stachen in jedem Lager die riesigen Gruben hervor, die im voraus ausgehoben wurden, um Dutzende von Toten täglich unterzubringen. Morgens, wenn sie von den Wachen zur Latrine eskortiert wurden, sah Damiano häufig Karren mit vielen nackten Körpern auf dem Weg zu den Gruben. Wie viele seiner Freunde wie Vomero, Perrini, Maestrelli und Dispancher würden in diesen Massengräbern enden? Es war unmöglich, dass Stalin von diesen Vorgängen nichts wusste!

Die Zwangsarbeit von Gefangenen war in Stalins forciertem Industrialisierungsprogramm einkalkuliert. Weil die Mittel knapp waren und er die qualifizierten technischen Arbeitskräfte aus politischen Gründen dezimiert hatte, griff er auf die zahlreichen billigen Arbeitskräfte in Gefängnissen und Lagern zurück. Ein umfangreiches Netz solcher Gulags spannte sich bald über alle entlegenen Gebiete der Sowjetunion – im Norden in Kolyma, in Magadan oder Juchotka im Nordosten, in Murmansk und Archangelsk am Polarkreis, im nördlichen und südlichen Ural und auch in Kirow und Petschora.

Als die Gefangenen im Lager Nr. 1 ankamen, wurden sie unter Bewachung mit geifernden Hunden zu einem Sammelgebäude geführt, wo man ihnen die Köpfe rasierte, ihre Kleidung entlauste und ausräucherte, sie duschen ließ und nach Rückgabe der Kleider zu einer Baracke brachte, die anscheinend für ihre Ankunft neu errichtet worden war. Es roch nach Neubau und war warm. Stepke, der sich immer noch um Damiano kümmerte, zog ihn schnell mit, um auf eine der oberen Pritschen Anspruch zu erheben, wo es wärmer sein würde.

Früh am nächsten Morgen wurden alle *Starosty* zu einer Versammlung ins Hauptgebäude berufen. Die Listen ihrer Männer wurden kontrolliert und ihnen ausgehändigt, um in der Küche vorzusprechen und die Versorgung ihrer Männer vorzubereiten. Man befahl den *Starosty,* für jeden Mann 600 Gramm Brot mitzunehmen, die sie mit einer Portion *Bolanda* und *Kascha* aus Eimern austeilten. Zu Anfang war das Essen besonders schwierig, weil es keine Tassen, Dosen oder Schüsseln gab, da die Gefangenen vor ihrer Ausstattung angekommen waren. Wer mit einem aus dem Stiefel ragenden Löffel und einer in der Kleidung verstauten Tasse ankam, zählte zu den Glücklichen. Es dauerte viele Monate, bis eine Kantine gebaut wurde.

Damiano erinnerte sich, dass am ersten Tag die Gefangenen in Brigaden eingeteilt wurden. Er wurde als Brigadeführer für ungefähr 15 Arbeiter ausgewählt, die zur 34. Brigade gehörten. Unter den Zwangsarbeitern waren etwa acht Koreaner, die illegal die östliche Grenze überschritten hatten, und einige Wolgadeutsche, die ungefähr so deutsch waren wie Leonardo. Leonardo wurde wahrscheinlich ausgewählt, weil er besser ausgebildet war als die meisten in seiner Mannschaft. Leider wurde Stepke einer anderen Gruppe von Arbeitern zugeteilt und später in eine andere Baracke verlegt. Sie verloren den Kontakt zueinander – bis sie sich zu einem späteren Zeitpunkt unter anderen Umständen wieder begegneten.

An diesem ersten Abend wurde Damiano in das Büro des Vorarbeiters gerufen, eines freien Kontraktarbeiters namens Scharin. Scharin hatte sich für den Ausbau der Eisenbahnstrecken durch die Wälder zur Erleichterung des Transports von den Holzfällerlagern zu den Eisenbahnknoten-

Im Gulag 127

punkten verpflichtet. Leonardo gefiel, wie direkt er zur Sache kam. Seine ersten Worte waren: „Ich werde euch jeden Tag eine Aufgabe geben und jedes Mal, wenn ihr sie erfüllt, bekommen du und deine Männer je ein Kilo Brot." Das waren die größten Rationen im Lager und eine willkommene Neuigkeit für Leonardos Männer. Doch vor dem Schlafengehen gab es in dieser Nacht draußen einen Appell. Dies wurde die nächtliche Bestrafung – 4.000 elende Menschen standen aufgereiht in der eisigen Kälte, um entweder dem Lagerleiter Gorbatoba oder seinem Assistenten zuzuhören. Während die Häftlinge in ihren billigen Jacken und Filzstiefeln froren, ergingen sich die Kommandanten über bereits erfüllte und neu anzugehende Aufgaben sowie natürlich in gruseligen Berichten darüber, was geschehen würde, wenn jemand die Flucht versuchte. Es war viel Murren zu vernehmen, während die Männer zu ihren Baracken zurückgingen.

Jeder Tag war gleich. Sie wurden um 4 Uhr morgens geweckt. Der Brigadeführer und seine Helfer beeilten sich, erst aus der Trockenhütte die Oberkleidung und die Lumpen für die Füße, dann die Brotrationen aus der Bäckerei und schließlich *Kascha* und *Bolanda* zu holen. Doch bevor jemand essen durfte, wurde an die Tür geklopft und die Liste derjenigen abgeholt, die bereit waren, sich zur Arbeit zu melden. Damiano bemühte sich sehr, so gut wie möglich für seine Männer zu sorgen, und wurde dafür manchmal mit einer gestohlenen Zigarette oder einem Extrastück Zucker belohnt.

Um 5:40 Uhr morgens ertönte das Signal, sich abmarschbereit zur Arbeit an den Toren des Lagers zu sammeln. Manchmal wurde Militärmusik gespielt, wenn sie zu ihren Arbeitsstätten aufbrachen. Beim Passieren der Wachen auf dem Weg ins offene Land riefen diese: „Brigadeführer Damiano – 15 Mann", und notierten die Zahlen. Solch sorgfältige Buchhalter! Scharin marschierte als Anführer der gesamten Brigade hinter seinen Männern am Schluss. Ihm auf den Fersen folgten die bewaffneten Wachen, die als eine *Strela* oder Pfeil bezeichnet wurden. Die Arbeitsstätte befand sich ungefähr vier bis fünf Kilometer vom Lager entfernt. Als erste Order des Tages wurde ein großes Feuer gemacht, das ihnen half, die heftigen Winterböen auszuhalten. Dann machten sie sich an die Arbeit beim Bau von Entwässerungsgräben auf beiden Seiten einer neuen Eisenbahnstrecke zwischen den Lagern *Wjatlag Nr. 1* und *Wjatlag Nr. 2*.

Scharin steckte ab, wieviel Meter an einem Arbeitstag geschafft werden sollten. Werkzeug, Äxte, Brecheisen und Schaufeln, aus einer nahegelegenen Hütte wurden verteilt und die harte Arbeit begann. Leonardo erinnerte sich, dass es nur schwer vorwärts ging, bis sie die Dauerfrostschicht im Boden durchbrachen und dann Schaufeln benutzen konnten. Wo der Boden uneben war und das Schienenbett aufgeschüttet werden musste, versenkten sie Pfähle von ungefähr drei Metern Länge, die mit grobem Schotter gestützt wurden.

Scharin war ein weiser und mitfühlender Vorarbeiter. Er wusste jede Tagesnorm so zu setzen, dass sie erreichbar war und die tägliche Brotration der Männer nicht gefährdet war. Dies war keine allgemeine Tugend der Vorarbeiter im Gulag, doch er war ein unter Vertrag genommener Fachmann.

Im Frühjahr 1939 wuchs Damianos Verantwortung. Ein verurteilter Mörder, ein Tatare namens Abaschew, der seine Frau getötet hatte, wurde der Brigade als Nr. 16 zugeteilt und man befahl Leonardo, ein Auge auf ihn zu haben. Abaschew hatte bereits viele Fluchtversuche gemacht und jedes Mal, wenn man ihn wieder einfing, verlängerte sich seine achtjährige Haftstrafe. Alle Bemühungen Leonardos, diese Aufgabe abzulehnen, scheiterten. Abaschew weigerte sich zu arbeiten. Er klagte, dass er krank sei, und wollte nur am Feuer sitzen. Damiano erlaubte es, bis Hilfe einträfe, die ihn zur medizinischen Behandlung bringen konnte. Währenddessen setzten Damiano und seine Männer die Arbeit fort. Bald war Zeit zum Mittagessen und die Mannschaft kehrte zum Feuer zurück, um ihre Brotrationen aufzuwärmen und heißes Wasser zu machen. Abaschew war nirgends zu finden. Die Wachen wurden herbeigerufen und begannen, mit Trillerpfeifensignalen die Nachricht zu verbreiten. Die Arbeit ging bis spät in die Nacht weiter, doch Abaschew zeigte sich nicht. Am Ende des Tages konnte Damiano nur 15 und nicht 16 Männer zurückmelden. Während man seine Männer passieren ließ, wurde Damiano am Tor festgehalten, bis er zum Wachhaus abgeführt werden konnte, das *Isoljator* (Isolierungszelle) genannt wurde. Bei seiner Ankunft dort stahl ihm ein gemeiner Dieb seinen Tabakbeutel und nach einem kurzen Wortwechsel stellte sich überraschenderweise heraus, dass auch sein alter Kumpan Stepke dort untergebracht war und wieder die Verantwortung trug. Bald erzählte Damiano wieder seine Geschichten und war bei den anderen Insassen äußerst beliebt. Abaschew fand man nach ungefähr vier Tagen wieder und an dem Tag, als er ins Wachhaus gebracht wurde, entließ man Damiano. Dies war allerdings das letzte Mal, dass Damiano Stepke begegnete, denn dieser wurde ins weit entfernte Lager Nr. 15 verlegt, einen Ort für ganz hartgesottene Kriminelle.

In der Zwischenzeit war die Arbeit an der Eisenbahnstrecke abgeschlossen. Damianos Mannschaft wurde zum Schneiden von Eis für den Sommer an den nahegelegenen Rudniki-See verlegt. Doch der See und die Landschaft waren von geringerem Interesse als die Tatsache, dass sich in Rudniki das Hauptquartier der höheren Chargen des örtlichen NKWD befand. Nahe beim Dorf zu sein, eröffnete außerdem Möglichkeiten, an Tabak und gelegentlich ein Stück Weißbrot zu kommen. Doch am wichtigsten war die Möglichkeit, einen der Dorfbewohner zu überreden, den Familien der Gefangenen eine Nachricht zu übermitteln, und hoffentlich darauf eine Antwort zu erhalten. Diese Hoffnung war nicht allzu weit hergeholt, denn die Dorfbewohner stammten von den in früheren Zeiten in diese abgelegene Gegend Verbannten ab. Es war bekannt, dass sie Mitgefühl mit den Gefangenen in ihrer Not hatten.

Für Damiano war es nichts Neues, Briefe zu schreiben. Er wandte sich aus dem Arbeitslager an Stalin, Molotow, Kaganowitsch, Schdanow, Wyschinski, Woroschilow und auch an den Führer der italienischen Kommunisten und Freund Stalins, Palmiro Togliatti (Pseudonym Ercoli), sowie den Vorsitzenden der Kommunistischen Internationale, Dimitrow. Jeden von ihnen erinnerte er an seine Biographie, seine jahrelange Hingabe an die sozialistische Sache und seine Unschuld gegenüber dem Staat und der Partei. Damianos Vertrauen in die Führung an der Spitze war ungebrochen. Er glaubte, seine Gefangennahme sei der übereifrigen und fehlgeleiteten lokalen NKWD-Bürokratie zuzuschreiben.

Im Jahr 1939 vergrößerte sich das Lager erheblich, weil die Sowjetunion mit der Einverleibung der baltischen Staaten Lettland, Litauen und Estland begann und Tausende Widerständiger verhaftete. Ungefähr zu dieser Zeit kamen auch zwei weitere Gefangene ins Lager – der ungarische Schriftsteller Anatole Hidas, der Schwiegersohn Bela Kuns, und Victor Herman, ein Freund aus dem Amerikanischen Dorf in Gorki. Herman brachte einerseits Nachrichten von daheim und stellte andererseits den berühmten Hidas vor, dessen Erscheinen großes Aufsehen erregte – in der Baracke und noch mehr in der Klinik, deren Leiter seine Werke gelesen hatte und bewunderte. Als er von Hidas aus erster Hand erfuhr, wie dessen Schwiegervater Bela Kun, die große ungarische Führungspersönlichkeit, auf Befehl Stalins verhaftet worden war, teilte Damiano Hidas seine schmerzliche Schlussfolgerung mit, dass Stalin vor nichts zurückscheue. Wer ihn kritisiere, komme in Schwierigkeiten. Ihm wurde klar, dass die Schuld nicht nur beim örtlichen NKWD lag, sondern bei Stalin selbst. Hidas hegte keine Hoffnung, dass Damiano durch seine Briefe an die obersten Spitzen Hilfe bekommen könne.

Der Alltag im Gulag, in den Baracken und bei der Arbeit war sowohl erschöpfend als auch langweilig. Die Männer waren neidisch auf jeden, der aus Krankheitsgründen einen freien Tag hatte. Manche entwickelten raffinierte Tricks, um eine erhöhte Temperatur zu produzieren, bevor sie um eine Untersuchung des Lagerarztes baten. Eine populäre Methode bestand darin, die Hände schnell 300 bis 400 Mal aneinander zu reiben (vorsichtig, damit sich die Haut nicht löste). Außer einer Gelegenheit, bei der er eine Übelkeit erregende, aus Tabak hergestellte Flüssigkeit trank, griff Damiano nie auf Tricks zurück, um einen freien Tag zu bekommen.

Damianos Gedanken wanderten oft zu seiner Frau Elsie und seinem Sohn Sammy. Durch Erfindungsreichtum und Mühe schaffte er es, mit ihnen Briefe auszutauschen. Er war sich sicher, dass durch seine Verhaftung als Volksfeind das Leben für beide schwer geworden war. Glücklicherweise bekam Elsie eine Arbeitsstelle im GAZ und konnte weiterhin im Dorf wohnen. Er schrieb ihr in einem Brief: „Liebe Elsie, ich habe eine Haftstrafe von acht Jahren für etwas bekommen, dessen ich nicht schuldig bin. Vielleicht komme ich in einem Jahr oder zweien zurück, oder in acht Jahren ... und vielleicht komme ich niemals zurück, denn es kann sein, dass ich hier umkomme. Aus diesem Grund bitte ich dich, mich richtig zu verstehen. Wenn du glaubst, einen Mann finden zu können, der meinem Sohn ein Vater sein kann, dann ... lass dich von mir scheiden und ich wünsche dir Glück." Elsie antwortete, dass sie seinen Rat nicht annehmen könne und dass sie auf ihn warten werde. Auf diesen kurzen Briefwechsel folgten Briefe an Leonardo von anderen im Dorf, die von seinem Aufenthaltsort erfahren hatten.

Bald bekam er erschreckende Nachrichten über Elsie. Eine Nachbarin schrieb: „Lieber Leonardo, ich wollte dir dies nicht schreiben, über Dinge, die für dich schmerzhaft sein werden, doch ich fühle mich verpflichtet dazu, umso mehr, da wir alle in diesem Augenblick für dich Schmerz empfinden. Verzeih mir, doch ich muss dir mitteilen, dass deine Frau sich nicht ganz so verhält, wie es eine treue Ehefrau sollte. Stelle mir in deinen Briefen keine Fragen, denn ich werde nicht mehr dazu sagen. Mit den besten Grüßen von mir und meinem Mann, deine Freundin Dorothy."

Dieser Brief schmerzte Leonardo am meisten. Obwohl er viele Entschuldigungen für ein solches Verhalten finden konnte, wollte er es einfach nicht glauben. Doch sowohl Dorothy als auch ihr Mann waren liebe Freunde und hatten keinen Grund, Elsie schlecht machen zu wollen. Und außerdem, warum sollte Elsie, jung und attraktiv, eine Nonne bleiben? Er quälte sich mit seinem Dilemma und beschloss, wenn nur ein Körnchen Wahrheit in der Anschuldigung läge, sei seine Ehe mit Elsie zu Ende.

Mitten in dieser persönlichen Krise kamen andere Nachrichten. An einem Oktobertag um ein Uhr morgens kam Fewski, ein Nervenbündel, an seine Pritsche gestürzt. „Ich bin ins Büro gerufen worden", sagte er, „was hab' ich getan, dass sie mich um diese Zeit aufwecken?" – „Warum, du Nuss", erwiderte Leonardo, „Glückwunsch, niemand wird zu dieser Zeit geweckt, wenn er nicht nach Hause geschickt wird!" Leonardo hatte recht. Denn als Fewski zurückkam, erzählte er jedem, dass er am Morgen freigelassen werde und seine Papiere wahrscheinlich in Rudniki bekomme. Endlich verließ jemand, den er persönlich kannte, das Lager für immer – und zwar lebendig! Fewski versprach, nach Elsie und Sammy zu sehen, denn sein Dorf lag nur 60 Kilometer von Gorki entfernt.

Ungefähr zu dieser Zeit begann Damianos Gesundheit etwas nachzulassen. Doch Freizeit stand nicht zur Debatte. Aber es wurde eine besondere Baracke für Männer eingerichtet, denen es gesundheitlich nicht so gut ging, und er fragte sich, wie er eine Verlegung erreichen könne. Hidas schlug vor, dass Leonardo während einer Sitzung der Ärztekommission in der Klinik erscheinen solle. So bekam er mit Unterstützung durch Hidas und den Leiter der Klinik (einen großen Bewunderer von Hidas) eine schnelle Untersuchung.

Am folgenden Tag brach Leonardo auf dem Fußmarsch zurück ins Lager zusammen und man musste ihm wieder auf die Beine helfen. Glücklicherweise nahm man ihn aus der täglichen Arbeitsmannschaft. Er meldete sich freiwillig als Küchenhilfe, was bedeutete, in den Wald zu gehen und eine stechende Nessel namens *Krapiwe* zu ernten, die für die Zubereitung der *Bolanda*-Suppe gebraucht wurde. Die frische Luft, die Stille im Wald und die atemberaubende Landschaft waren eine erfreuliche, erfrischende und erholende Erfahrung. Als er eines Tages von einem solchen Ausflug zurückkehrte, bemerkte er eine Gruppe von Neuankömmlingen, die zu ihrer Baracke gebracht wurden. Einer von ihnen begrüßte ihn mit Namen. Obwohl er nicht ganz sicher war, wer der Mann war, wusste Leonardo, dass er aus dem Amerikanischen Dorf kam. Bevor er außer Hörweite gebracht wurde, hörte Leonardo den Neuankömmling auf Deutsch sagen: „Vomero ist tot." Es musste ein Schutzbündler oder

Tscheche sein, der von dem verschollenen Kameraden berichtete. Auf diesem Wege erhielten die meisten Gefangenen von ihren Familien und Freunden Nachrichten und Informationen.

In seltenen Momenten, kurz bevor sie der Schlaf überkam oder wenn sie am Ende des Tages heimwärts marschierten, stimmte jemand ein bekanntes Volkslied an und andere fielen mit ein. Die beliebtesten Lieder erzählten vom Leben, seinen Härten und den geliebten Menschen, die zurückgeblieben waren. Eins der ergreifendsten und am meisten geschätzten Lieder war dieses:

„Aus der fernen Gegend Chalima/ Sende ich dir, Liebling, meine Liebe./ Wie lebst du nun, mein Herz?/ Oh, antworte mir bald.// Ich lebe, lebe am Ochotskischen Meer./ Dort endet der Ferne Osten./ Ich lebe ohne Sorgen und Wünsche./ Baue für dich unsere Welt neuer Städte.// Es gab Zeiten, als ich nichts Neues berichtete/ Und du wusstest, wie traurig ich war./ Jetzt sagt man mir, ich habe das Recht erhalten,/ Und endlich sitze ich und schreibe.// Wofür ich leide, weiss ich nicht./ Sie sagen, Stalin sei unser Vater/ Und wir Sünder müssen für das Verbrechen büßen,/ Das er an unserer Sorge beging.// Ich habe dich mit meinem lieben Kind allein gelassen,/ Fortgebracht in einer sehr dunklen Nacht./ Oh, erinnere meinen Lieben an meine Unschuld,/ Wenn er aufwächst, um von meiner Stärke zu erfahren." Wenn sie gemeinsam diese Worte sangen, beladen mit Säcken von *Krapiwe,* gab es ihnen die innere Kraft, weiter zu gehen und am Leben zu bleiben.

Schließlich erhielt Damiano den Befehl, am nächsten Morgen um acht Uhr zur Untersuchung ins Hauptbüro zu kommen. Seltsamerweise wurde nichts darüber gesagt, ob er seine Sachen packen solle, so dass er nicht an seine Entlassung zu denken wagte. In dieser Nacht schlief er nicht viel. Am nächsten Morgen brachte man ihn unter Aufsicht zum Hauptquartier des NKWD in Rudniki. Dort angekommen, führte man ihn in einen Raum im zweiten Stock, und bald trat ein untersetzter Offizier des NKWD in der üblichen Uniform ein und sagte: „Damiano, entschuldigen Sie, dass ich Sie habe warten lassen, doch ich hoffe, es macht Ihnen nichts aus, da Sie sich heute ausruhen können und nicht arbeiten werden." Leonardo erwiderte: „Mir macht es gar nichts aus, vor allem weil mich die Ärzte der Brigade der Kranken und Schwachen zugeteilt haben und es eine gute Abwechslung ist, hierher zu kommen." Leonardo wurde eine *Papirosy*-Zigarette angeboten, die er annahm. „Ich möchte, dass Sie sich wohl fühlen", setzte der Offizier fort, „Haben Sie schon gefrühstückt?" – „Ja", antwortete Leonardo. Doch der Offizier war in leutseliger Stimmung und sagte: „Nun, ich denke, Sie können noch mehr vertragen." Daraufhin läutete er, eine junge Frau trat ein und er sagte: „Bring uns das Frühstück", worauf sie regungslos stehen blieb, bis er hinzufügte: „Ja, Frühstück für zwei!" Solch ungewohnte Großzügigkeit und Höflichkeit machte Leonardo immer misstrauischer. Welche Teufeleien hatte er vor?

Beim Frühstück aus gebratenen Eiern und gestampften Kartoffeln wurde Konversation über das Wetter, die Wälder von Kaiski, Kiefern und Weißbirken sowie die bevorstehenden russischen Feiertage gemacht. Dann fragte der Offizier wie aus dem Nichts: „Wie sind Sie überhaupt hierher gekommen?" Es dauerte eine Weile, bis Leonardo solch eine Frage beantworten konnte, doch schließlich entrang er sich die Worte: „Vielleicht sind Sie besser dazu in der Lage, mir das zu erklären!"

Dann fing alles wieder von vorne an. „Jetzt werden Sie nicht aggressiv", warnte der NKWD-Untersuchungsbeamte, „erzählen Sie mir einfach von Anfang bis Ende alles über sich, und ich werde zuhören. Wenn Sie müde werden sollten, ruhen Sie sich eine Weile aus und dann werden wir weiterreden." Und Leonardo redete tatsächlich mehrere Stunden lang. Der Offizier schien gefesselt zuzuhören und unterbrach ihn bis zum Schluss nicht, als er fragte: „An wen haben Sie Briefe geschrieben, um gegen ihre Verhaftung zu protestieren?" Leonardo zählte die lange Liste von Stalin und anderen Mitgliedern des Politbüros bis hin zu Togliatti und der Komintern-Führung auf. „Wissen Sie, wozu ich Sie auffordern werde?", fragte der Offizier. „Ich möchte, dass Sie alles, was Sie mir soeben erzählt haben, ohne Auslassung aufschreiben." Während er das sagte, zog er einige leere Hefte hervor und fügte hinzu: „Sie können in diesem Zimmer sitzen, niemand wird Sie stören und wenn Sie hungrig sind, wird Marusa Ihnen etwas zu essen bringen." Bei diesen Worten erhob er sich, zog seine Schaffelljacke an und sagte, er habe noch einige andere Dinge zu erledigen, doch er hoffe, dass Leonardo fertig sei, wenn er wiederkomme.

Nachdem Leonardo ein Heft voll geschrieben hatte, stand Marusa mit einem unglaublichen Essen neben ihm – *Borschtsch*, Stampfkartoffeln und eine Frikadelle. Nach Jahren mit *Bolanda*, *Kascha* und Schwarzbrot kam es ihm wie eine Rückkehr zur Zivilisation vor. Das Essen und die freundliche Unterredung mit dem Offizier passten gar nicht zu allem, was in den letzten paar Jahren geschehen war. Es war überwältigend! Um drei Uhr nachmittags kam der Offizier zurück, schien mit dem Bericht, den

Leonardo vorbereitet hatte, zufrieden zu sein, und sagte mit einem Lächeln: „Schön, jetzt dürfen Sie wieder ins Lager zurückgehen. Ich bin sicher, dass es bald gute Neuigkeiten für Sie gibt." Damit nahm er Leonardos Hand und sagte: „Auf Wiedersehen und viel Glück." Die Wache wurde gerufen, um Leonardo zurück ins Lager zu begleiten. Es war Anfang Dezember 1939. Auf dem Weg zurück ins Lager bestätigte die Wache, dass er möglicherweise seine Entlassung erwarten könne, warnte jedoch: „Nimm den Mund im Lager nicht zu voll. Tu jetzt nichts, was dir schaden könnte."

Der Flut von Fragen von den Kameraden in der Baracke konnte man nicht entgehen. So eine ungewöhnliche Begegnung war wirklich selten, doch Leonardo hielt sich zurück und versprach natürlich, Briefe mit hinauszunehmen und Familienangehörige zu besuchen. Nach einigen Wochen voller Anspannung befahl man ihm eines Nachts um elf Uhr, sich schnell anzuziehen und sich im Büro zu melden. Als er dort ankam, fand er andere, die schon warteten. Unter ihnen war Kigas, ein Dreher aus Gorki. Kigas begrüßte Leonardo mit den Worten: „Ich bin freigelassen worden, ich soll nach Rudniki gehen, wo sie mir meine Papiere geben werden." Sie umarmten sich und Leonardo beglückwünschte ihn von Herzen. Daraufhin sagte Kigas: „Glückwunsch auch dir, denn ich habe deinen Namen auf derselben Liste gesehen. Du wirst sehen, dass ich Recht habe. Du wirst auch freigelassen!"

Kurz danach wurde Damianos Name aufgerufen und es folgten die lang ersehnten Worte: „Die Sonderuntersuchungskommission des NKWD hat entschieden, dass Sie entlassen werden und alle Bürgerrechte zurückerhalten." Allen wurde befohlen, sich bereit zu machen, morgens nach Rudniki zu gehen, wo sie ihre Papiere erhalten würden. Der letzte Befehl lautete: „Jetzt geht und gebt alles zurück, was dem Lager gehört!"

In unserer Baracke gab es in dieser Nacht viel Aufregung. Fünf aus der Mannschaft wurden freigelassen! Etwas Neues und Unerhörtes ging vor sich. Leonardo machte sich zu dieser späten Stunde noch auf zu der Baracke, wo Hidas wohnte, um diesem die gute Nachricht zu überbringen und einen Brief abzuholen, den er Hidas' geliebter Frau überbringen sollte.

Kapitel 9

Im Winter 1939, als Leonardo Damiano aus dem Arbeitslager entlassen wurde, war die schlimmste Phase der Großen Säuberung vorüber, wenn auch Verhaftungen und Deportationen in den Jahren bis zum Eintritt der Sowjetunion in den Zweiten Weltkrieg 1941 weitergingen. Die diktatorische Kontrolle des stalinistischen Regimes lockerte sich jedoch nicht. Stalin forderte die völlige Unterwerfung der politischen Elite und der Bevölkerung der Sowjetunion. Gleichermaßen forderte er Gehorsam von den kommunistischen Parteien Europas, während er die sowjetischen Sicherheitsinteressen im Schatten der wachsenden Macht Hitlers zu wahren suchte.

In diesem Kapitel diskutiert Reuther ein spezifisches sowjetisches Phänomen, das bis zum Ende der Ära Gorbatschow auf der Tagesordnung stand: politische „Rehabilitierung". Die Praxis politischer Rehabilitierung setzte ein, nachdem die Hauptwelle der Säuberungen vorbei war, und bestand in einer sehr einfachen Vorgehensweise mit umfassenden Auswirkungen auf die betroffenen Personen. Wie im Fall Leonardo Damianos entschieden die sowjetischen Behörden, dass eine Person, die verhaftet – und oft auch gefangen gehalten und gefoltert – worden war, schließlich doch kein Verbrechen begangen hatte. Diese Person wurde dann freigelassen, erhielt ihre Papiere zurück und zusätzlich ein Dokument, das ihre Unschuld bestätigte. Manchmal geschah dies, nachdem der oder die Betreffende oder die Angehörigen Berufung eingelegt hatten, in anderen Fällen scheinen die Behörden von selbst entschieden zu haben. Es war ein seltsamer Vorgang, weil niemals Entschuldigungen oder Erklärungen gegeben wurden und Menschen einfach „zurückgebracht" wurden, als ob nichts geschehen sei. Beispiele der Rehabilitierung wurden sogar genutzt, um die Vorteile des sowjetischen Rechtssystems hervorzuheben.

Noch bizarrer war der Vorgang der „posthumen Rehabilitierung", der nach Chruschtschows Aufstieg an die Macht 1956 einsetzte. Menschen, die unter Stalin hingerichtet worden waren, wurden durch die Behörden von den Verbrechen freigesprochen, für die sie getötet worden waren. Der wichtigste Aspekt aller Fälle von Rehabilitierung lag jedoch darin, dass auch die Familie der oder des Rehabilitierten die vollen Bürgerrechte wiedererlangte. Die Ehegatten und Kinder von Opfern der Säuberungen waren Ausgestoßene, doch sobald die Opfer rehabilitiert worden waren, konnten ihre Ehegatten wieder arbeiten und befördert werden und die Kinder ihre Ausbildung fortsetzen und eine annehmbare Arbeit finden. Der langwierige und schmerzhafte Prozess der Rehabilitierung setzte sich bis weit in die Gorbatschowzeit fort.

Es gab viele ausländische Arbeiterinnen und Arbeiter, die in Lager kamen, und wie Tausende andere versuchten sie auf verschiedenen Wegen, „rehabilitiert" zu werden. Sie versuchten zum Beispiel, sich an die kommunistischen Parteien ihrer Heimatländer zu wenden und um Hilfe zu bitten. Reuther beschreibt, wie Damiano und andere sich um die Unterstützung ihrer Parteien bemühten. Diese Unterstützung erhielten sie nicht, aus einem einfachen, aber nicht sehr löblichen Grund. Die Entscheidungen Stalins anzufechten, bedeutete, das eigene Leben zu riskieren, und dazu waren wenige der europäischen kommunistischen Führungspersönlichkeiten, die im sowjetischen Exil lebten, bereit. Außerdem herrschte die Ansicht vor, dass angesichts der angespannten weltpolitischen Lage jede Auseinandersetzung innerhalb des kommunistischen Lagers nur den Feinden des Sozialismus in die Hände spielen könne – besonders den Faschisten und Nationalsozialisten. Ob aus Feigheit oder taktischen Gründen, die europäischen kommunistischen Parteien taten wenig, um ihre Landsleute zu retten, die unter Stalin zu leiden hatten.

P.T.C.

Kapitel 9
Rehabilitierung nach der Haft

Das Lager in Wjatka zu verlassen, brachte auch schmerzhafte Momente mit sich. Hidas hatte Leonardo einen privaten Brief an seine Frau zugesteckt und bat darum, ihn bei der Ankunft in Gorki aufzugeben. Da er die damit zusammenhängenden Risiken kannte, flehte Hidas Leonardo an, den Brief zu vernichten, falls er durchsucht werden sollte. Damiano kannte die Risiken ebenfalls, doch er hielt sie für einen geringen Preis im Gegensatz zu dem, was andere getan hatten. Viel später, in den sechziger Jahren, erfuhr Leonardo, dass Hidas mit seiner Frau und seiner Schwiegermutter in Ungarn lebte. Er schrieb ihm einen Brief, in dem er sich erkundigte, ob seine Frau jemals den Brief von vor so langer Zeit erhalten habe. Leider bekam er keine Antwort auf seine Frage. Es ist zu bezweifeln, dass sein Brief Budapest jemals erreichte. Anatole Hidas, in Ungarn als Antal bekannt, war gestorben und nur seine Frau Rose konnte diese Ereignisse bestätigen.

Am Morgen, nachdem die Brigade zur Arbeit aufgebrochen war, befahl man den fünf entlassenen Gefangenen, sich nach Rudniki zu begeben – und zwar ohne Wache! Auf dem Weg zum Hauptquartier des NKWD kamen Leonardo zahllose Erinnerungen in den Sinn. Während er an dem See vorbeiging, wo der wolgadeutsche Veteran Wittel Leonardos Brigade beigebracht hatte, wie man Eis aus dem See schneidet, erinnerte er sich an viele, die in den letzten Jahren mit seinem Leben in Berührung gekommen waren. Die meisten würde er nie wieder sehen und auch nicht von ihnen hören. Im Hauptquartier des NKWD wurden ihre Dokumente bearbeitet und die Gefangenen dann zu wieder einer anderen Baracke geschickt, die nicht viel besser als im Lager war und wo sie auf weitere Anweisungen warten sollten. Die Essensrationen waren genauso wie im Lager. Die einzige Veränderung bestand bisher darin, dass sie nicht arbeiten mussten. Am nächsten Tag wurde von jedem ein Foto gemacht, während ihre Papiere vorbereitet wurden. Ein Vernehmungsbeamter fragte jeden einzelnen, ob er als freier Mann in der Gegend bleiben und dort arbeiten wolle. Überraschung – niemand zeigte Interesse. Die zweihundert glücklichen und aufgeregten Männer drängten sich im kleinen Postamt und beeilten sich, ihren Lieben per Post die guten Neuigkeiten mitzuteilen. Viele hatten allerdings, wie Leonardo, kein Geld für ein Telegramm nach Hause und wieder andere kannten die sowjetische Post gut genug, um sich sicher zu sein, dass sie vor jedem Brief zu Hause eintreffen würden. Ihre Freude über die Freilassung wurde durch das Wissen gedämpft, dass sie nur einige Tropfen in einem Meer von Gefangenen bildeten, die noch immer in Tausenden von Lagern überall im sowjetischen Vaterland der Werktätigen eingekerkert waren.

Es war der 9. oder 10. Januar, als endlich die Pässe und Zugfahrkarten ausgegeben wurden. Leonardo erhielt ein kleines Papier, das besagte: „Zeugnis. Leonardo Damiano, vom 22. April 1938 bis 27. Dezember 1939 zur Untersuchung vom Ministerium für innere Angelegenheiten festgehalten, wird freigelassen, mit allen bürgerlichen Rechten rehabilitiert und an seinen früheren Arbeits- und Wohnort Gorki zurückgebracht. Unterzeichnet und gestempelt vom NKWD, Rudniki, Gebiet Kirow." Die

Tatsache, dass er wegen Spionage zu einer achtjährigen Haftstrafe verurteilt worden war, wurde nicht erwähnt – kein Wort darüber, dass er im Gefängnis und im Zwangsarbeitslager gewesen war. Ein paar einfache Worte und der Fall sollte bereinigt sein. Kein Wort über fast zwei Jahre unmenschlicher Behandlung, Folter und Erniedrigung, ekelhaftes Essen und schmutzige Schlafplätze, Läuse und Wanzen, die nach Gott weiß wie vielen Desinfektionen dennoch nie ausgerottet waren, Missachtung menschlicher Werte und, am schmerzlichsten von allem, die Zerstörung seiner Ideale und Überzeugungen. Leonardo wusste nicht einmal, ob er noch eine Familie hatte, zu der er zurückkehren konnte. Die teuflischen Verbrechen des Mittelalters waren nicht mit dem zu vergleichen, was Hunderttausende in modernen Zeiten zu erdulden gezwungen wurden. Es schrie zum Himmel.

Kigas und Leonardo nahmen denselben Zug nach Gorki. Die Temperatur war auf 47 Grad unter Null gefallen. Kigas, der vor kurzem etwas Geld von seiner Frau bekommen hatte, wollte ein Taxi nach Hause nehmen und lud Leonardo ein, mitzufahren. Da sie kein Taxi fanden, bestiegen sie den Bus nach Sozgorod, wo Kigas wohnte. Kigas bestand darauf, dass Leonardo zum freudigen Wiedersehen mit seiner Frau mitkam, bevor er sich zum Amerikanischen Dorf aufmachte. Nach einem guten Essen begleitete Kigas Leonardo zum Bus, umarmte ihn zum Abschied und wünschte ihm viel Glück.

Seltsamerweise war er froh, dass ihn während der fünf Kilometer langen Busfahrt zum Dorf niemand erkannte. Andererseits waren die meisten Dorfbewohner, die er gekannt hatte, verhaftet oder abtransportiert worden und das Dorf war nun vor allem von ihm unbekannten Russen aus der Gegend bewohnt. Er muss einen erschreckenden Anblick geboten haben, als er aus dem Bus stieg, denn er trug noch immer seine geflickte Hose und Jacke, seine dunkle Wollmütze und Flicken an den Schuhen – und unrasiert war er auch, weil sie mehrere Tage mit dem Zug gefahren waren. Als er ausgestiegen war und den Sack mit seinen Sachen auf die Schulter schwang, begegnete er einem Menschen, den er am wenigsten erwartete. Vor ihm stand einer der Schutzbündler, Franz Weisapfel, ein ehemaliges Mitglied seiner Arbeitsbrigade im Lastwagenwerk in Kanawino. Weisapfel traute seinen Augen kaum. Er rief: „Jimmy!", und im nächsten Moment lagen sie sich in den Armen. Alle hatten Leonardo immer bei seinem US-Parteinamen „Jimmy" gerufen. Das letzte Mal hatte er Franz gesehen, als sie beide im Gefängnis Gorki darauf warteten, ins

Lager gebracht zu werden. Die Arme um die Schultern gelegt, spazierten sie durchs Dorf und erzählten von den vergangenen Jahren. Franz vermutete schon, was die erste Frage sein würde. „Wie geht es ihr, und stimmt es, was über Elsie geschrieben wurde?" Franz senkte beschämt den Kopf, was für Leonardo als Antwort ausreichte. Franz versuchte, ihn wieder aufzurichten: „Kümmer' dich nicht um das alles, Jimmy, du kannst jetzt nichts daran ändern. Was geschehen ist, kann man nicht mehr ungeschehen machen." Dann fügte Franz hinzu: „Wohin gehst du? Willst du mit zu meinem Zimmer kommen?" Leonardo dankte ihm und fragte: „Ist Primo noch im Dorf, oder haben sie ihn geholt?" – „Nein, nein, Primo ist nicht geholt worden; er ist hier. Lass uns nachsehen, ob er zu Hause ist; wenn nicht, kommst du mit zu mir", antwortete Franz.

Primo Merendi (der tatsächlich Primo Giovetti hieß) war der Sohn Lisa Merendis, einer politischen Emigrantin aus Italien und bekannten Funktionärin der italienischen Kommunistischen Partei. Primos Vater Giovetti saß im faschistischen Italien im Gefängnis. Lisa und ihr Sohn waren heimlich aus Italien geschmuggelt worden und erhielten in der Sowjetunion Asyl. Während Lisa im GAZ arbeitete, besuchte der Junge einen Kinderhort in Iwanowna. Trotz ihrer Biographie von mutiger Unterstützung der antifaschistischen Sache und Loyalität gegenüber der Partei war Lisa als ausländische Spionin verhaftet worden. Niemand darf behaupten, dass Stalin Frauen diskriminiert habe: Auch für sie war im Gulag Platz.

Leonardo beschloss, zu Primos Haus zu gehen, das außerdem direkt in der Nachbarschaft von Elsie und Sammy lag. Primo freute sich sehr, Leonardo wiederzusehen. Als sechzehnjähriger Junge war er nach der Verhaftung seiner Mutter allein zurückgeblieben und lebte noch immer in ihrem Zimmer, während er auf Nachrichten von ihrem Aufenthaltsort wartete. Leonardo bemühte sich, Primo damit zu beruhigen und zu ermutigen, dass nun viele freigelassen würden und vielleicht auch seine Mutter darunter sei. Schließlich konnte Leonardo seine Neugier und den Wunsch, seinen Sohn Sammy zu sehen, nicht länger bezähmen. „Primo, tu mir einen Gefallen – geh' mal rüber zu meinem Haus, bitte um meine Adresse und sieh nach, ob ein anderer Mann bei Elsie wohnt." Ohne ein weiteres Wort ging Primo los und kam bald mit der Nachricht zurück, dass außer Elsie und Sammy niemand da sei.

Leonardo ließ seinen Seesack bei Primo und bald stiegen die beiden die Stufen zu seinem früheren Zuhause hinauf. In diesem Augenblick öffnete sich die Tür und Sammy, nun sechs Jahre alt, rief: „Mama, Mama, Kusma kommt", weil er wahrscheinlich dachte, es sei ein Nachbar. Leonardo lief die letzten Stufen hinauf und rief: „Sammy, Sammy!", der schließlich die Stimme seines Vaters erkannte, „Papa" rief, ihm in die Arme fiel und ihn mit Küssen überschüttete. Als er mit Primo die Tür erreichte, stand Elsie dort mit einer Zigarette zwischen den kräftig angemalten Lippen. Sie begrüßte ihren vermissten Ehemann mit einem kühlen, schlichten „Hallo". Es gab keine Tränen, keine überströmenden Gefühle, keine besorgten Fragen darüber, was er durchgemacht habe, keinen Wunsch, ihn zu umarmen – sonst hätte vielleicht alles verziehen werden können. Vielleicht machte Elsie sich Sorgen, dass seine Rückkehr ihre neu gefundene Freiheit beenden könne. Mit Sammy auf dem Arm konnte Leonardo nichts anderes sagen als ebenfalls „Hallo". Nachdem sie sich ins Wohnzimmer gesetzt hatten, wollte Leonardo, der Sammy auf dem Schoß hatte, nun endlich von Elsie die Wahrheit über die Situation der Familie erfahren. Doch Elsie zeigte wenig Bereitschaft dazu. Mit letzter Hoffnung sagte Leonardo zu ihr: „Ja, es ist wahr; doch jetzt weiss ich, dass ich nicht länger dein Ehemann bin." Elsie widersprach nicht.

Die Neuigkeiten verbreiteten sich schnell im ganzen Dorf und bald war das Haus voller Freunden und Bekannten. Die meisten waren Russen. Die einzigen Italiener, die noch immer im Dorf waren, waren Primo, Rizzolis Frau Nina und ihre Tochter Liana sowie Dispancher aus Triest. Alle Gäste brachten eine Kleinigkeit zu essen und etwas zu trinken mit, was die Willkommensfeier aufheiterte. Leonardo achtete an diesem Abend darauf, sich nicht über die vergangenen zwei Jahre auszulassen – nicht nur, weil er keine schlechte Stimmung verbreiten wollte, sondern auch, weil er wusste, dass der NKWD im Dorf herumspionieren und versuchen würde, herauszufinden, was Leonardo über das Leben im Lager erzählte. Dass weder Dispancher noch Buzzacchero verhaftet worden waren, machte Leonardo misstrauisch. Es wurde vermutet, dass die beiden in ihren Verhören beim NKWD belastende Aussagen gemacht hätten. Das Fest endete um Mitternacht. Leonardo brachte Sammy ins Bett; dann, ohne weitere Diskussion, überquerte er die Straße und verbrachte seine erste Nacht in Freiheit bei Primo im Zimmer.

Am Morgen begleitete Leonardo Franz im Bus zur Lastwagenwerkstatt in Kanawino, wo sie zusammen gearbeitet hatten, bevor sie verhaftet worden waren. Seine Papiere waren in Ordnung und als er die Werkstatt betrat, umringten ihn seine ehemaligen Kollegen und hießen ihn willkommen. Er holte sich einen kleinen Betrag des ihm noch zustehenden Lohnes und auf Vorschlag des Gewerkschaftskomitees auch das ihm während seiner Haft entgangene Urlaubsgeld. An diesem Tag begann er noch nicht wieder mit der Arbeit, da er lieber noch ein paar freie Tage haben wollte, um neue Kleidung zu kaufen, und ehrlich gesagt auch, um wieder auf die Füße zu kommen. Er wollte auch einen Teil seines noch ausstehenden Lohnes für Sammy hinterlegen. Obwohl er Sammy jeden Tag besuchte, schlief er weiterhin bei Primo oder gelegentlich bei Franz in der Baracke der Schutzbündler.

Eines Abends, als er mit dem Bus von der Arbeit kam, begegnete er Sdenka, einer Tochter tschechisch-amerikanischer Eltern, die zuvor in Detroit gelebt hatten. Ihr Vater war ebenfalls 1938 verhaftet worden und niemand aus der Familie hatte irgendetwas über ihn in Erfahrung bringen können. Franz und Sdenka waren schnell gute Freunde geworden. Sdenka wohnte mit Ramona (Rushton) Gissen zusammen. Ramona hatte in der Dorfschule als Lehrerin gearbeitet und Gissen Barr, einen Ingenieur jüdischer Herkunft im GAZ, geheiratet. Da er Aufsichtsratsmitglied des Autowerks war, wurde allgemein angenommen, dass er auf größere Aufgaben zusteure. Doch als Djakonow, der Direktor des GAZ, 1938 verhaftet wurde, wurde Gissen mitgerissen.

Jetzt lebte Ramona allein und wurde wie andere geschnitten, da ihr Ehemann ein „Volksfeind" war. Sie verlor ihre Stelle als Lehrerin und kam bei der Nachtschicht im GAZ unter. Leonardo und Ramona waren alte Freunde. Sie begrüßte ihn mit einem warmen Lächeln und sagte: „Oh, hallo Jimmy! Ich bin so froh, dass du wieder da bist. Warum kommst du nicht einmal zu Besuch?" – „Vielleicht", murmelte Leonardo, und bevor er sich sammeln konnte, fügte Ramona hinzu: „Komm' doch später mit Franz und Sdenka zum Abendessen vorbei." Franz hatte schon eine Ahnung, was passieren würde, und sagte schnell: „In Ordnung, Ramona, ich werde ihn später mit zu dir bringen. Komm' schon, Jim, lass uns eine Kleinigkeit essen gehen."

Leonardo begleitete Franz nach Hause, wo sie zu Abend aßen, und bei einem Bier fragte Franz: „Na, was denkst du? Ramona sieht immer besser aus, nicht?" Leonardo antwortete, dass sie schon immer ein nettes Mädchen gewesen sei. „Es ist nie zu spät", schlug Franz vor. Leonardo grübelte einen Augenblick und sagte dann ziemlich ernst: „Ja, du hast recht, aber du weißt, dass sie verheiratet ist und ungefähr in der gleichen Lage wie Elsie, als ich verhaftet wurde. Du weißt, dass er jetzt irgendwo im Gefängnis sitzt und es ihm gegenüber nicht fair wäre." Es gab eine Pause und dann sah Franz Leonardo gerade in die Augen und sagte: „Du bist ein Idiot. Ramona hat keine Kinder, das ist ein Unterschied; zweitens hat Ramona nicht darunter gelitten, als ihr Ehemann verhaftet wurde; sie hatte ein gutes Leben, weil er zur Verwaltung gehörte und sie als Lehrerin gut verdient hat. Jetzt ist sie einsam. Aus Einsamkeit und Freundschaft hat sie uns eingeladen. Was sie wirklich will, bleibt abzuwarten, und sie hat uns alle zusammen zu sich eingeladen. Siehst du jetzt, warum ich denke, dass du ein Idiot bist?" Und schon waren sie auf dem Weg zu Ramona.

Ramona wohnte nur zehn Minuten zu Fuß von Franz im Zentrum des Dorfes. Bald klopften sie bei ihr an. Eine Weile hörten sie nur das Bellen eines Hundes. Dann öffnete Ramona die Tür, während sie ihren Hund beruhigte, und bat sie herein. Bald wurden sie mit selbst gebackenem Kuchen und Tee bewirtet; „zu Ehren unseres Gastes", wie Ramona es ausdrückte. Es war ein warmer und fröhlicher Abend. Während Franz Sdenka nach Hause brachte, saßen Leonardo und Ramona eine ganze Weile schweigend zusammen und genossen die friedliche Stimmung, das gute Essen und die Getränke. Schließlich brach Ramona errötend das Schweigen: „Jimmy, ich glaube, du wohnst nicht zu Hause? Weißt du, du kannst jederzeit hierher kommen." Schüchtern suchte Leonardo nach Worten: „Danke für deine Freundlichkeit, Ramona, ich werde bestimmt darauf zurückkommen." Es schien, dass Franz ungewöhnlich lange brauchte, um zurückzukommen, und Leonardo schien die Situation unangenehm zu sein, was Ramona bemerkte und sagte: „Ist es so schrecklich, hier mit mir zu sitzen?" Jetzt war es an Leonardo, zu erröten. Ramona nutzte die Gelegenheit, rückte näher und sagte: „Franz und Sdenka sind noch jung und junge Leute brauchen immer lange, um einander Gute Nacht zu sagen. Du und ich sind natürlich älter und wir können uns ganz schnell Gute Nacht sagen", fügte sie lachend hinzu. Ihr Lachen war so ansteckend, dass es alle Hemmungen aufzulösen begann. Sein Lachen ermutigte Ramona. „Junge, endlich kommst du zu dir. Jetzt bist du wieder der Jimmy, den ich vor so langer Zeit kannte." Das Eis war gebrochen und bevor sie es wussten, tauschten sie leidenschaftliche Küsse aus. Zwei Jahre aufgestauter Wünsche überwältigten sie beide. Franz' Klopfen an der Tür brachte sie zurück in die Wirklichkeit. Als Leonardo und Franz sich bereit machten zu gehen, flüsterte Ramona Leonardo ins Ohr: „Wann kommst du wieder?"

Für einige Tage danach blieb Leonardo Ramona fern. Währenddessen hatte Sammy herausgefunden, wann genau sein Vater von der Arbeit kommen würde, und wartete an der Bushaltestelle auf ihn, immer mit der gleichen Frage: „Papa, wann wirst du nach Hause kommen? Du versprichst es immer, aber nie kommst du." In der Regel nahm Leonardo Sammy mit zu Primo oder Franz oder dorthin, wo er gerade wohnte, damit er ihn so lange wie möglich sehen konnte. Die Weg zu und von den Autobuswerken wurde problematisch. Das Werk war nun eigenständig und gehörte nicht mehr zum GAZ. Die Busverbindung vom Dorf zur Fabrik in Kanawino wurde eingestellt und die Straßenbahn über Sozgorod war unzuverlässig. Dazu kam, dass allen harte Strafen für Verspätungen drohten.[21] Leonardo nahm die erste freiwerdende Stelle in der Versuchsabteilung im GAZ an, die nur einen kurzen Fußweg vom Dorf entfernt lag.

Eines Abends ging er auf dem Rückweg von der Arbeit noch beim Lebensmittelgeschäft im Dorf vorbei, als er hinter sich eine vertraute Stimme leise sagen hörte: „Freunde muss man im Gedächtnis behalten und nicht vergessen." Er drehte sich um und da stand Ramona. „Oh, hallo, kaufst du auch ein?" – „Ja, und was hast du gekauft?" – „Nur ein paar Eier und Butter", erwiderte Leonardo. Dann lud Ramona Jimmy mit der süßesten Stimme ein, auf eine Schale Gemüsesuppe, die sie gerade gekocht habe, vorbeizukommen, und schloss scherzend mit der Frage: „Du hast doch keine Angst, oder?" – „Angst wovor?", fragte Leonardo. „Ach, ich weiß nicht. Vielleicht hast du Angst vor mir oder vielleicht hast du Angst vor dir selbst", meinte sie, während sie ihm weiter direkt in die Augen sah. „Also, wenn du jemals daran denken solltest, schau mal rein." Und mit diesen Worten drehte sie sich auf dem Absatz um und ging. Ihre Worte hatten Leonardo getroffen. Hatte er wirklich Angst? Versuchte er, eine Liaison zu vermeiden? Oder bezweifelte er, ob es für ihn moralisch vertretbar sei, sie zu sehen? Würde er das gleiche tun, was zu seinem Bruch mit Elsie geführt hatte? Hatte Ramona nicht einen Ehemann, der verhaftet worden war und in irgendeinem Gulag saß? Aber, wer garantierte ihr, dass ihr Ehemann zurückkehren würde? Sie hatte keine Nachricht von ihm oder über ihn.

Mit den Eiern und der Butter in einem kleinen Beutel spazierte er eine lange Zeit ziellos umher, ohne zu wissen, wo er hingehen wollte. Plötzlich stand er vor Ramonas Tür. Seine Gefühle überschlugen sich, er rannte die Treppe hinauf und bevor er klopfen konnte, wurde die Tür geöffnet und Ramona stand strahlend lächelnd vor ihm. „Hier, gib mir die Eier und die Butter, bevor du sie fallen lässt", sagte sie. Selbstsicher fügte sie hinzu, dass sie sich sicher war, dass er kommen würde, wenn auch vielleicht noch nicht am selben Tag. „Häng' deinen Mantel auf und, hier, zieh diese Pantoffeln an. Ich glaube, sie werden dir passen." Und so nahm sie die Dinge in die Hand und all die Sorge um Leonardo und die Zubereitung des Abendessens waren eine kräftige Dosis Häuslichkeit, nach der er sich sehnte. Nachdem das köstliche Abendessen beendet war und die beiden auf dem Sofa saßen, verschwanden alle Bedenken und alle Probleme in der Welt. Er konnte nur noch an ihre rosigen Lippen und ihre leuchtenden Augen denken, die ihm die Botschaft vermittelten, die er so lange zu vermeiden gesucht hatte. Es waren keine Worte nötig. Sie umarmten sich leidenschaftlich und zwischen den Küssen gestand Ramona: „Ich liebe dich, ich habe dich immer geliebt, auch wenn du im Klub mit anderen Mädchen getanzt hast und mich nicht beachtet hast. Ich weiß, dass es verrückt war, du warst schon verheiratet und hattest ein Kind, doch ich habe dich trotzdem geliebt. Dann beschloss ich, zu heiraten, um dich zu vergessen. Und später, wenn mein Mann nachts zu mir kam, habe ich mir, weil ich ihn nicht mochte, vorgestellt, in deinen Armen zu liegen." Dieser Gefühlsausbruch überraschte Leonardo; das hatte er nicht erwartet. Bald lagen sie im Bett, ihre warmen Körper eng umschlungen. Besonders für Leonardo übertraf die Flut der Gefühle, die durch ihn und über ihn her strömte, an Wucht selbst die Niagarafälle. Und dieses himmlische Wesen, das die Götter der Liebe gesandt hatten, vermittelte ihm mit ihrem Körper, ihrem ganzen Wesen, was sie ihm schon so lange sagen wollte. Und in solcher Ekstase begann sein Leben mit Ramona.

Einige Wochen später, als Leonardo bei Primo zu Besuch war, stürzte auf einmal unerwarteterweise Liana herein und erzählte aufgeregt, dass ihr Vater Rizzoli (Memo Gottardi) zurückgekehrt sei. Sie eilten hinüber, um Rizzoli zu begrüßen und zu beglückwünschen. Bei dieser Gelegenheit erfuhr Leonardo, dass Rizzoli nicht in ein Arbeitslager geschickt worden war, sondern die ganzen zwei Jahre im selben Gefängnis in Gorki verbracht hatte. Er bestätigte frühere Berichte über die Schicksale von Maestrelli, Vomero, Perrini und Mauri, der überlebt hatte. Ihr Freudenfest wurde von dem Gedanken daran gedämpft, dass es über Lisa Merendi und Luisa Marcelli, zwei Frauen aus der Gruppe der Italiener, die nach ihnen verhaftet worden waren, noch keine Nachrichten gab.

Leonardo hatte nun einige Zeit glücklich mit Ramona zusammengelebt. Keiner von beiden fühlte sich ohne einander vollständig. Ihr wacher

Verstand zog Leonardo an und ihre körperliche und emotionale Anziehungskraft fesselte ihn. Doch innerlich zerriss ihn seine Zuneigung zu Sammy und der Wunsch nach einem Leben, dass auch ihn mit einschloss. Sammy streifte oft abends spät auf der Suche nach seinem Vater durch die Straßen, wenn er ihn nicht bei Feierabend abgepasst hatte. Und wenn sie sich trafen, brannte Leonardo das Strahlen und die Freude in den Augen seines Sohnes auf dem Gewissen – bis ihm bewusst wurde, dass er nicht leben konnte, ohne näher bei Sammy zu sein. Ramona spürte die Veränderung, die in ihrer Beziehung vor sich ging. Sie jammerte oder protestierte nicht, sondern versuchte zu verstehen und zu akzeptieren, dass in dieser Sache die Entscheidung von ihm kommen musste. Einige Nächte, nachdem sie sich getrennt hatten, kam Sdenka gelaufen, um Leonardo zu Hilfe zu holen, um Ramona ins Krankenhaus zu bringen, trotz Ramonas Protesten und Versicherungen, dass es nichts Ernstes sei.

Zurück zu Elsie und Sammy zu ziehen, war nicht einfach. Leonardo betonte, dass es nur ein Arrangement zum Wohle Sammys sei und sie ihn nicht als ihren Mann betrachten solle. Weil er sich so um Sammy sorgte, konnte er die Tatsache nicht außer acht lassen, dass Elsie eine verlässlichere Arbeit mit besserem Einkommen brauchte. Er besorgte ihr eine Stelle als Köchin in der Kantine der Versuchsabteilung des GAZ. Leonardo war erleichtert. Falls nun ihm selbst wieder etwas passieren sollte, war für Sammy besser gesorgt.

Im Amerikanischen Dorf herrschte Unsicherheit über die sich verschlechternde weltpolitische Lage. Eines Tages fand Leonardo bei einem Besuch seinen Freund Rizzoli außer sich vor Wut. Als einer der letzten hatte er ein Radio besessen und die Behörden hatten es beschlagnahmt. Nun würden Rizzoli und alle anderen nur noch das erfahren, was die staatlichen Behörden sie wissen lassen wollten. Dies verstärkte die Angst, dass die ohnehin schlechte Lage sich noch verschlimmerte.[22]

Dann kam eine Postkarte an Leonardo mit der Aufforderung, sich bei einer Adresse in Gorki zu melden. Es war eindeutig: Nur der NKWD würde jemanden auf diese Weise vorladen. Leonardo erschien zur angegebenen Zeit, sechs Uhr abends, und nach kurzem Warten wurde er in einen Raum bugsiert, wo er eine bekannte Gestalt sah: Below, denselben Mann, der 1938 im Gefängnis in Gorki dem Vernehmungsbeamten Zuntabel dabei geholfen hatte, ihn zusammenzuschlagen, um ihn zum Unterschreiben des Geständnisses zu bewegen. Was wollte dieser Schläger jetzt? Leonardo hielt sich zurück und ließ sich nicht anmerken, dass er ihn erkannte. Below setzte an: „Sie wissen, dass ein schwerer Fehler gegen Sie begangen wurde, als man Sie zu acht Jahren Zwangsarbeitslager verurteilte. Dies ist nun richtig gestellt worden und Sie sind rehabilitiert. Darin zeigt sich, dass unser sowjetisches System das gerechteste und freieste ist und alle ehrlichen Menschen sich darauf verlassen können, dass unsere Regierung ihre Interessen schützt. Gleichzeitig erwarten unsere Partei und unsere Regierung von unseren Bürgern volle Unterstützung und Bereitschaft zur Zusammenarbeit." Leonardo blieb ruhig und schwieg, während er die wie üblich angebotene *Papirosy* ablehnte. Schließlich sagte Leonardo: „Während all dieser Jahre, die ich nun in der Sowjetunion lebe, habe ich mein Bestes getan, überall zu helfen, deshalb weiß ich nicht, was Sie meinen." Below antwortete: „Oh ja, doch es gibt immer einige wenige, die ihre Ansichten verstecken und unserer Sache schaden, sabotieren, anti-sowjetische Ansichten verbreiten und Unzufriedenheit stiften wollen. Viele dieser Leute sind von außen geschickte Ausländer. Dies sind die Leute, die wir finden und bestrafen müssen. Sie leben unter ihnen; deshalb haben wir Sie gerufen. Sie können dies sehr einfach ausführen, ohne bemerkt zu werden."

Leonardos Blutdruck stieg an und er konnte sich nicht länger zurückhalten. „Eins muss ich Ihnen sagen", und er hielt inne, um seine eigene Zigarette anzuzünden, „wenn mir jemals eine Tat oder ein Wort begegnet, die der Sowjetunion schaden könnten, werde ich Sie informieren, ohne dass Sie mich darum bitten müssen." Er setzte fort: „Ich lebe und arbeite jetzt hauptsächlich mit Russen zusammen, die meisten Ausländer sind fort." Below unterbrach: „Sogar unter den Russen gibt es noch viele Feinde." Damiano hatte genug und er erhob sich, sah Below direkt ins Gesicht und schrie: „Sehen Sie mich an, Below! Erkennen Sie mich nicht? Sagt Ihnen mein Gesicht gar nichts?" Below senkte die Augen und murmelte: „Ich erinnere mich nicht an Ihr Gesicht, und wie kommt es, dass Sie meinen Namen kennen?" – „Dafür sollten Sie Ihrem Freund Zuntabel danken", fügte Leonardo hinzu. „Sie kennen auch Zuntabel? Tja, nun, der ist jetzt nicht mehr hier", bemerkte Below. „Ja", setzte Leonardo fort, „Sie und Zuntabel haben mich zusammengeschlagen und gezwungen, ein Geständnis von Verbrechen zu unterschreiben, die ich niemals begangen habe! Haben mich gezwungen zu sagen, ich sei ein Spion!" Below murmelte, es tue ihm Leid, Fehler seien gemacht worden und jetzt berichtige man sie. Doch Leonardo erlaubte ihm solche einfachen Ausflüchte nicht. Damiano nahm sich Below weiter vor: „Wie können Sie die Folterungen, die Prügel und das Elend der Gefängnisse und des Lebens in den Arbeitslagern berichtigen? Wie berichtigen Sie dieses Leid und diese Erniedrigung? Indem Sie mich von einem ehrlichen Menschen in einen Spitzel verwandeln?" Leonardo nutzte die Gelegenheit, während Below noch vom unerwarteten Rollentausch verwirrt war, und setzte nach: „Hören Sie, Below, damals war die Sache anders. Ich kannte Ihre Methoden nicht, aber ich bin durch eine harte Schule gegangen. Ja, ich bin Ihnen dankbar. Jetzt schert es mich einen Dreck, was Sie mir antun können; ich werde kein Spitzel für Sie werden. Nach allem, was Sie mir angetan haben, denken Sie, ich könne Ihnen jemals vertrauen? Oder irgend etwas mit Ihnen zu tun haben? Jetzt erzählen Sie das ihrem Chef." Mit diesen Worten ging Leonardo aus dem Zimmer, während Below schrie: „Na gut, Damiano, Sie werden von uns hören." Leonardo drehte sich um, um ihn ein letztes Mal anzusehen, sagte: „Fahr' zur Hölle, Du verdammter Teufel!", und knallte die Tür hinter sich zu.

Die frische Luft brachte ihn zu sich und ließ ihn vorsichtiger werden. Was er getan hatte, war sehr riskant für ihn. Man schickte nicht den NKWD zur Hölle, ohne dafür zu bezahlen. Doch er musste mit seinem eigenen Gewissen und seinen Moralvorstellungen leben – und unschuldige Menschen zu prügeln und ins Gefängnis zu stecken, entsprach nicht seiner Vorstellung von Moral. Bei seiner Rückkehr ins Dorf wurde kein Wort über diese Auseinandersetzung mit dem gefürchteten NKWD gesprochen. Leonardo vergrub sich in der Arbeit und darin, einen Garten zur Versorgung seiner Familie anzulegen.

Eine der großen Ironien der Säuberungen Stalins lag in der Gewalt, die sie dem Grundgedanken des Kommunismus und der Solidarität der Genossen über internationale Grenzen hinweg antaten. In Italien gab es eine der breitesten und am weitesten entwickelten kommunistischen Bewegungen des Westens. Sie hatte ihre Anziehungskraft für die Wähler durch Siege bei den Kommunalwahlen in den meisten größeren Städten demonstriert und wurde durch eine lockere und häufig wechselnde Koalition oppositioneller Parteien an der Beteiligung an der Landesregierung gehindert. Obwohl führende Persönlichkeiten der Kommunistischen Partei Italiens in der Sowjetunion auf Befehl Stalins verhaftet und gefangen gehalten wurden, schien die italienische Parteiführung daheim nichts dagegen zu unternehmen. Rizzoli war besonders beunruhigt darüber und reiste kurz nach seiner Freilassung nach Moskau, um mit Funktionären der italienischen Partei und der Komintern zu sprechen. Rizzoli berichtete von anhaltenden Verhaftungen, die die Bewegung bis in den Kern trafen. Selbst Paolo Robbotti, der führende Kommunist in der UdSSR, Vertreter der italienischen Partei bei der Komintern, dem alle Mitglieder der italienischen Partei in der UdSSR ihre Beiträge entrichteten, war verhaftet worden. Selbst dass er Togliattis[23] Schwager war, verhinderte nicht, dass er verhaftet, ins Gefängnis gesteckt und gefoltert wurde. Togliatti musste einige Hebel in Bewegung setzen, um ihn zu befreien, doch damit schien es aufzuhören. Nicht viele andere Italiener hatten so gut positionierte Familienmitglieder. Trotz des Terrors gegen so viele Italiener täuschte die Kommunistische Partei Italiens in ihren offiziellen Aussagen (in der Presse) vor, dass nichts Außergewöhnliches vorfalle. Dieser Linie schienen auch alle anderen Zweige der Kommunistischen Internationale zu folgen, einschließlich der Kommunistischen Partei der Vereinigten Staaten. Doch eine Partei von der Stärke der italienischen so zu „kolonisieren" und Stalins Wünschen zu unterwerfen, brachte das Konzept internationaler Solidarität zum Einsturz.

Die Freiheit einiger politischer Gefangener sollte nur kurz dauern. Bald würde der trügerische Frieden mit Hitler gebrochen werden und der Krieg anfangen. Nachrichten über die Verhaftung und Deportation Hunderttausender bekannter Menschen verbreiteten sich. Eine einst blühende internationale Gemeinschaft verschwand.

Kapitel 10

Dieses Kapitel befasst sich hauptsächlich mit den zwei Jahren zwischen der Unterzeichnung des Hitler-Stalin-Paktes im August 1939 und der deutschen Invasion der Sowjetunion im Juni 1941. Diese Periode wird auch als „trügerischer Frieden" bezeichnet, da die Quellen deutlich zeigen, dass Hitler die Absicht hatte, die Sowjetunion anzugreifen, und Stalin wenig Zweifel daran hegte, dass Hitler seine Armeen schließlich nach Osten wenden würde. Durch die Unterzeichnung des Paktes gewann Stalin jedoch etwas Zeit und einige Gebiete, denn es wurde ein geheimer Zusatzvertrag geschlossen, in dem Osteuropa zwischen Nazideutschland und der Sowjetunion aufgeteilt wurde. In diesem Zusatzvertrag erhielt die UdSSR die Kontrolle über das Baltikum, Teile Polens und andere Gebiete in Südmitteleuropa zugesprochen.

Zwei Aspekte dieser Periode verdienen Beachtung. Erstens sind die Beweggründe für die Unterzeichnung des Paktes nicht ganz klar. Obwohl die meisten historischen Darstellungen dieser Periode argumentieren, dass Stalin den Vertrag unterschrieb, um sich auf einen bevorstehenden Krieg vorzubereiten, trifft ebenfalls zu, dass Stalin sich weigerte, an einen Angriff Deutschlands zu glauben, bis dieser schon auf dem Weg war. Manche argumentieren, dass Stalin tatsächlich Hitler nicht mehr traute als dem größten Teil seines eigenen militärischen Oberkommandos während der Großen Säuberung. Schließlich behaupten manche, dass Stalin den Pakt hauptsächlich deshalb unterzeichnet habe, um die Sowjetunion aus dem Krieg herauszuhalten, bis Deutschland und die „kapitalistischen Mächte" des Westens sich gegenseitig aufgerieben hätten – ähnlich den Vorschlägen Trumans zu Deutschland und Russland.

Zweitens, und dies ist wesentlich eindeutiger, stellte die Unterzeichnung des Hitler-Stalin-Paktes einen Schock für die meisten Menschen in der Sowjetunion und in der internationalen kommunistischen Bewegung dar. Vor 1939 hatte die Propaganda des sowjetischen Staates Faschismus und Nationalsozialismus als eine der größten vorstellbaren Bedrohungen für den Weltfrieden und die kommunistische Bewegung dargestellt. Kommunisten in ganz Europa – einschließlich eines Großteils der ausländischen Arbeiterinnen und Arbeiter, die in diesem Buch behandelt werden – standen im Widerstand gegen faschistische und nationalsozia-

listische Bewegungen in ihren Heimatländern an vorderster Front. Im Endeffekt half Stalin der Nichtangriffspakt mit Hitler nur sehr wenig, doch für viele tausend Kommunisten in der Sowjetunion und im Ausland bildete er einen weiteren Schlag gegen ihren Glauben an die Ideologie und ihre Loyalität gegenüber der UdSSR.

P.T.C.

Kapitel 10
Der trügerische Frieden

Im August 1939 unterzeichnete (Außenminister Molotow für, d. Ü.) Stalin zur Konsternierung der gesamten westlichen Welt einen Nichtangriffspakt mit Hitlers Außenminister J. von Ribbentrop. Die Übereinkunft leitete die Ära des „trügerischen Friedens" ein, in der die Illusion einer Annäherung zwischen den beiden Erzfeinden geschaffen wurde. Dieser Vorgang löste in den Außenministerien der Alliierten große Aufregung aus. Stalin hatte einiges dafür getan, um den Westen von der Zuverlässigkeit der Sowjetunion als Bündnispartner zu überzeugen. Kommunisten im Westen wurden ebenfalls zum Narren gehalten. Stalin traf diese Vereinbarung mit den Mächten, die so brutal die Volksrepublik in Spanien, die viele Kommunisten mit ihrem Leben verteidigt hatten, zerschlagen hatten. Doch Stalin wollte Zeit gewinnen. Hitlers erste militärische Erfolge waren überzeugend und Stalin war nicht so sicher, ob er sich auf seine westlichen Verbündeten verlassen konnte. Und nicht zuletzt hatten die Säuberungen das Militär sozusagen enthauptet und die Gesellschaft der technischen Fachleute beraubt. Obwohl Stalin Zeit gewinnen konnte, scheint dies ihn und seine Ratgeber in falsche Sicherheit gewiegt zu haben. Außerdem weigerte sich Stalin, die eindeutigen Anzeichen wahrzunehmen, dass Hitler, wenn einmal seine westliche Flanke gesichert war, den Vertrag brechen und gegen die Sowjets nach Osten marschieren würde. In ähnlicher Weise fühlte sich die Bevölkerung in Leningrad, dem nächstliegenden und ersten Ziel Hitlers, weniger bedroht, da der Nichtangriffspakt (in einem geheimen Zusatzprotokoll, d. Ü.) der Sowjetunion die Kontrolle über das Baltikum gegeben und damit die deutschen Grenzen weiter nach Westen geschoben hatte.

Doch seltsame Vorkommnisse traten ein. Am 21. Juni 1941 hielten die Deutschen im Hafen von Danzig (Gdansk) das sowjetische Schiff

„Magnitogorsk" und fünf weitere Boote fest – nicht unbedingt das Verhalten eines Verbündeten. Dennoch beschränkte sich Moskaus Antwort darauf, anderen sowjetischen Schiffen auf dem Weg in deutsche Häfen den Befehl zu erteilen, auf ihren Positionen im Finnischen Meerbusen „in Wartestellung" zu verharren. Währenddessen überflogen deutsche Aufklärungsflugzeuge straflos sowjetische Militäreinrichtungen, ohne dass die sowjetische Luftwaffe eingriff. Ein Deserteur der deutschen Armee berichtete den sowjetischen Stellen, die ihn aufgegriffen hatten, von Truppenbewegungen an der östlichen Front. Doch die verantwortlichen Offiziere hielten sich an Stalins Direktive, dass nichts gesagt oder unternommen werden solle, was das Vertrauen in das Weiterbestehen des Vertrags unterminieren könne, und behandelten alle Berichte dieser Art als „Akte der Provokation, denen kein Glauben zu schenken ist". Es gab noch viele weitere Warnungen, denen Stalin keine Beachtung schenkte.

Der britische Außenminister, Sir Stafford Cripps, sprach dem sowjetischen Botschafter in London gegenüber ähnliche Warnungen aus. Doch als der Botschafter diese Warnungen an Stalin weiterleitete, wurde er dafür zurechtgewiesen, dass er einer Täuschung der Briten aufgesessen sei. Dennoch konnte sich Stalin die 180 Luftraumverletzungen durch die deutsche Luftwaffe zwischen April und Juni 1941 nicht erklären. Also ersuchte er in aller Höflichkeit seinen Botschafter in Berlin, um eine Erklärung des Herrn von Ribbentrop zu bitten, der diskret tagelang nicht abkömmlich blieb.

Zu Hause bemühte sich die Presse Stalins darum, die Menschen in der Sowjetunion davon zu überzeugen, dass die Beziehungen zu Deutschland weiterhin freundlich blieben. TASS[24] berichtete am Freitag, dem 13. Juni, dass alle Gerüchte über einen deutschen Angriff plumpe Propagandamanöver der gegen die Sowjetunion und Deutschland vereinten Kräfte seien, die ein Interesse an der Ausbreitung und Intensivierung des Krieges hätten. Selbst die Evakuierung der Familien des deutschen diplomatischen Korps aus Moskau (für einen „Urlaub") ließ die Alarmglocken nicht läuten. Stalin konnte sich nicht überwinden, das zu akzeptieren, was er nicht wünschte, selbst bei großer Gefahr für sein Land und die Menschen. Selbst um fünf Uhr nachmittags am Tag vor dem deutschen Angriff, während Stalin sich mit General Timoschtschenko und dem Politbüro im Kreml beriet, kreisten (deutsche, d. Ü.) Flugzeuge über der Schwarzmeerflotte bei Sewastopol, die gerade von Manövern auf See zurückgekehrt war. Es wurden immer noch keine Befehle erteilt! Um drei Uhr morgens erschienen die Flugzeuge wieder am Himmel, doch nun warfen sie Bomben auf die sowjetische Flotte. Immer noch ohne Anweisungen aus Moskau feuerten die Batterien der Luftabwehr zurück. Selbst als Stalin erfuhr, dass nicht nur Sewastopol bombardiert wurde, sondern auch Odessa, Rowno und Kowno, weigerte er sich, die Realität wahrzunehmen, und bezeichnete die Berichte als „Provokationen". Stalin schlug sogar Warnungen von Sumner Wells aus den USA in den Wind, der sich mit dem sowjetischen Botschafter in Washington, DC, getroffen hatte.

Wir wissen heute, dass Stalin, während die Luftwaffe bombardierte und deutsche Truppen nach Osten marschierten, in eine tiefe Depression sank. Er handelte völlig unzusammenhängend, selbst seinen vertrautesten Mitarbeitern gegenüber, und war in keiner Weise in der Lage, seine Führungsaufgaben in dieser Krisenzeit zu akzeptieren und ihnen gerecht zu werden. Während der Krieg sich ausweitete, mussten tagelang andere Mitglieder des Politbüros zur Nation sprechen oder Erklärungen abgeben. Mehr als eine Woche verstrich, bis Stalin sich überwinden konnte, eine Rolle in der Leitung der Staatsangelegenheiten zu übernehmen. Trotz Stalins Preisgabe der Nation mitten in der Krise des Krieges lobte die Parteibürokratie ihn im Lande weiterhin hoch und erklärte ihn nach Ende des Krieges zu einem großen Kriegshelden, der seine Nation vor einer Niederlage gerettet habe.

Stalins Vertrauter Schdanow soll Berichten nach der Architekt der Politik gegenüber Hitler gewesen sein. Er habe Stalin immer wieder versichert, dass Deutschland niemals an zwei Fronten kämpfen werde. Obwohl die Ereignisse Schdanows Analyse nicht zu bestätigen schienen, übertrug Stalin ihm die Verantwortung für die lebenswichtige Verteidigung Leningrads. Vielleicht erwuchsen sein Vertrauen und sein Verlass auf Schdanow aus einer persönlichen Beziehung, die durch die Ehe von Schdanows Sohn Jurij mit Stalins Tochter Swetlana gestärkt wurde. Aus welchen Gründen auch immer Stalin ihn nach Leningrad entsandte, meinen viele, dass der stoische Mut der Leningrader ihm ermöglichte, über Grabenkämpfe hinauszuwachsen. Die kampfbereite Bürgerschaft Leningrads stellte sich während der „Blockade von Leningrad" geschlossen hinter Schdanow. Gegen die Belagerung der Nazis kämpfend, müßten sich die Leningrader darum, wenigstens noch die Kraft zum Begraben ihrer Toten zu behalten. Es hat etwas zu bedeuten, dass am Ende des Krieges, als sie den Sieg für sich beanspruchen konnten, die Leningrader Schdanow ehrten, indem sie das Museum ihres gemeinsamen Kampfes nach ihm benannten. Doch dies war Stalin zuviel. Es durfte nur einen Helden geben, ihn selbst! Durch Berija ließ Stalin den Befehl zur Schließung des Museums und zur Beschlagnahmung aller Dokumente erteilen. Schdanow wurde unter dem Vorwand, dass er für den Bruch Titos mit Moskau verantwortlich sei, auf einen entlegenen Parteiposten verbannt.

Selbst als der Hitler-Stalin-Pakt noch bestand, dauerten in Gorki die Gerüchte über einen Krieg und die Kriegsvorbereitungen an. Im GAZ wurde hektisch gearbeitet. Alle arbeiteten fieberhaft an der Vollendung eines neuen kleineren Militärfahrzeugs ähnlich dem amerikanischen Jeep, das man *Koslika* (Ziege) nannte. Die Armee drängte sie, dieses Modell „GAZ 67" zur Produktionsreife zu bringen. Sonntagsarbeit wurde eine Normalität und es war an einem dieser Sonntage, dem 22. Juni 1941, um elf Uhr abends, als in den Werkstätten die Nachricht eintraf, dass der Krieg angefangen habe und die Nazis auf sowjetisches Gebiet vorgedrungen seien.

Bei einer Werksversammlung am nächsten Tag las der Parteisekretär die Erklärung Molotows vor, die den deutschen Angriff bestätigte. Es gab einige Diskussionen unter den Arbeitern darüber, warum die Sowjets Hitler jemals getraut hatten, und beträchtliche patriotische Unterstützung für das Vaterland der Werktätigen. Die Geschichte schien sich zu wiederholen. Einhundertfünfzig Jahre zuvor hatte Napoleon seinen Angriff gegen Russland fast auf demselben Weg begonnen. Jetzt begann ein neuer Besatzer seinen „Drang nach Osten". Die Russen wandten wieder die Taktik der verbrannten Erde an, die sie vor Napoleon gerettet hatte. Für ein Volk, das so für den Aufbau gekämpft hatte, war es sehr schmerzhaft, die Arbeit der eigenen Hände wieder zu zerstören. Trotzdem stießen die Nazis bis tief ins russische Landesinnere vor und richteten unglaublich viele Schäden und Verluste an. Tausende von Flüchtlingen fluteten auf der Flucht vor dem Vordringen der Nazis nach Osten. Gorki war nur ein Haltepunkt auf dem Weg in sicherere Gebiete hinter dem Ural. Endlose Reihen von Menschen, Junge und Alte, passierten Gorki und nahmen alles mit, damit dem Feind nichts Wertvolles in die Hände fallen könne. Die sowjetischen Menschen schafften, was bisher nicht nachgeahmt wurde, und trugen Maschinen und industrielle Güter quer durch Russland und über den Ural in sicherere und besser geschützte Gebiete.

Im GAZ nahm jede Brigade zusätzliche Aufgaben an – eine Schicht in der Fabrik und nach der Arbeit eine weitere auf den Dächern, um vor Luftangriffen zu warnen. Am 4. November 1941 mittags um 12:31 Uhr schossen die ersten Flugzeuge der Nazis über Gorki hin. Die Arbeiter waren noch nicht aus der Kantine zurück. Leonardo stand gerade bei Aljoscha Katin, einem guten Kollegen aus der Werkstatt, und unterhielt sich mit ihm. Es war ein sonniger Tag und sie genossen einige Augenblicke draußen, als plötzlich, WUUMM, das ganze Gebäude wankte und überall Glas zersplitterte. Alle erstarrten und konnten nicht fassen, was geschah. Sie duckten sich unter die Stahltische, um sich vor dem herumfliegenden Glas und dem teilweise eingebrochenen Dach zu schützen. Anscheinend war ein einzelnes Flugzeug durchgekommen, doch jeder wusste, dass mehr folgen werde. Nur Tage später setzte sich das Bombardement fort. Mit der Präzision eines Uhrwerkes erklangen jeden Morgen, wenn sie zur Arbeit gingen, die Sirenen und die Flakgeschütze gingen los. Manchmal fanden die Angriffe auch am Ende der Schicht statt. Leonardo erinnerte sich, wie schwere Bombenangriffe sich vom gegenüberliegenden Ufer der Oka, wo die Flugzeuge die Radio- und Telefonfabrik von Miisa bombardierten, über den Fluss bis zum GAZ fortsetzten.

Eines Tages gab es einen Angriff, als Leonardo auf dem Heimweg war. Er stürzte ins Haus und fand Elsie schweigend vor, während der kleine Sammy hinausgehen und das Feuerwerk ansehen wollte. Er hatte Schwierigkeiten, sie in einen Luftschutzraum zu bringen, da Elsie darauf beharrte, dass die Schutzräume ein Witz seien und nur psychologischen, aber keinen physischen Schutz böten. Diese Höhlen waren unbeleuchtet und beim Eintreten musste man über die anderen hinweg steigen und stolpern, die fluchten, während sich die Neuankömmlinge den Weg zu einem freien Platz bahnten. Da es keine Sitzgelegenheiten gab, musste jeder eine Kiste oder einen Eimer mitbringen. Jede abgeworfene Bombe brachte die verängstigten Kinder zum Schreien. Schon sehr bald kamen die meisten zu dem Schluss, dass es besser sei, zu Hause zu sterben, als in diesen „Schutzräumen". Die wiederholten Bombenangriffe rieben die Bewohner der Stadt auf, bis die meisten sie mit stoischem Gleichmut ignorierten.

Nachrichten darüber, wer bei den Bombenangriffen umgekommen war, verbreiteten sich langsamer, als die Bomben fielen. Nach einer besonders verheerenden Attacke beggnete Leonardo im Laden der trauernden Sdenka. Leonardo erfuhr von ihr, dass Ramona, die ihre Arbeit als Lehrerin aufgegeben und sich zur Arbeit im GAZ gemeldet hatte, bei einem Angriff in der ersten Nachtschicht getötet worden war. Leonardo war sprachlos und von seinen Gefühlen überwältigt. „Sie war auch meine Freundin, Jimmy. Nimm es nicht so schwer", sagte Sdenka, um Leonardo zu trösten. Während sie eine Weile zu zweit draußen vor dem Laden saßen, fügte sie hinzu: „Ich habe versucht, dich gestern für die Beerdigung zu finden, doch es ist mir nicht gelungen." Als er dies hörte, begann Leonardo zu weinen und Sdenka tröstete ihn: „Weine ruhig, mein Freund, lass' alles hinaus, dann wirst du dich besser fühlen." Beide saßen lange da und verloren sich in Erinnerungen an Ramona. Am folgenden Tag gingen sie zum Friedhof, um Blumen zu dem schlichten Grabstein zu bringen, den Ramonas Vater John Rushton dort aufgestellt hatte.

Kapitel 11

Dieses Kapitel schildert die Erfahrungen Leonardo Damianos und anderer ausländischer Arbeiterinnen und Arbeiter während des „Großen Vaterländischen Krieges", wie der Zweite Weltkrieg in Russland noch immer genannt wird. Der Zweite Weltkrieg ist wahrscheinlich das am intensivsten erinnerte Ereignis in der neueren Geschichte Russlands und der Staaten der ehemaligen Sowjetunion. Für die Sowjetunion bildete der Krieg eine Kombination aus erstaunlichen Fehlern und unglaublichem Heroismus, von Brutalitäten und Opfern, die die meisten Nordamerikaner und selbst die meisten Westeuropäer sich kaum vorstellen können.

Viele Russen werden jemandem aus dem Westen über den Zweiten Weltkrieg als erstes sagen – und es trifft zu –, dass die Sowjetunion Nazideutschland besiegt habe. Über 90 Prozent der deutschen Gefallenen starben an der Ostfront. Die Rote Armee trug die volle Wucht des Angriffs der deutschen Armee und die Sowjets drängten die Nazis schließlich zurück und befreiten einen großen Teil Europas. Für Menschen aus dem Westen, deren Land niemals eine Invasion durchgemacht hat, ist die Größenordnung des Leids der sowjetischen Menschen fast nicht nachvollziehbar. Hunderte von Städten und Tausende von Dörfern wurden zerstört. Während der Blockade von Leningrad allein starben mehr als eine Million Menschen durch feindliche Angriffe, Kälte und Hunger. Es gibt immer noch keine genaue Statistik über die Zahl der Menschen, die während des Krieges starben, doch die Schätzungen von Militär und Zivilbevölkerung zusammengenommen gehen in die Millionen. Fast jede russische Familie verlor einen Vater, einen Sohn, einen Bruder oder eine Schwester im Laufe des Krieges – manchmal mehr als einen oder eine. Und selbst in den frühen neunziger Jahren konnte man während des Feiertags anlässlich der Erinnerung an den Sieg im Gorki-Park in Moskau noch alte Frauen sehen, die Pappschilder mit verblassten Fotos junger Männer und handgeschriebenen Botschaften trugen, ob jemand ihren Sohn gesehen habe, der zuletzt in diesem oder jenem Regiment an diesem oder jenem Ort gewesen sei. Ungefähr eine Million Männer werden in Russland seit dem Zweiten Weltkrieg als im Kampf vermisst geführt.

Als zweites werden Russen Menschen aus dem Westen über die

Kriegsjahre sagen, dass das russische Volk nur durch seine Heldenhaftigkeit gesiegt habe. Auch dies trifft zu. Stalin und sein Regime machten große Fehler, Hitler ebenso. Doch Hitler unterlag in Folge der Weite Russlands und der außergewöhnlichen Taten, die die Sowjets vollbrachten. Die beeindruckendste dieser Leistungen war die Verlegung Hunderter Fabriken vor den vordringenden Armeen der Nazis vom europäischen Teil Russlands in das weite Land hinter den Bergen des Ural. Diese Fabriken wurden in Güterzügen transportiert und von Grund auf wieder errichtet, von Tausenden Menschen, die mit ihnen verlegt wurden. In diese wieder aufgebauten Fabriken brachten viele der Facharbeiter, die nicht an die Front gingen – und dazu gehörten auch einige der ausländischen Arbeiter, um die es in diesem Buch geht – ihre Arbeit ein. Durch die Produktion von Kriegsgütern und die Umstellung von Fabriken auf Kriegsbetrieb halfen diese Arbeiterinnen und Arbeiter nicht nur, Hitler zu besiegen, sondern legten auch den Grundstein für den Wiederaufbau der Sowjetunion nach dem Krieg.

P.T.C.

Kapitel 11
Die Kriegsjahre: Ein Déjà-Vu

Die ersten Tage des Kriegs gegen Deutschland waren katastrophal für die Sowjetunion. Da die gesamte militärische Führung gesäubert worden war, war die sowjetische Armee der siegreichen Wehrmacht und der Luftwaffe nicht gewachsen, die bereits Westeuropa überrollt hatten und wütend gegen Großbritannien losschlugen. Die sowjetische Bevölkerung, der Stalin versichert hatte, dass der Nichtangriffspakt Bestand haben werde, wurde überrascht und hatte vielleicht zum ersten Mal offensichtliche Gründe, ihre Führung in Frage zu stellen. Gegen die Nazis zu kämpfen, wurde zu einer nationalen Sache. Alle Kräfte, sogar die Kirche, wurden gesammelt, um das sowjetische Heimatland, seine Kultur und, ja, tatsächlich auch Stalin in diesem Großen Vaterländischen Krieg zu verteidigen. Selbst heute hat der Große Vaterländische Krieg eine große Bedeutung in der russischen Kultur. Der wichtigste Feiertag, der sogar den Ersten Mai übertraf, ist aus Tradition der Tag zum Gedenken an das Ende des Zweiten Weltkriegs. Trotz schwerer Verluste an der Front und der gewaltigen Anstrengungen, ganze Industriezweige nach Osten in sicherere Gebiete zu verlegen, blieben die Moral, der Wille und die Entschlossenheit der Menschen, Widerstand zu leisten, bemerkenswert stark. Wer nicht in Uniform an die Front gezogen war, wurde für die lebensnotwendige Kriegsproduktion mobilisiert. Diese alles umfassende Anstrengung, das Mutterland zu retten, reichte bis in jeden Winkel der Sowjetunion. Selbst diejenigen, die vom Regime betrogen, ungerechterweise eingesperrt und als Staatsfeinde angeklagt worden waren, konnten dem Ruf nicht widerstehen, die Heimat verteidigen zu helfen. Doch die wenigen ausländischen Männer, die noch im Amerikanischen Dorf geblieben waren, interessierten die Rekrutierungsbehörde nicht, die offensichtlich zögerte, Ausländern Waffen in die Hand zu geben.

Bald jedoch gab es einen anderen Aufruf. Er klang ominös. Leonardo Damiano erhielt wie auch seine Freunde Rizzoli, Francesco Dispancher und Severino Buzzacchero die Aufforderung, sich beim Hauptquartier des Militärs im Zentrum Gorkis zu melden. Es schien merkwürdig, dass der Aufruf nicht vom Militärbüro im GAZ kam, weil alle von ihnen die Fähigkeiten besaßen, die so dringend in der Verteidigungsproduktion gebraucht wurden. Und bevor sie eingezogen werden konnten, mussten sie von ihrer Arbeit freigestellt werden. Leonardo verfolgte noch die Drohung Belows vom NKWD: „Damiano, Sie werden wieder von uns hören." Mit unguten Vorahnungen begaben sich die vier zum Hauptquartier. Jeder wurde von den medizinischen Gutachtern schnell für tauglich erklärt. Dann wurde allen Versammelten befohlen, sich im Laufe der Woche für besondere Aufgaben zu melden. Was man ihnen mitzubringen befahl, klang makaber: einmal Wäsche zum Wechseln, einen Becher, einen Löffel und so weiter. Welch schmerzhafte Erinnerungen dies weckte! Die vier beschlossen, ihre Vorgesetzten beim GAZ darauf anzusprechen, ob sie dem Befehl Folge leisten sollten.

Rizzoli, der Vorarbeiter der Abteilung für Polster war und gute Beziehungen zum Chef der Endmontage und zum Direktor des GAZ hatte, bekam einen Aufschub. Buzzacchero hatte ähnliches Glück, denn er war Vorarbeiter in der wichtigen Abteilung für Werkzeug und Gussformen und konnte leicht die Unterstützung des Fabrikdirektors erwirken. Unglücklicherweise für Leonardo und Dispancher arbeiteten sie beide unter einem Russen, der glaubte, dass seine Aufstiegschancen wachsen würden, wenn weniger Ausländer ihn in den Schatten stellten. Er zögerte die Sache hinaus und wandte sich in ihren Fällen nie an die Behörden des GAZ.

Also fuhren am nächsten Morgen Damiano, Dispancher und einige Finnen aus dem Dorf per Anhalter mit einem Lastwagen in die Stadt. Leonardos letzter Eindruck vom Dorf war der Anblick seines zehnjährigen Sohnes Sammy, der hinter dem Laster her rannte und dabei nach seinem Vater rief. Wann würde er seinen Sohn wiedersehen? Was ihm bevorstand, wusste er nicht. Bei ihrer Ankunft in Kanawino schlossen sie sich einer wesentlich größeren Gruppe von Männern an, die sich alle in der gleichen Zwangslage befanden und in einem großen Lagerhaus direkt hinter dem Hauptgebäude der Partei versammelt waren. Sich an die kleinen Taschen mit ihren Habseligkeiten und etwas Proviant klammernd, blieb die Gruppe für fast zwei Tage dort. Endlich, als ihre Namen aufgerufen wurden, eskortierte man sie unter der Führung von unbewaffneten uniformierten Männern in Schaffelljacken nach Art des NKWD in Gruppen von etwa 25 Mann zum Bahnhof. Bevor sie die Züge bestiegen, erhielt jeder einige kleine Laibe Brot und ungefähr ein Kilo Zucker. Obwohl sie bewacht wurden, durften die Männer sich lang genug entfernen, um Zigaretten zu kaufen. Es dauerte nicht lange, bis die Männer realisierten, dass sie ein Arbeitsbataillon für wichtige Aufgaben zur Unterstützung der Verteidigung bilden sollten und man von ihnen genau wie von Soldaten an der Front erwartete, dass sie ihre Pflicht taten und alles dafür geben sollten. Als Leonardo sich umsah, bemerkte er, dass jeder im Arbeitsbataillon ausländischer Herkunft war – manche einige hundert Jahre zurückgerechnet, andere kürzlich eingewandert. Alle wurden als „Ausländer" betrachtet. Bedeutete dies, dass sie wieder interniert würden, vom normalen Leben isoliert?

Als der Zug unterwegs war, verbreiteten sich Gerüchte, dass sie in ein entlegenes Gebiet hinter dem Ural in der Nähe von Tscheljabinsk gebracht würden. Der Zug bewegte sich eindeutig nach Osten und nachdem sie Perm passiert hatten, schlossen die meisten, dass ihre Spekulation über den Bestimmungsort zutraf. Im Gegensatz zu seiner früheren Verhaftung, als er in einem Viehwaggon transportiert worden war, reiste Leonardo nun in einem Passagierwaggon, der allerdings für andere geschlossen war. Wie die meisten anderen Passagiere war Leonardo ein Opfer der Säuberungen gewesen und klammerte sich hoffnungsvoll an Anzeichen, dieses Mal besser behandelt zu werden. Dispancher, der zu Hause im Dorf Hühner züchtete, hatte einige davon vor der Abreise gekocht und griff nun unter seinen Mantel, um ein Stück mit Leonardo zu teilen, während er sagte: „Hier, Damiano, iss, so lange es etwas gibt, denn ich fürchte, wir werden bald einen anderen Speiseplan haben."

Wie seltsam, dass das Schicksal die beiden zusammen in diesen Zug nach Gott weiß wohin und zu welcher Bestimmung geführt hatte. Leonardo war erst Anfang Dreißig, während Francesco damals ungefähr 55 Jahre alt war. Francesco war 1922 in die Sowjetunion emigriert, nachdem er in Italien des Mordes an einem Faschisten beschuldigt worden war, und war der früheren Säuberung entgangen, was Gerüchte auslöste, dass er seine Freiheit durch die Bezichtigung anderer erkauft habe. Selbst wenn das wahr gewesen wäre, hatte man ihn wahrscheinlich gefoltert. Wie auch immer, dachte sich Leonardo, das war lange her und jetzt saßen sie im selben Boot. Der Zug fuhr am 15. November in Tscheljabinsk ein. Nachdem sie ausgestiegen waren, übernahmen uniformierte Kräfte des NKWD das Kommando. Die Gruppe marschierte ungefähr 25 oder 30 Minuten und dann ließ man sie in der bitteren Kälte auf weitere Befehle warten. Halb erfroren und sehr hungrig warteten die Männer, bis plötzlich ein großer Lastwagen hielt und alle sich auf die Ladefläche kämpften.

Der Laster fuhr Stunde um Stunde. Es war schon hell, als er anhielt. Als sie ausstiegen, trauten sie ihren Augen kaum. Vor ihnen lag ein typisches Gefängnislager, komplett mit Stacheldraht, Wachtürmen, Reihen von Baracken und uniformierten Wachen mit automatischen Gewehren. Man musste nicht raten, was bevorstand. Es war, als ob er niemals den Kreis Kaiski im Gebiet Kirow verlassen hätte. Millionen von Fragen schossen Leonardo durch den Kopf (zweifellos stellte sich jeder die gleichen). Warum jetzt ein Arbeitslager? Er war nicht der Spionage beschuldigt oder gefoltert worden, um ein Verbrechen zu gestehen. Wenn es zutraf, dass sie auf Befehl des GKO, des Staatlichen Komitees zur Verteidigung unter dem Vorsitz Stalins, mobilisiert worden waren, warum gab es dann Wachen mit automatischen Waffen? Waren sie nicht bereit, an der Front für Stalin und das Vaterland zu sterben? Warum wieder diese Erniedrigung, diese Scham, diese Entehrung? Tatsächlich unterstanden die Männer einem neuen Ministerium, dem MWD (Ministerium für innere Angelegenheiten)[25] unter der Leitung des nun schon bekannten Berija. Trotz der geänderten Abkürzung arbeiteten alle Behörden mit der gleichen unpersönlichen Brutalität. Erst Jahre später würden Leonardo und Millionen andere durch Nikita Chruschtschow von Stalins Verbrechen gegen sein eigenes Volk erfahren. Zweifel blieben jedoch über die Rolle Chruschtschows bei den Repressalien bestehen. Schließlich gehörte er zum innersten Kreis um Stalin.

Als sie in der Kälte vor diesem neuen Lager standen, stieß Dispancher Leonardo an und flüsterte: „*Mamma mia,* wo haben sie uns hingebracht und was bedeutet das?" Leonardo kannte die Antwort schon: „Francesco, mein lieber Freund, es bedeutet, dass wir von nun an in einem besonderen Hotel der Regierung wohnen werden und jeder die Hühner, die er zu Hause gelassen hat, vergessen und jeden Morgen dankbar für das Stück Brot für die Arbeit des vorherigen Tages sein muss. Friss oder stirb, denn morgens musst du raus und an die Arbeit, sonst gnade dir Gott!"

Ihre Gedanken wurden von dem Befehl unterbrochen, bei Aufruf ihrer Nummern durch das Tor ins Lager zu marschieren. Leonardo war Nummer 17 und Francesco Nummer 18 und weiter ging es bis ans Ende der langen Reihe. Diese Routine war übel bekannt! Ausziehen, Kleider ausräuchern (was Francesco panisch werden ließ, weil er mehr als einen Satz zum Wechseln mitgebracht hatte und befürchtete, dass das Übrige gestohlen werde), die Köpfe vom Gefängnisbarbier freundlicherweise umsonst rasiert und schließlich die Wohltat eines heißen Bades nach Tagen im Zug und in der Kälte.

Genau wie vorher wurden alle in einen Versammlungsraum getrieben, um auf die Zuteilung der Baracken zu warten. Wie im Gefängnis wurde ein Brigadier ausgewählt, der für die Versorgung der Männer mit der Standardgefängniskost von 200 Gramm Schwarzbrot, *Bolanda* und *Kascha* zuständig war. Als nächstes kam eine weitere medizinische Untersuchung, um festzustellen, ob die „Rekruten" zu der vorgesehenen Arbeit in der Lage waren. Während der ganzen Prozedur blieb Leonardo nahe bei Francesco, der sich, da er dies noch nie durchgemacht hatte, in einem Schockzustand befand.

In der selben Nacht wurden sie zur Arbeit hinausgefahren. Ihr Vorarbeiter, ein Angestellter des NKWD, doch wahrscheinlich ein freier Mann, war ein Genosse namens Jakowlew. Er führte seine Gruppe zu einer Baustelle, wo er sie anleitete, Feuer zu errichten, um den Dauerfrostboden aufzutauen, damit sie mit der wirklichen Arbeit anfangen konnten: Sie mussten mit Hacken und Schaufeln Gräben ziehen, die mit Beton ausgegossen werden sollten. Die Arbeit begann um fünf Uhr abends und endete um zwei Uhr morgens. Manchmal durften die Männer in der Nacht eine Pause machen, in der sie sich einen Tee-Ersatz machten – abgekochtes Wasser mit Zuckerstücken. Im Kreis ums Feuer erklärte Jakowlew ein wenig über das Lager *Tscheljabinsk Metallurgitscheskij Stroj,* die Baustelle eines Metallwerkes, die man immer TschMS nannte. Ihr Lager war eines in einer Kette von fünfzehn. In jedem lebten etwa 3.500 bis 5.000 Arbeiter, die man als *Trudmobilizowano* oder Mobilisierte Arbeitsschwadron bezeichnete. Wie die Gefängnislager standen auch diese Lager unter der Verwaltung des NKWD. Der Lagerleiter war Generalmajor Komarowski und der Politische Kommissar Oberst Woronin. Es dauerte nicht lange, zu erkennen, dass das System der Lager genau dem entsprach, das Leonardo so gut kannte – bewaffnete Wachen drückten sich an der Arbeitsstätte herum, das Essen und die Unterkünfte waren eindeutig wie im Gefängnis, der Ort war von Stacheldraht umgeben. Niemand wurde mit Geld für die Arbeit bezahlt. Wie „profitabel" dies gewesen sein muss – Millionen von Zwangsarbeitern ohne Lohn und bei minimalen Unkosten.

Bei der Rückkehr von der harten Arbeit der ersten Nacht konnte sich Dispancher kaum noch bis in die Baracke schleppen. Nach einigen Nächten brach er zusammen. Leonardo brachte ihn ins Krankenlager, wo sie Hunderte ausgezehrter Körper sahen, die auf ihr Ende warteten. Beide wussten, was sich in den Lastern befand, die jeden Morgen an den Baracken vorbeifuhren – Leichen, die in namenlose Massengräber gebracht wurden. Leonardo brach ein paar Tage später ebenfalls zusammen und kam zu Dispancher ins Krankenlager. Um wieder herauszukommen, mussten sie sich einer Musterung unterziehen, die der Verwaltung bestätigte, dass sie körperlich zur Arbeit in der Lage seien. Die Untersuchung bestand darin, dass sie splitternackt vor Ärzten und Ärztinnen hergingen, die sich ihre Gesäß- und Beinmuskulatur ansahen und dann mit dem Daumen nach oben oder nach unten zeigten.

Der Winter 1942 war besonders hart, mit tiefem Schnee, viel Wind und eisigen Böen von mindestens 32 Grad unter Null. Die Nachrichten von der Verteidigung Stalingrads waren ebenso bitter. Ob in Stalingrad oder im Lager, Entschlossenheit setzte ein, die aus der Verzweiflung erwuchs. Dispancher hatte es geschafft, sein zusätzliches Hemd gegen etwas zu Essen einzutauschen, das er über dem Feuer briet und mit anderen teilte. Er war immer auf der Suche nach einer streunenden Katze, die eine gute Mahlzeit ergeben würde. Spät in der Nacht dachten sie an das Leben im Dorf zurück. Leonardo erinnerte sich daran, wie eines Tages ein besonderes Essen für die Italiener im Dorf gegeben wurde. Alle waren der Meinung, dass Francesco auf die Jagd gegangen war und einen Hasen erwischt hatte. Zwar lebte er nicht in der Kommune, doch trotzdem hatte Francesco die Frauen in der Küche gebeten, den Hasen nach seiner Anweisung zuzubereiten. Obwohl alle Italiener eingeladen waren, kam keine der Frauen aus der Küche zum Essen, außer Tamara, die sich entschloss, den Hasen zu probieren. Leonardo erinnerte sich, wie köstlich er schmeckte – vor allem mit Wodka hinuntergespült –, ein Festmahl wie für einen König. Doch gelegentlich gab es Ausbrüche von Gelächter und schließlich rief Tamara: „Das ist eine Lüge, das ist keine Katze, es ist der beste Hase, den ich je gegessen habe. Hör' auf zu sagen, es sei eine Katze!" Es gab noch mehr Gelächter. Es schien, dass Maestro Francesco, der Fleischer, tatsächlich die Katze des Dorfarztes geschnappt hatte. Später erfuhr Leonardo, dass sein Sohn Sammy Francescos Komplize war und bei diesen „Hasenexpeditionen" Schmiere stand.

Die einzige Quelle für Neuigkeiten im Lager war die Gerüchteküche, aus der verlautete, dass irgendwo im Lager noch andere Italiener seien. Also schlichen sie sich spät nachts von Baracke zu Baracke und fragten flüsternd, ob es hier Italiener gebe. Von Baracke Nummer 6, wo die Gerüchte entstanden waren, schickte man sie zu einem Mann, der auf einer der oberen Pritschen kauerte und einen Flicken auf seine Hose nähte. Nachdem sie ihn auf Italienisch angesprochen hatten, redeten alle wie ein Wasserfall in ihrer Muttersprache drauflos. Er hieß Giovanni, und was war er für ein interessanter Mensch! Als aktiver Antifaschist war er wie so viele andere in die UdSSR geflohen, um Asyl zu bekommen, hatte sich freiwillig gemeldet, um gegen die Faschisten Francos in Spanien zu kämpfen, war nach Moskau zurückgekehrt und war dann für eine Partisanenbrigade der Roten Armee für den Einsatz hinter den Linien des Feindes geworben worden. Als man herausfand, dass er kein Russe, sondern Ausländer war, schickte man ihn zurück ins Landesinnere und zur Zwangsarbeit in dieses Lager. Seine Ehefrau und zwei Kinder blieben in Moskau zurück und mussten sich allein durchschlagen. Giovanni erzählte von anderen Italienern im Lager. Es gab insgesamt 15 oder 20, die meisten davon aus der ehemaligen italienischen Kolonie in Kertsch (auf der Krim, d. Ü.). Er berichtete auch von einem jungen italienischen Musiker, der Akkordeon spielte, und nach seiner Beschreibung vermutete Francesco, dass es sich um den vermissten Sohn Luisa Marcellis aus dem Dorf handeln könne. An einem der seltenen Sonntage, an denen keine Arbeit angesetzt war und eine allgemeine Inspektion vorgenommen wurde, war das ganze Lager mit seinen 5.000 Insassen zusammengerufen worden, um eine besondere Ansprache des Lagerkommandanten zu hören. Elend wie sie waren, standen sie draußen und bekamen eine langatmige Rede zu hören, zunächst über Fluchtversuche und die Bestrafung dafür – normalerweise Hinrichtung – und dann darüber, dass die Männer im Lager so schnell wie möglich dieses neue Stahlverarbeitungszentrum zur Herstellung von Waffen, die zum Sieg über den Feind gebraucht würden, aufbauen müssten. Francesco murmelte mit angehaltenem Atem immer wieder: „Wer zum Teufel ist dagegen, den Kampf gegen die Faschisten zu unterstützen? Warum geben sie uns keine Waffen und lassen uns gegen den Feind kämpfen? Warum behandeln sie uns als Feind und erniedrigen uns in diesen Lagern?" Und dann, nicht als Nebenbemerkung, sondern mit echter Entrüstung, fügte er hinzu: „Und wo ist die italienische Kommunistische Partei und unser Anführer Ercoli, warum schweigen sie dazu, wie wir Genossen behandelt werden?" Dieser unerwartete Ausbruch Francescos überraschte Leonardo und machte ihn ihm noch sympathischer.

Später an diesem Tag fanden sie Giuseppe Marcelli, den Sohn Luisas. Er hatte in Leningrad studiert und war zur Armee einberufen worden, als der Krieg begann. Dann hatte man ihn entlassen und in ein Arbeitsbataillon geschickt, vermutlich auch, weil er Ausländer war. Vor dem Krieg hatte er es einige Male geschafft, nach Gorki zurückzukehren, um seine Mutter zu besuchen, und daher kannte er Francesco. Es war ein freudiges Wiedersehen. Sein Los im Lager war nicht so hart wie das der anderen, weil seine Arbeit musikalischer Natur war.

Doch Leonardo und Francesco hatten nicht so viel Glück. Die harte Arbeit, das Alter und die schlechte Ernährung führten zu wiederkehrenden Anfällen blutigen Durchfalls. Sie wurden wiederholt ins Krankenlager geschickt. Francescos Zustand verschlechterte sich beständig, bis er ungefähr im März 1943 auf einer Krankenstation für hoffnungslose Fälle namens Sangorodok *(Sanitarnyj gorodok,* zu deutsch Sanitätsdörfchen, d. Ü.) starb. Auch Leonardos Gesundheit ließ nach und er ging in den ersten Monaten des Jahres 1943 im Krankenlager ein und aus. Schließlich wurde er nach den Feierlichkeiten zum Ersten Mai von seiner Arbeit und aus diesem Lager entlassen und in ein anderes Lager verlegt, wo er in der Reparaturwerkstatt für die Baustelle Metall bearbeitete. Sein Chef war Nicola Bassi, ein Russe italienischer Herkunft, dessen Familie sich vor Generationen in der Kolonie von Kertsch angesiedelt hatte. Ein weiteres Mitglied der Mannschaft war Zingarelli, der ebenfalls aus Kertsch kam. Die Brigade war verantwortlich für die Metallarbeiten im Zusammenhang mit dem Aufbau von Koksöfen nahe der neuen Fabrik. Bald nach seiner Verlegung wurden Leonardo und Zingarelli abkommandiert, um bei der Montage eines Krans zu helfen. Die Leitung der Arbeit lag bei einem vertriebenen Deutschen, der vor den Nazis geflüchtet war, aber nicht die technische Qualifikation für diese Aufgabe besaß. Zingarelli hatte schon viele Kräne bauen geholfen und Leonardos allgemeine Fähigkeiten als Mechaniker kamen ihm zupass. Als Zwangsarbeiter waren sie unentbehrlich für den gesamten Bau geworden.

Eines Tages sah Leonardo in der Nähe einer abgelegenen Baustelle einige Löwenzahnpflanzen mit ihren reichen, dunkelgrün glänzenden Blättern. Ihm fiel wieder ein, wie er als kleiner Junge in Italien seiner Familie im Wald beim Sammeln dieser Blätter geholfen hatte, die dann für köstliche Salate verwendet wurden. Er erinnerte sich auch, dass sie ein verlässliches Hausmittel gegen viele körperliche Beschwerden waren. Er konnte es kaum erwarten, nach Hause zu kommen, und begann, die Blätter zu essen. Ein Wachposten beobachtete ihn und schrie ihn an, er solle aufhören, Unkraut zu essen. Leonardo war verwirrt. Bald beschuldigte ihn die Wache, er esse giftiges Unkraut, um Krankheitserscheinungen hervorzurufen, die als Entschuldigung dienen sollten, um die Arbeit zu vermeiden (was anscheinend in den Gefängnis- und Arbeitslagern nicht unüblich war). Damianos Verstoß wurde dem Lagerarzt gemeldet, der ihn zu sich rief und ihn zu schelten begann, weil er sich dem Befehl, kein „Gras zu essen", widersetzt habe. Leonardo erklärte höflich, dass seine Vorfahren seit Tausenden von Jahren aus medizinischen Gründen diese Blätter mit heilsamer Wirkung gegessen hätten und dass das sowjetische medizinische Personal, wenn es die Frage untersuchen würde, auch zu dem Schluss kommen müsse, dass Löwenzahn eine Heilpflanze sei. Er fügte hinzu, dass es im Lager Hunderte von Skorbutfällen gebe und die Ärzte, die eingeweichte grüne Erbsen verschrieben, einsähen, dass den Körpern der „Bewohner" grünes Gemüse fehle. Seien die sowjetischen Ärzte so dumm, nicht zu wissen, dass zu ihren Füßen das Heilmittel für die Krankheit wachse? Sein Gebrauch des Begriffes „dumm" führte zu neuem Gebrüll über Gehorsamsverweigerung. Schließlich sagte Leonardo: „Doktor Kommandant, schon seit Wochen habe ich an Skorbut gelitten und ein paar Löwenzahnblätter zu essen, hat mich geheilt. Soll ich damit aufhören und wieder krank werden?"

Der Arzt schien einen Moment in Gedanken zu versinken, dann ging er zu seinem Schreibtisch, um zu telefonieren. Man hörte ihn erwidern: „Bitte finden Sie Iwan Grigorewitsch und sagen Sie ihm, er möge sofort in mein Büro kommen!" Er kam zurück und sprach Leonardo an: „Also, du willst mir erzählen, dass du dich selbst ohne die Hilfe eines Arztes von Skorbut geheilt hast?" Die Antwort war ein Nicken. Dann sagte der Arzt herausfordernd: „Schön, wir werden sehen, was Iwan Grigorewitsch zu Deiner Geschichte zu sagen hat." Bevor Leonardo ein Wort dazu sagen konnte, wurde er gewarnt: „Jetzt halt' den Mund, du hast schon zu viel geredet. Du denkst also, wir seien die Dummen und du der Schlaukopf." Leonardo biss sich in weiser Zurückhaltung auf die Zunge. Bald trat Iwan Grigorewitsch ein, der Doktor Kommandant bot ihm eine Zigarette an und erklärte: „Sehen Sie mal diesen Vogel hier, er erzählt mir, sein Volk äße seit Jahrhunderten diese Blätter des *Oduwantschik* (Löwenzahn) als Heilmittel und sie hätten ihn vom Skorbut geheilt. Ist das möglich?" Dann fügte er hinzu, was er bis dahin zurückgehalten hatte: „Es könnte möglich sein. Der *Oduwantschik* ist in Griechenland und den arabischen Ländern schon lange für seine medizinische Wirkung bekannt und ich denke selbst, dass unser Land dieser Pflanze nicht genug Aufmerksamkeit geschenkt hat!" Bei diesen Worten wandte sich Iwan Grigorewitsch an Leonardo: „Also stimmt der Doktor dir zu, wir sind schließlich doch nicht so dumm, du kannst jetzt wieder an die Arbeit gehen und wenn du weiter dieses verdammte Gras isst, dann lass es die anderen nicht sehen, denn wenn wir keinen besonderen Befehl erteilen, wissen manche der Männer vielleicht nicht, welches Kraut man essen kann, und nehmen das falsche. Jetzt geh'!" Leonardo ging mit dem Gefühl, dass er die sowjetische Medizin durch sein Handeln vorwärts gebracht habe. Viele Jahre später, im Jahr 1966, um genau zu sein, fand er in einer russischen Apotheke getrocknete Löwenzahnwurzeln für die Zubereitung von Salat.

Die Nachrichten von der Front erlaubten endlich mehr Hoffnung. Zwar waren Hitlers Armeen tief in die UdSSR bis an die Ufer der Wolga vorgedrungen, doch in Stalingrad wurden sie aufgehalten. Schließlich kreiste das sowjetische Militär (Generalfeldmarschall – d.Ü.) Paulus ein und zwang ihn zur Kapitulation. Es zeigte sich, dass die Deutschen dem Mut und der Entschlossenheit der Russen, gebündelt mit den bitterkalten Winterböen, nicht gewachsen waren.

Im Lager befand sich Leonardo auf der Krankenstation und erholte sich von einer erneuten Krankheit, die nicht mit Skorbut zusammenhing. In diesem Frühjahr setzte man ihn wieder ein, diesmal in der Reparatur- und Montagewerkstatt auf der Baustelle. Endlich war der Kran fertig zum Aufbau. Zingarelli, Markin, ein Wolgadeutscher, und Leonardo trugen die Verantwortung. Plötzlich wuchs die Arbeiterschaft stark durch die

Ankunft zahlreicher Flüchtlinge aus dem belagerten Leningrad, von denen die meisten Nachkommen früher finnischer, lettischer, litauischer und estnischer Siedler waren. Man misstraute ihnen so nahe an der Front bei Leningrad und die meisten waren technisch ausgebildet und auf der Baustelle sehr nützlich. Doch es blieb Leonardo, der die meiste Erfahrung hatte und am beweglichsten war, überlassen, die 40 Meter hohe Spitze des Krans zu erklimmen, um dort die letzten entscheidenden Reparaturen auszuführen. Da die Arbeit rund um die Uhr ging, bat man Leonardo, die Nachtschicht mit der weniger erfahrenen Mannschaft zu leiten.

Die Nachtschicht hatte ihre Vorteile. In der Nähe der Baustelle befand sich ein Nebengleis, wo Waggons mit Lebensmittellieferungen entladen wurden. Unter dem Schutz der Dunkelheit stießen Leonardo und einige vertrauenswürdige Komplizen zu diesem Ladeplatz vor und versorgten sich mit Kartoffeln, Kohl, Möhren usw. Häufige Verzögerungen bei der Lieferung von Baumaterial halfen ihnen, weil die Mannschaft dann Zeit hatte, ein Feuer zu machen, sich warmzuhalten und etwas Gemüse zu rösten. Die Arbeit an den Kränen war bis zu diesem Zeitpunkt so gut vorangegangen, dass Leonardo gebeten wurde, sich in der Werkstatt zu melden, wo die Laster des Lagers und die Fahrzeuge der Kommissare des Lagers repariert wurden. Er fühlte sich gut, wieder eine Arbeit zu haben, die ihm so vertraut war. So fühlte er sich weniger als Zwangsarbeiter.

Als er bestätigte, dass er im GAZ auch im Karosseriebau gearbeitet hatte, führte man ihn gleich zum Wagen des Lagerkommandanten, der eine eingedrückte Tür hatte. „Glaubst du, du kannst das reparieren?" Leonardo versicherte ihnen: „Ja, wenn ich das richtige Werkzeug habe." – „Sag mir, was du brauchst!", kam die prompte Antwort. Es war doch nicht ganz so einfach, weil Leonardo einige der benötigten Werkzeuge selbst fertigen musste. Der Brigadier und der Leiter der Werkstatt beobachteten besorgt jede Bewegung und fragten ständig, ob er in der Lage sei, die Arbeit rechtzeitig fertigzustellen. Ihr Ruf stand ebenfalls auf dem Spiel. Zwei Tage lang arbeitete Leonardo in dieser Weise. Endlich war die Tür fertig zum Lackieren. Als sie wieder an den Wagen montiert war, überschüttete die Leitung der Werkstatt Leonardo mit Lob für seine wunderbare Arbeit.

Man fragte ihn aus, wo er diese Fertigkeiten erworben habe. Dann nahm ihn der Leiter der Reparaturwerkstatt beiseite und kündigte an, dass in wenigen Tagen eine neue, kleinere Werkstatt nur für die Wagen der Lagerleitung eröffnet werde und er Leonardo dorthin versetzen lassen wolle. Doch zunächst musste die Lagerverwaltung ihm einen neuen *Propusk* (Genehmigung oder Pass) ausstellen, da die meisten dort beschäftigten Arbeiter freie Männer waren. Dann setzte der Chef hinzu: „Ich traue dir, ich glaube nicht, dass du so verrückt bist, zu versuchen, von dort wegzulaufen. Was sagst du?" Leonardo erklärte sich bereitwillig mit der Versetzung einverstanden, da er glücklich war, bei der ihm so vertrauten Arbeit zu bleiben.

Doch die Frage blieb: Wer hatte dem Vorarbeiter erzählt, dass er aus Gorki kam? Wenige Tage später, als er die Arbeit in der Werkstatt, wo er die Autotür repariert hatte, abschloss, sah er ein bekanntes Gesicht näherkommen. Es war Flavio Fabian, Sohn italienischer Eltern, der im Alter von drei Jahren aus den USA in die UdSSR gekommen war. Die alten Freunde umarmten sich und Leonardo sagte: „Jetzt weiß ich, wer mich für diese neue Arbeit empfohlen hat. Danke. Jetzt, wenn ich meinen *Propusk* bekomme, werde ich mich ohne die Begleitung bewaffneter Wachposten bewegen können." Flavio erzählte, dass er ebenfalls viel Glück gehabt habe. Er war vom Gräbenschaufeln in den Ingenieurszeichenraum versetzt worden, wo sein Wissen besser angewandt werden konnte. Dies waren die wenigen Glücklichen, denn viele schaufelten immer noch Gräben und niemanden schien es zu kümmern, dass sie auch sinnvollere Arbeit leisten konnten.

Flavio erzählte Leonardo, sobald der Bau weit genug fortgeschritten sei, würden Spezialmaschinen aus Amerika eintreffen. Er fragte Leonardo: „Hast du jemals von Foster Wheeler oder der Firma Babcock und Wilcock gehört?" Obwohl Leonardo verneinte, bohrte Flavio weiter: „Nun gut, aber du kannst noch Englisch, oder? – „Sicher", lachte Leonardo, „aber wieso?" Flavio lächelte nur zufrieden, als sie sich für diesen Tag verabschiedeten.

Der *Propusk* wurde bald ausgestellt und nun zeigte Leonardo jeden Tag nach dem Frühstück seinen Pass vor und verließ das Lager unbewacht für den Fußmarsch in die einige Kilometer entfernt liegende neue Werkstatt. Die Werkstatt stand voller Wagen wichtiger Leute. Leonardo wurde ein Gehilfe zugeteilt, ein Wolgadeutscher namens Peter Meirs. Mit der Arbeit ergaben sich weitere Vergünstigungen. Um ihre Autos als erste reparieren zu lassen, machten sich die höheren Chargen die Arbeiter mit Lebensmittelgeschenken gewogen. Die Gesundheit und die Laune aller besserte sich von Tag zu Tag.

Fast ein Jahr verstrich, während Damiano in dieser neuen Werkstatt arbeitete. Dann befahl man ihm eines Tages im Frühjahr 1944, bei der Hauptverwaltung der gesamten Baustelle vorzusprechen. Während ein unbewaffneter Wachposten ihn zur Hauptverwaltung begleitete, fragte sich Leonardo, was los sei. Einmal im Rekrutierungsbüro angelangt, erschien ein bekanntes Gesicht: Flavio, der offensichtlich hinter dieser neuen Entwicklung steckte. „Also hier arbeitest du?", fragte Leonardo. „Ja, und ich erinnerte mich, dass sie jemanden suchen, der Englisch versteht. Ich hoffe, du bist damit einverstanden, was ich getan habe." Leonardo stimmte zu, warnte aber, dass er nicht fließend Russisch spreche. „Keine Sorge, aufs Englisch kommt es an." Damit verließ Flavio den Raum. Bald öffnete sich eine Tür und Leonardo wurde in einen anderen Raum geleitet, wo ein uniformierter Offizier der Roten Armee saß. Leonardo wurde gebeten, sich nahe an den Tisch zu setzen und zunächst etwas von seinem Leben zu erzählen. Dann gab man ihm einige Unterlagen in englischer Sprache, in denen der Zusammenbau eines Ventilators beschrieben wurde. Nachdem er sie wörtlich übersetzt hatte, erhob sich der Offizier und sagte: „Vielen Dank, Sie werden bald von uns hören." Glücklicherweise wartete der Wachposten noch, um ihn zurück ins Lager zu bringen. In dieser Nacht war er ruhelos und unsicher, ob seine Englisch- und Russischkenntnisse seiner neuen Aufgabe entsprachen, so dass er Bestätigung bei Flavio suchte, der ihn beruhigte.

Der Befehl zu seiner Versetzung kam bald aus dem Büro von General Rappoport. Er solle sich am nächsten Morgen im Büro der Bau- und Montageabteilung melden. Um sieben Uhr morgens stellte man ihm einen jungen Wolgadeutschen namens Jascha (Jakob) Schwartz vor, der ihn zu seiner neuen Arbeitsstätte begleitete, die eine gute Stunde zu Fuß entfernt lag. Bei seiner Ankunft begrüßten ihn der Chefingenieur Jewgenij Andrejewitsch Bechtel und sein Assistent Wladimir Iwanowitsch. Beide waren erleichtert, jemanden zur Verfügung zu haben, der bessere technische Englischkenntnisse hatte als die Sekretärin Anna Naumowna. Ohne Verzögerung wurde er mit technischen Unterlagen von Foster Wheeler überschüttet. Während er den englischen Text las, setzte Anna seine Rohübersetzung in korrektes Russisch um, was Leonardo nicht konnte. Die Arbeit begann schnell große Fortschritte zu machen, da die Instruktionen jetzt besser verständlich waren. Am Morgen war eine umfangreiche Lieferung in Kisten verpackter Maschinenteile am Verladegleis eingetroffen und Leonardo erhielt die Aufgabe, die Lieferscheine für jede Kiste zu übersetzen, bevor etwas geöffnet wurde. Dadurch entwickelte sich eine neue Systematik in der zuvor hektischen, aber willkürlichen Arbeit.

Obwohl seine Vorgesetzten sehr zufrieden mit Leonardos Versetzung in ihre Abteilung waren, wurde er auf unverständliche Weise dafür bestraft. In der Autowerkstatt hatte er das Recht auf ein Kilo Brot am Tag, doch seit er diesen verantwortlicheren Posten innehatte, erhielt er nur 200 Gramm täglich. Nach ein paar Tagen beschloss er, sich wieder bei seiner früheren Arbeitsstelle in der Autowerkstatt zu melden. Er wurde herzlich willkommen geheißen, doch als er an diesem Abend in seine Baracke zurückkehrte, erwartete ihn eine Wache und führte ihn zum Lagergefängnis. Da er sich nicht zur Arbeit gemeldet hatte oder zur Krankenstation gegangen war, vermutete man einen Fluchtversuch.

Gleich am folgenden Morgen begleitete ihn eine Wache zu dem Büro, wo er übersetzen sollte. Das Gesicht des Abteilungsleiters hellte sich auf, als er Damiano sah. Er fragte: „Wo warst du gestern, wir sind zufrieden mit deiner Arbeit, warum solltest du weglaufen wollen?" Leonardo sagte seinen Teil: „Bürger Abteilungsleiter, was würden Sie an meiner Stelle tun? Als ich in der Autowerkstatt arbeitete, bekam ich ein Kilo Brot am Tag, während ich hier als Übersetzer nur 200 Gramm bekomme. Wie soll ich davon leben, ich bin schon schwach und wenn ich bei dieser Ration hier bleibe, finden Sie mich bald auf der Krankenstation wieder." Als er diese Worte hörte, wurde der Chef zornig und schrie heraus: „Was ist los mit diesen gottverdammten Bastarden? Ich hatte Befehle gegeben, dass du für deine Arbeit entschädigt werden sollst, und sie haben es nicht getan. Jetzt hör' mir zu, ich werde Befehl erteilen, dass du den Titel Technischer Übersetzer erhältst. Du wirst die gleichen Lebensmittelkarten erhalten wie ein freier Mann und du wirst nicht mehr *Bolanda* essen müssen. Und außerdem wirst du einen normalen Lohn erhalten. Wieviel, kann ich im Moment noch nicht sagen, doch du wirst zufrieden sein." Bei diesen Worten ergriff er Leonardos Hand und setzte hinzu: „Ich verstehe dich sehr gut und alles wird in Ordnung kommen, das versichere ich dir!"

Niemals war eine Entscheidung so schnell umgesetzt worden. Mit der Lebensmittelkarte in der Hand hatte Leonardo die Freiheit, in jedem russischen Geschäft einzukaufen. Nun fehlte ihm nur noch Geld, doch auch dafür wurde bald Sorge getragen. Sein Vorarbeiter lieh ihm 30 Rubel, bis er seinen ersten Lohn erhielt. Zwar war er noch in der Baracke untergebracht, doch konnte er jetzt im Speisesaal der freien Arbeiter essen.

Eines Tages bemerkte Leonardo bei der Arbeit an dem Gleis, wo Maschinen entladen wurden, einen verlassenen Schuppen. Er rief Schwartz hinzu und gemeinsam schauten sie ihn sich an. Die Tür öffnete sich in einen Raum von etwa sechs oder sieben Quadratmetern, mit einem Fenster auf einer Seite, einer Pritsche und ein paar Stühlen. Anscheinend war er einmal von einem Wachmann oder Posten genutzt worden. Der Putz fiel teilweise von der Wand und es gab einige undichte Stellen im Dach. Der Raum musste gründlich aufgeräumt werden, doch Schwartz sagte, dass es ein großartiger Platz für sie beide sei, um etwas Ruhe zu haben und sich zu erholen. Es klang, als ob Schwartz dies als einen Ersatz für die Baracken vorschlug. Da ihre Pässe ihnen erlaubten, nach Gutdünken zu kommen und zu gehen, ließ sich diese Idee verwirklichen. Alles, was sie brauchten, war eine Genehmigung des Chefs, den Raum zu nutzen. Schwartz strahlte, als sie die Erlaubnis erhielten. Eine weitere Pritsche wurde gefunden und für einige Tage verbrachten sie jede freie Minute damit, ihr neues Domizil zusammenzuflicken.

Als ihr neues Zuhause fertig war, ließen sich Leonardo und Jascha manchmal drei bis vier Tage hintereinander nicht im Lager sehen. Und ihr Glück wurde zusätzlich dadurch versüßt, dass Leonardo einen Lohn von 700 Rubeln im Monat zugeteilt bekam, mehr, als er brauchte, so dass er etwas nach Hause schicken konnte. Fast fühlte er sich wieder als freier Mann.

Selbst die Nachrichten vom Krieg hatten sich zum Besseren gewendet. Seit Paulus' Kapitulation bei Stalingrad deuteten die Berichte darauf hin, dass die Sowjets eine erfolgreiche Offensive begonnen hatten und den Feind zurückdrängten. Ungeachtet dessen, wie schlecht sie als Ausländer behandelt worden waren, verspürten sie beide dennoch einen großen Hass auf die Faschisten und fühlten sich einem Sieg der Sowjetunion verpflichtet. Die heldenhafte Verteidigung Leningrads stärkte den allgemeinen Glauben an einen bevorstehenden Sieg. Doch nichts steigerte die Moral mehr als die Landung der Truppen der Alliierten in Frankreich und die lang erwartete Eröffnung der zweiten Front.

Ironischerweise bedeutete dies Neuzugänge im Lager. Manche waren Russen, die in Gefangenschaft geraten waren, als die Nazis ihre Dörfer überrannten. Als die Deutschen nach Westen zurückwichen, wurden diese sowjetischen Gefangenen freigelassen. Doch Stalin sah in ihnen gebrandmarkte Menschen, die ins Hinterland zu den Zwangsarbeitslagern gebracht werden sollten. Falls sie unter dem Besatzer noch nicht genug gelitten hatten, würden sie unter ihrem Befreier noch mehr leiden! Ein schlimmeres Schicksal traf russische Soldaten, die sich ergeben und vom Angreifer hatten gefangen nehmen lassen. Bei der Befreiung wurden Tausende dieser Männer auf Befehl Stalins erschossen. Auch die Zahl der weiblichen Gefangenen oder Zwangsarbeiterinnen wuchs. Die meisten von ihnen waren zwischen 18 und 20 oder 50 bis 55 Jahre alt. Schwartz hatte sich mit einer Frau angefreundet, die in der Kantine arbeitete, und fragte Leonardo, ob er sie in ihre Hütte einladen dürfe. Für Leonardo war das in Ordnung, es ging ihn eigentlich nichts an, er wollte es nur im Voraus wissen, damit er in der Baracke bleiben konnte. „Großartig," sagte Schwartz, „sie hat auch eine Freundin, die ich dir gerne vorstellen würde."

Und so traten Claudia und Martha in ihr Leben. Beide waren Wolgadeutsche, doch wussten weder die Mädchen noch ihre Eltern viel über ihre deutsche Herkunft bis auf die Tatsache, dass ihre Vorfahren auf Einladung Katharinas der Großen, selbst deutscher Herkunft, aus Deutschland gekommen waren. Kurz vor Beginn des Krieges waren sie alle in Lager nach Sibirien transportiert worden. Viele von ihnen waren in Zwangsarbeitslager gekommen.

Es gab manchmal lustige Szenen bei der Arbeit. Eine neue Zwangsarbeiterin kam dazu, eine Wolgadeutsche namens Maria Iwanowna oder Mary. Mary konnte ein bisschen Englisch, doch sowohl sie als auch Anna waren verblüfft, dass im Englischen der Begriff *„pig's head"* (Schweinekopf) für eine bestimmte Art von Ventil gebraucht wird. Leonardo war ebenfalls erstaunt und schlug vor, dass sie sich die Originalkiste, die sich noch auf dem Verladeplatz befand, ansehen sollten. Das Teil wurde gefunden und als Leonardo es in den Händen herumdrehte, erkannte er, dass es in der Form einem Schweinekopf ähnelte. Sein Gelächter rief die beiden hinzu und eine nähere Betrachtung endete mit dem Kommentar: „Diese verrückten Amerikaner."

Im Herbst 1944 verbesserte sich die Lebensqualität der Zwangsarbeiter beträchtlich. Manche, wie Leonardo und Schwartz, waren fast freie Männer. Sie durften jederzeit in die Stadt oder auf den Markt gehen, wenn sie nicht arbeiteten. Sie hatten Geld in der Tasche und, am allerbesten, sie hungerten nicht. Die Hütte Damiano-Schwartz war eine freundliche, wenn auch nicht extrem komfortable Zuflucht. Selbst im Lager fand eine allgemeine Liberalisierung statt. Eine der größeren Baracken wurde repariert und in ein Kino umgewandelt, das zwei Abende in der Woche geöffnet hatte.

Eines Abends, nach einer Zwangsvorstellung des Lagerkommandanten, der eine sehr lange Rede über die Siege an der Front und den Heldenmut der kämpfenden Männer hielt, luden Leonardo und Schwartz Claudia und Martha ins Kino ein. Ein großartiger Abend! Jascha kannte Martha bereits, doch er wusste nicht, dass Leonardo Claudia kennen gelernt hatte, die ihm eines Nachts spät etwas zu essen serviert hatte, obwohl die Kantine schon geschlossen war. Sie hatten viel Spaß an diesem Abend und lachten zusammen über jede Kleinigkeit. Danach begleiteten sie die Mädchen bis zu ihren Baracken. Am nächsten Morgen erzählte Jascha Leonardo, dass Claudia gefragt habe, ob er etwas zu waschen habe.

Diese plötzliche Häuslichkeit ging Leonardo ein bisschen auf die Nerven. Er eilte zur Arbeit, wo für eben neu angekommene Ausrüstung eine Übersetzung der Bedienungsanleitung gebraucht wurde. Sowohl Anna als auch Mary waren damit beauftragt und beide schienen empfindlich zu reagieren, wenn Leonardo der anderen mehr Zeit widmete. Anna war etwa 27 Jahre alt, außerordentlich höflich und ein wenig spröde und lebte in der Stadt Tscheljabinsk. Schließlich fasste sie sich ein Herz, um Leonardo für den kommenden Sonntag zu sich nach Hause einzuladen. Es war ihr Geburtstag und da sie in der Gegend sonst keine Freunde habe, würde sie sich über seine Gesellschaft freuen. An diesem Sonntag überschlug Leonardo das Frühstück in der Kantine und fuhr direkt in die Stadt. Unterwegs kaufte er auf dem Markt Blumen und einen farbenprächtigen Schal als Geschenk für Anna. Er kam zur verabredeten Zeit an der Bushaltestelle an und da stand Anna und wartete auf ihn, mit leuchtenden Augen und einem strahlenden Lächeln im Gesicht. Sie nahm seine Hand und sagte: „Meine Güte, du bist immer so pünktlich in allem, was du tust." Als sie bei ihrem Haus anlangten, setzte sie hinzu: „Hier sind wir, zweiter Stock, und Mama und Papa warten schon auf uns." Leonardo fragte, ob er der einzige Gast sei, und sie erwiderte, dass noch einige Nachbarn und Freunde ihrer Eltern kämen. Leonardo dachte bei sich, kaum vorstellbar, er war Zwangsarbeiter und hier durfte er das Vergnügen eines normalen Familienfestes erleben.

Es gab ein kleines Festessen und es wurde zu altmodischen Liedern aus einem alten Plattenspieler getanzt. Leonardo versicherte Anna, dass er das Fest genieße, als er mit ihr tanzte. Sie drückte die Hoffnung aus, „dass wir dich häufiger bei uns zu Hause begrüßen dürfen." Das „Wir" ließ ihn überlegen, ob es mit ihren Eltern Gespräche über ihn gegeben habe. Inzwischen nannten sie sich beim Vornamen. Bald ging es auf die

Sperrstunde in den Baracken zu. Anna bestand darauf, ihn zum Bus zu begleiten. Während der Fahrt überlegte er, ob er zu den Baracken im Lager zurückkehren oder die Nacht in ihrer Hütte verbringen solle, die viel näher bei seiner Arbeitsstätte lag.

Als er sich der Hütte näherte, sah er Licht und freute sich schon auf Jaschas Gesellschaft. Doch seltsamerweise war die Tür verriegelt. Als er anklopfte, hörte er Jascha fragen, wer da sei. „Teufel, erkennst du meine Stimme nicht mehr?", scherzte Leonardo. Die Tür flog auf und fröhliches Lachen und mädchenhaftes Kichern begrüßten ihn. Am Tisch saßen Martha und Claudia, umgeben von Speisen und Getränken. Alle umarmten ihn, während sie erklärten, dass sie ihn den ganzen Tag gesucht hätten. Als Claudia seinen Teller mit Fleisch, Tomaten und Gurken füllte, schenkte Jascha vier Gläser Wodka ein. Plötzlich verschwand die ganze Welt außerhalb dieser Hütte. Der Krieg existierte nicht mehr, es gab kein Zwangsarbeitslager oder bewaffnete Wachen mit Hunden. Es gab nur noch die beiden Paare. Sie feierten bis ein Uhr morgens, als sie beschlossen, etwas zu schlafen, weil es bald Zeit zum Aufstehen und zur Arbeit sein würde. Leonardo löschte das Licht. Im Dunkeln zog er Claudia zu seiner Pritsche und fragte, ob sie lieber zur Wand oder zum Zimmer hin schlafe. „Wo auch immer du mich hinsteckst", antwortete sie. Sie zogen sich hastig aus und sprangen ins Bett. Wie lang war es her, dass er eine nackte Frau in den Armen gehalten hatte! Schon früher an diesem Abend, als er mit Anna tanzte, hatte er die Wärme ihres Körpers gespürt und sich nach ihr gesehnt, doch er hatte sich beherrscht. Nichts hielt die Flut auf. Sein Bedürfnis nach sinnlicher Liebe war überwältigend. Sie lagen sich noch in den Armen, als sie wie Kinder in einen tiefen Schlaf fielen. Morgens weckte sie ein Gespräch von Jascha und Martha. Alle standen auf, gingen nach draußen zum Waschbecken, zogen sich an und brachen auf, um zur Arbeit zu gehen. Bevor sie sich verabschiedeten, legte Claudia die Arme um Leonardo und sagte: „Vergiss nicht, ich liebe dich und du bist mein." Die vier hielten inne für ein schnelles kleines Frühstück mit heißem Tee und dann ging es zur Arbeit.

Im Büro machte Anna sich Vorwürfe, weil Leonardo an diesem Morgen so müde aussah. Sie war neugierig, was Leonardo über ihre Eltern und den Abend dachte. Er mochte Anna und wollte bei der Arbeit ein gutes Verhältnis zu ihr haben, doch dabei wollte er es belassen. Claudia war eine andere Sache. Sie hatte ebenfalls einen Pass und konnte im Lager nach Belieben kommen und gehen. Für sie machten sie einen Schlüssel zur Hütte nach und manchmal, wenn Leonardo zur Hütte kam, sah er, wie aufgeräumt alles war und dass seine Sachen gewaschen und gebügelt waren. Sie kümmerte sich ganz besonders um ihn. Sie verbrachten jedes Wochenende zusammen in der Hütte.

Monate vergingen und eines Abends wandte sich Claudia zu ihm und sagte: „Leonardo, weißt du, ich werde ein Kind bekommen." Überrascht sah er sie an: „Was? Unter diesen Bedingungen im Lager?" Claudia erklärte dann, dass sie bei der Bestätigung der Schwangerschaft durch den Lagerarzt freigelassen werde. Sie habe die ganze Zeit schon vorgehabt, schwanger zu werden, da sie wusste, dass schwangere Frauen entlassen wurden. Sie hatte ihre Eltern ausfindig gemacht, die weit im Norden in der Tumanskaja-Region lebten, und wollte nach ihrer Freilassung zu ihnen zurückkehren. Sie versicherte Leonardo, er müsse sich keine Sorgen machen; sie schätze sich glücklich, sich so einem guten Mann anvertraut zu haben, und sei froh, dass gerade er ihr Weg zur Freilassung gewesen sei. Sie schloss: „Ich habe dich geliebt und werde dich nie vergessen, ich hoffe, du gibst mir ein Foto von dir, damit dein Sohn, wenn er aufwächst, ein Bild seines Vaters sehen kann." Der wirkliche Hintergrund ihres Handelns, so klar vorausgeplant, schockierte Leonardo zunächst. Doch er sah ein, dass Claudia, wie Hunderttausende von Frauen im vom Krieg zerrissenen Russland, ihren eigenen Weg fand, mit den Realitäten umzugehen. Er wusste, dass sie sich bald trennen würden, da der Krieg seinem siegreichen Ende entgegenging und man die Lager hoffentlich verkleinerte und das Leben zu so etwas wie Normalität zurückkehren werde.

Bei der freudigen Nachricht von der Besetzung des Reichstags in Berlin durch sowjetische Truppen und der Kapitulation des Dritten Reiches läuteten alle Kirchenglocken und die Lagersirene heulte, während die Lagerinsassen und die Einwohner von Tscheljabinsk zum Feiern auf die Straßen schwärmten. Für diejenigen, die noch im Gefängnis oder im Arbeitslager saßen, lautete die offensichtliche Frage: Wann würde man sie freilassen? Es stand nicht so bald bevor, wie sie hofften. Es schien, dass das Regime und das MWD noch andere Pläne hatten. Eine baldige Entlassung hätte bedeutet, dass der Bau gewaltiger Industrieprojekte wie des Elektrizitätswerks und des Metallwerks eingestellt werden müsste. Also begannen die örtlichen Behörden auf Anregung des NKWD hin Druck auf die Insassen auszuüben, damit diese einen neuen Status annahmen – als Kontraktarbeiter. Die Arbeiter sollten für ihr Bleiben, wenn sie einen

Vertrag für einen bestimmten Zeitraum abschlossen, Arbeitsgenehmigungen für Freie bekommen und einen bescheidenen Lohn und bessere Lebensmittelrationen erhalten. Manchen bot man sogar an, ihre Familien nachzuholen. Es ist überflüssig zu sagen, dass solche Vorschläge nicht gut ankamen, ebenso wenig wie die Ausstrahlung von Malenkows Rede in Moskau, in der er den Leitern der örtlichen Behörden die Verantwortung für die Mobilisierung von Arbeitskräften für die neuen Bauprojekte in ihren Gebieten übertrug. Die Lagerinsassen waren außer sich. Sie wollten nach Hause!

Also wurden andere Mittel und Wege gefunden, die Häftlinge festzuhalten. Manche wurden freigelassen, doch nur mit einem provisorischen Pass und einer Lebensmittelkarte für nur einen Monat. Selbst das war besser als nichts. Leonardo, der unbedingt Sammy sehen wollte, begab sich also zum Leiter der Zweiten Abteilung des NKWD (dessen Namen Leginow er sich gemerkt hatte). Nachdem dieser sich Leonardos Wunsch, einen Monat zu Hause zu verbringen, angehört hatte, erwiderte er: „Damiano, Sie wissen, dass Sie noch zum Mobilisierten Arbeitsbataillon gehören, und wir können nicht alle nach Hause gehen und die Arbeit an diesen wichtigen Projekten liegen lassen. Für diesen Monat ist die Quote für Heimurlauber bereits erfüllt. Im nächsten Monat werden wir Ihren Fall überprüfen, vorausgesetzt, Ihr Vorgesetzter bei der Arbeit unterschreibt eine Bestätigung, dass er Sie entbehren kann." Damianos Chef entsprach dem schnell und rief Anna, die auch als Sekretärin arbeitete, herein, um die Autorisierung zu schreiben. Nachdem der Chef gegangen war, zog Anna Leonardo zur Seite: „Also verlässt du uns?" Er erklärte, dass er, selbst wenn er ginge, nach einem Monat wieder zurück sein müsse. Aber sie sprach weiter auf ihn ein: „Warum bleibst du nicht einfach hier? Jeder mag und respektiert dich, und wenn der Bau vollendet ist, werden sie froh sein, dich für die Produktion hier zu haben." Leonardo erzählte von seinem Wunsch, wieder in der Wagenproduktion zu arbeiten, die ihm so vertraut sei, und außerdem wäre er in seiner zeitweiligen Rolle ohne Annas gute russische Formulierungen nicht zurechtgekommen. Er dankte ihr und sagte, er müsse sofort seine Papiere ausstellen lassen.

Beim NKWD bearbeitete man seine Papiere, doch erinnerte man ihn, dass seine „Ferien" erst in einem Monat begännen. Das bedeutete einige Nächte mehr mit Claudia, deren Freilassung ebenfalls gerade bearbeitet wurde, da die Ärzte ihre Schwangerschaft bestätigt hatten. Sie freute sich auf Zuhause, ein Zuhause, das sie noch nicht kannte, aber das ihre Eltern jetzt Daheim nannten. Ende Juli händigte der NKWD Leonardo seinen Personalausweis und provisorische Lebensmittelkarten aus. Damit fuhr er nach Tscheljabinsk, um die Zugfahrkarte nach Gorki zu kaufen. Als er den Bahnhof verließ, hielt ihn ein Milizionär an, um seine Papiere zu überprüfen, weil es viele gab, die ohne Erlaubnis nach Hause zu reisen versuchten. Nach dem Abschied im Büro und einem wehmütigen „Auf Wiedersehen" von Anna, die immer noch auf seine Rückkehr hoffte, ging Leonardo zu Claudia, um sich zu verabschieden. Er war beruhigt, dass sie in eine besondere Frauenklinik verlegt wurde, um sicherzustellen, dass ihre Verfassung die Reise nach Hause erlaubte. Nach so vielen Toten in den Säuberungen und dann im Krieg wollten die Sowjets sichergehen, dass die Frauen gesunde Kinder bekamen. Leonardo hatte beschlossen, vor der Heimkehr nach Gorki in Moskau Station zu machen, wo er einige Freunde aus Italien zu finden hoffte, die ihm vielleicht behilflich sein konnten, eine endgültige Freilassung zu erwirken. Da er in Moskau kein Glück hatte, nahm er den nächsten Zug nach Gorki.

Es war ein Sonntagmorgen in der ersten Juniwoche des Jahres 1946, als er das Amerikanische Dorf betrat. Glücklicherweise fand er Elsie und Sammy zu Hause. Er machte sich große Sorgen darüber, dass der nun vierzehnjährige Sammy mit einer Menge anderer Jugendlicher herumhing, deren Väter entweder im Gefängnis, im Arbeitslager oder noch an der Front waren. Diese Jugendlichen hatten ständig Ärger – von Prügeleien in der Schule bis hin zu kleinen Ladendiebstählen. Zwar begrüßte Sammy seinen Vater herzlich, doch sobald Leonardo seine elterliche Autorität auszuüben versuchte, widersetzte sich Sammy. Selbst Leonardo teilte die Zweifel seines Sohnes, dass er nach so langer Zeit wieder seine Rolle als Vater übernehmen könne.

Im GAZ sah er vor allem neue Gesichter, doch einige alte Freunde in leitenden Positionen versicherten ihm, dass bei seiner Freilassung seine alte Stelle auf ihn warte. Im Dorf waren wenige aus der alten Gruppe übrig. Er hatte gehört, dass sein Freund Rizzoli es geschafft habe, im Rahmen eines Austausches von Kriegsgefangenen nach Italien zurückzukehren. Buzzacchero und seiner Familie war es ebenfalls gelungen, nach Turin zurückzukehren, wo er bei FIAT arbeitete. Nur Luisa Marcelli und Elsie und Sammy waren geblieben.

Um seine Freilassung sicherzustellen, musste Leonardo die lange Reise zurück nach Tscheljabinsk jenseits des Ural machen. Sofort nach seiner Ankunft ging er direkt zum NKWD und legte die offiziellen Dokumente von seiner alten Arbeitsstelle GAZ vor. Als er die Papiere las, sagte der NKWD-Leiter: „Ach, die können Briefe schreiben, wie sie wollen, doch die Entscheidung wird hier getroffen." Dies gehörte zur Strategie des NKWD und der lokalen Behörden, die Arbeitskräfte so lange wie möglich durch Überredung, kleine Bestechungen, Drohungen und schlichte bürokratische Hindernisse und Papierkrieg aufzuhalten. Großer Druck wurde auf Leonardo ausgeübt, bei seiner Arbeit als Übersetzer zu bleiben, und er vermutete, dass auch Anna aus persönlichen Gründen die Hand im Spiel hatte. Doch Leonardo hatte sich fest vorgenommen, zu einem normaleren Leben zurückzukehren. Aber Woche um Woche verstrich ohne Auskunft vom NKWD. Es gab Gerüchte, dass viele es geschafft hätten, einfach zu verschwinden, doch Leonardo wollte eine offizielle Freilassung. Wiederholt fragte er beim Büro des NKWD nach.

Schließlich hatte er Glück. An diesem Tag musste eine Besprechung der höheren Chargen stattfinden, denn die Sekretärin war allein. Sie erinnerte sich an Damiano und gab ihm einen Wink, ihr in einen angrenzenden Raum zu folgen, wo sein Pass bereit lag. Sie forderte ihn auf, diesen zu nehmen und zu gehen, aber niemandem davon zu erzählen. Er nahm seinen Pass, küsste ihr dankbar die Hand und war fort. Später, im Zug nach Gorki, traf er andere, die ähnliche Geschichten von seit Wochen bereit liegenden und von den lokalen Behörden zurückgehaltenen Pässen zu erzählen hatten. Bevor er abreiste, wollte er sich von Giuseppe Marcelli verabschieden, doch dieser war nicht zu finden. Jahre später erfuhr er, dass der junge Musiker freigelassen worden war und sich in Frunse, der Hauptstadt Kirgisiens, angesiedelt hatte, wohin ihm seine Mutter Luisa gefolgt war. Bevor er zum Zug ging, versuchte Leonardo ein letztes Mal, Claudia zu finden, doch in der Kantine fand er nur Martha, die berichtete, dass Claudia entlassen worden sei und nun bei ihren Eltern lebe. Sie habe keine Adresse hinterlassen, da sie anscheinend mit diesem Kapitel ihres Lebens abschließen wolle. Leonardo hörte nie wieder von ihr, doch er erinnerte sich an ihren vollen Namen: Claudia Fahrenbruk. Martha blieb bloß Martha.

Er fuhr wieder über Moskau nach Hause, um für sich und seine Familie die Rückkehr nach Italien zu erwirken. Wenn auch die Partei kein Interesse zeigte, gab es doch die MOPR, die internationale Hilfsorganisation, die sich seiner annahm und ihm half, die nötigen Papiere zu beschaffen. Die Rückkehr zur Arbeit im GAZ hieß nicht gleich eine Rückkehr zur Normalität. Sammys Schwierigkeiten mit seiner Clique lagen ihm auf der Seele. Er flehte seine Vorgesetzten an, für seinen Sohn eine Lehrstelle in der Abteilung zu finden, und hatte damit Erfolg. Sammy allerdings war nicht froh über die Neuigkeit und protestierte, was Leonardo so erzürnte, dass er die Beherrschung verlor und seinen Sohn heftig züchtigte. „Morgen früh gehst du mit mir in die Fabrik!", befahl er seinem Sohn, und damit stürmte er aus dem Haus, um etwas frische Luft zu schnappen und sich zu beruhigen.

Sammy meldete sich zur Arbeit, doch er hätte schnellere Fortschritte gemacht, wenn er sich in der Schule mehr Mühe gegeben hätte. Ein kritischer Punkt wurde erreicht, als Sammy ankündigte, dass er wieder ganztags zur Schule gehen wolle. Leonardo war sich sicher, dass dieser Schritt Sammy wieder unter den Einfluss seiner Clique bringen würde, setzte daher seine elterliche Macht ein und sagte: „Nein, du wirst weiter in der Fabrik arbeiten und wenn du willst, kannst du die Abendschule besuchen." Dieser schmerzhafte Kompromiss setzte sich schließlich durch. Sammy machte schließlich sogar das Abendkolleg.

Das Familienleben ging nun in geordneteren Bahnen, Sammys Zukunft sah heller aus und im Dorf fehlten seine früheren Bekannten. Leonardos Gedanken kreisten zunehmend um die Rückkehr in sein Herkunftsland. Seine Kontakte in Moskau hatten nichts bewirkt und das Schweigen der Führung der italienischen Kommunistischen Partei, besonders Togliattis und seines Schwagers Robbotti, die die Entbehrungen und das Leid der Italiener in Russland kannten, erbitterte Leonardo noch mehr. Er erinnerte sich wehmütig daran, wie 1935 das sowjetische Außenministerium alle Italienerinnen und Italiener informiert hatte, dass sie ihren italienischen Pass aufgeben und die sowjetische Staatsbürgerschaft annehmen sollten (dies galt ebenso für Menschen anderer Nationalitäten). Viele waren wie Leonardo dagegen gewesen, weil sie die feste Absicht hatten, nach der Niederlage des Faschismus nach Italien zurückzukehren. Trotzdem instruierte sie der Leiter der Parteizelle im Dorf, Mario Mari (Mario Farinin), der später in Italien zum Senator gewählt wurde: „Die Partei hat entschieden, dass ihr alle die sowjetische Staatsangehörigkeit annehmen sollt, und wenn die Zeit kommt, nach Italien zurückzukehren, werden wir dafür sorgen, dass ihr eure italienische Staatsbürgerschaft zurückerhaltet." Im Rückblick schloss Leonardo, dass es sehr dumm gewesen war, sich auf dieses Versprechen des Mitglieds ihres Zentralkomitees zu verlassen. Obwohl niemand schriftlich die sowjetische Staatsangehörigkeit beantragt hatte, stellte man sie vor vollendete Tatsachen. Zwanzig Jahre später, im Jahr 1965, erhielt Leonardo endlich die Erlaubnis, in sein Geburtsland Italien zurückzukehren.

Kapitel 12

Die Jahre nach dem Zweiten Weltkrieg waren eine schwere Zeit für die Sowjetunion. Die gewaltigen Schäden, die mit der Besatzung durch die Nazis und den darauf folgenden Schlachten zur Zurückdrängung der deutschen Armee einhergingen, wieder zu beheben, brauchte Jahre und in mancher Hinsicht erholte sich die Sowjetunion nie vollständig von der Verwüstung.

Dieses Kapitel vermittelt wie andere Quellen über diese Zeit den Eindruck, dass das Ende des Krieges bei vielen in der Sowjetunion die Hoffnung weckte, dass nun endlich die langen Jahre voller Opfer, Unterdrückung und Angst zu Ende gehen würden. Für viele bedeutete der Sieg im Krieg eine Art Rechtfertigung oder wenigstens einen Ausgleich für alles, was sie durch das Regime erlitten hatten. Viele glaubten, dass mit dem Ende der Bedrohung durch die Nazis und dem neuen Status der Sowjetunion als „Supermacht" neben den Vereinigten Staaten Stalin endlich entscheiden würde, seine strenge Kontrolle über die Gesellschaft und das politische System zu lockern. Obwohl alle eine „Rückkehr zur Normalität" wünschten, blieb unklar, was Normalität in einem Land bedeuten könne, wo die Zeit unmittelbar vor dem Krieg fast so mörderisch gewesen war wie der Krieg selbst.

Vom Standpunkt des Regimes betrachtet, hatte der Zweite Weltkrieg einige Probleme gelöst und dafür andere neu geschaffen. Im Inneren stellte sich die Frage des Wiederaufbaus, was für die Fähigkeit der Sowjetunion, die Rolle einer Großmacht zu übernehmen, von entscheidender Bedeutung war. Doch vieles, was während der forcierten Industrialisierungskampagne der dreißiger Jahre aufgebaut worden war, lag nun in Trümmern. Hinzu kam, dass das Regime durch die Wirren des Kriegs die Bevölkerung weniger unter Kontrolle hatte als zuvor. Auf internationaler Ebene hatte der Krieg zwar eine Gruppe von Feinden ausgeschaltet, doch an ihrer Stelle fand Stalin nun einen neuen und energischen Gegner in den Vereinigten Staaten. Auch das neue Reich der Sowjetunion in Osteuropa erforderte Einsatz und im Südosten der UdSSR entstand eine revolutionäre Situation in China.

Aus all diesen Gründen kamen die erwartete Entspannung und „Rückkehr zur Normalität" nie wirklich zustande. Zwar gewannen die

Säuberungen nie wieder die gleiche Intensität wie in den dreißiger Jahren, doch Verbannungen und Verhaftungen wurden ebenso weiter eingesetzt wie die drakonischen Gesetze in Bezug auf alles, was (den Arbeitnehmern, d. Ü.) als Fehlen oder Verspätung am Arbeitsplatz angekreidet werden konnte. Stalins andauernde Besessenheit von Gedanken an potentielle Gegner und ihre Beherrschung trat in der Behandlung der Soldaten, die nach dem Krieg aus deutschen Gefangenenlagern zurückkehrten, zu Tage. Statt sie als Helden zu begrüßen, betrachtete Stalin sie als „kontaminiert" durch ihren Kontakt mit dem Westen und Tausende von ihnen gerieten in die Lager. Und schließlich, wie Reuther in diesem Kapitel beschreibt, ist nun relativ sicher nachgewiesen, dass Stalin im Jahr vor seinem Tod 1953 eine weitere umfassende Säuberung plante, die sich gegen die Kommunistische Partei und die staatlichen Eliten, die vor und während des Kriegs in ihre Machtpositionen aufgestiegen waren, richten sollte.

P.T.C.

Kapitel 12
Rückkehr zur Normalität

Während die Siegesfeiern ausklangen, kümmerten sich die von der Front, aus Zwangsarbeitslagern und Gefängnissen Heimkehrenden trotz der andauernden Versorgungsschwierigkeiten und Knappheiten vor allem darum, die abgebrochenen Kontakte zu ihren Familien wieder herzustellen. Das Amerikanische Dorf in Gorki, einst ein blühendes Zentrum der internationalen Kultur und des politischen Optimismus, war völlig dezimiert. Die verschiedenen Wohneinheiten, deren eine von Finnen, eine andere von Italienern, eine größere und neuere von Deutschen und Österreichern und noch später von einer Kommune von Spaniern bewohnt worden waren, wurden nun allmählich von einer wachsenden Gruppe russischer Techniker und ihrer Familien übernommen. Die meisten noch im Dorf lebenden Ausländerinnen und Ausländer zogen in das Dorf Sozgorod (Sozialistische Stadt), das größte Wohngebiet für die GAZ-Arbeiterinnen und -Arbeiter, von wo aus man die Fabrik gut zu Fuß erreichen konnte.

Eine von ihnen war Laura Albertini, die Witwe des verschollenen Alcide Vomero. Sie war bei schwacher Gesundheit und versuchte, sich ihren Lebensunterhalt mit Näharbeiten zu verdienen. Die Familie Buzzacchero nahm sie auf, als sie so krank wurde, dass sie das Bett nicht mehr verlassen konnte. Als die Buzzaccheros nach Italien zurückkehrten, hielten Laura nur noch Leonardos gelegentliche Besuche aufrecht – zumindest seelisch, wenn nicht körperlich. Um sich ein paar dringend benötigte Rubel zu beschaffen, hatte sie Leonardo gebeten, eine amerikanische Waschmaschine, die sie von den Buzzaccheros geerbt hatte, zu verkaufen. Doch wer konnte sich bei der herrschenden Lebensmittelknappheit schon so einen Luxusgegenstand leisten? Leonardo kümmerte sich um Laura, bis sie starb, organisierte ihre Beerdigung auf einem nahegelegenen Friedhof und benachrichtigte ihre überlebenden Angehörigen in Udine in Italien. Leonardo erbte sowohl die Waschmaschine als auch die Nähmaschine. Elsie nutzte diese, um für die Krankenstation im Dorf Wäsche zu waschen und damit Geld zu verdienen.

Das Leben im Dorf war sehr einsam für die Damianos. Glücklicherweise hatte Sammy seine persönlichen Probleme überwunden und arbeitete hart, um am GAZ eine Ausbildung zum Facharbeiter zu machen, während er die Abendschule besuchte, um seine akademische Bildung zu vertiefen. Als es Sommer wurde, pflanzte die Familie einen Garten voll Gemüse an, zog ungefähr 15 Hühner und sogar eine Sau auf. Etwas zu essen kam auf den Tisch! Elsie befasste sich mehr mit dem Haushalt und machte sogar Würste aus dem Schwein, das sie aufgezogen hatten. Doch trotzdem war ihr Lebensstandard niedriger als bei ihrer Ankunft im Jahr 1933 (und weit niedriger als ihr Lebensstandard 1933 in den USA).

Für Leonardo war der Verlust seines Glaubens an das Versprechen der Sowjetunion viel schlimmer als die zögerliche Erholung. Er und seine Arbeitskollegen hatten ihr Bestes getan und alles geopfert, um die Aufgaben und Quoten, die man ihnen stellte, einzuhalten oder überzuerfüllen. Ihr Engagement für den sozialistischen Staat stand außer Frage, doch man war ihnen mit ständigem Misstrauen, offenen Verdächtigungen und schließlich Verrat durch Verhaftungen, Verschwindenlassen und Verbannung in entlegene Gebiete begegnet. Innerlich waren ihre Hoffnungen verbraucht und ihnen blieben nur wachsende Zweifel an allem, was offiziell in der Sowjetunion verlautbart wurde. Die Bewegung, in die sie so viel Vertrauen gesetzt hatten, wurde unter Stalin gespalten, der viele gut demokratische und sozialistische Elemente als „Sozialfaschisten" brandmarkte. Stalins Politik gegenüber diesen Kräften war es, sie so wütend zu bekämpfen, als ob es Nazis, Anhänger Francos oder Mitglieder der Partei

Mussolinis seien. Damiano zog sich, wie so viele andere, in einen noch kleineren Kreis von Angehörigen und engen Freunden zurück. Sammy sorgte mit der Nachricht, dass seine Freundin Lida von ihm schwanger sei, für seine eigene Variante einer Schocktherapie. Leonardo hegte keinen Zweifel daran, dass Sammy verpflichtet war, ihr die Heirat anzubieten, vor allem weil sie eine Waise war und mit ihrem jüngeren Bruder Wolodja in einem Zimmer lebte. Leonardo machte einen entfernten Onkel von ihr ausfindig und ein Hochzeitstermin wurde festgelegt. Alle Erledigungen und die Rechnungen für das Essen und den Wodka blieben an Leonardo hängen. Der Onkel kam mit leeren Händen und mit einer Horde so genannter Verwandter im Schlepptau, deren einziger Beitrag ihr enormer Appetit und später eine Schlägerei im Suff waren.

Ohne es mit Leonardo zu besprechen, gaben Lida und Wolodja ihr Zimmer in Sozgorod auf, verkauften alle Möbel und zogen zu den Damianos. Jetzt waren sie zu fünft in einem zwölf Quadratmeter großen Zimmer. Leonardo verbrachte die erste Nacht auf dem Fußboden. Als Leonardo herausfand, dass Wolodja seine und Lidas Matratze für 20 Rubel an einen Nachbarn verkauft hatte, schluckte er seinen Stolz hinunter, ging mit einem Zwanzigrubelschein geradewegs zu dem Nachbarn und forderte sie zurück. Also teilten sich nun Wolodja und Lida die Matratze auf dem Fußboden. Nach einigen Monaten kam Sammys und Lidas Kind zur Welt, ein Junge, den sie Leonardo nannten.

Dass in einem Zimmer fünf Erwachsene und ein Säugling leben, ist schwierig genug, wenn alle miteinander auskommen, doch weil das Verhältnis zwischen Leonardo und Elsie nie wieder wie zwischen Ehemann und Ehefrau geworden war, gab es Spannungen. Elsie rauchte weiterhin viel und malte sich die Lippen an, was eine Ursache für Auseinandersetzungen und Streit war. Dazu kamen bei einem sehr eingeschränkten Einkommen finanzielle Schwierigkeiten. Elsie arbeitete nicht mehr in der Fabrik und es schien, dass sie das Haushaltsgeld für Kleider ausgab, die sie einmal trug und dann in die Ecke warf. Wie zuvor für Sammy, besorgte Leonardo auch für Wolodja eine Lehrstelle in der Abteilung für Holzverarbeitung. Dies besserte die finanzielle Situation nicht viel, denn weder Sammy noch Wolodja leisteten je einen Beitrag zum Garten oder zur Versorgung des Kindes. Und auch Elsie schien nicht mehr zu ändern zu sein. Leonardo versuchte alles, um seinen kleinen Lohn zu strecken. Er übernahm sogar den größten Teil des Lebensmitteleinkaufs. Doch Elsie lieh sich, wie schon in vergangenen Jahren, heimlich Geld bei den Nachbarn.

Leonardo stand kurz vor einem Zusammenbruch und dachte ernsthaft über eine Stelle in den neuen Autowerken in Kutaisi in Georgien nach, wo erfahrene Arbeiter gesucht wurden. Sein früherer Nachbar aus dem Dorf, John Rushton, war bereits zur Arbeit dorthin gezogen. Während dieser Überlegungen ergab sich noch eine weitere Möglichkeit – bei den ZIL-Autowerken in Moskau. Leonardos Kollege, der Assistent des Leiters der Entwurfsabteilung, wurde als Leiter der Entwurfsabteilung ans ZIL-Werk versetzt. Er fragte Leonardo, ob er ihn an die neue Arbeitsstelle begleiten wolle. Dies war ein sehr verlockendes Angebot, doch es blieben Zweifel. An erster Stelle kam seine Sorge um Sammy und dessen junge Familie. Es machte den Eindruck, dass Sammy niemals die Verantwortung als Vater und Erwachsener übernehmen würde, solange Leonardo da war. Sammy musste auf eigenen Füßen stehen. Elsie liebte Sammy und das Kind, trotz all ihrer sonstigen Fehler, und würde sich sicherlich um ihn kümmern. Und Wolodja musste dazu gebracht werden, gerecht seinen Teil beizutragen.

Doch es gab noch schwerer wiegende Bedenken. Würden die Repressalien und die Zwangsarbeit wieder einsetzen? Ominöse politische Entwicklungen zeichneten sich ab. Wie nach der Ermordung Kirows in Leningrad (historisch betrachtet dem Ursprungsort des Radikalismus), die die Säuberungen auslöste, die Millionen Menschen im ganzen Land mitgerissen hatten, hatte gleich nach dem Ende des Krieges eine weitere Welle von Säuberungen begonnen. Wieder begann es in Leningrad, dieses Mal mit dem Stellvertreter Schdanows und Helden der Verteidigung von Leningrad, Alexej Alexandrowitsch Kusnetzow. Obwohl Kusnetzow für seine Verdienste im Krieg die höchsten Auszeichnungen trug und Stalin ihn zum Sekretär des Zentralkomitees erhoben hatte, wurde er plötzlich von diesem prestigeträchtigen Posten entfernt und verhaftet. Mit ihm traf es Popow und ungefähr 200 weitere Führungskräfte und Parteiaktivisten. Nach einem allzu vertrauten Muster bildete die Säuberung in Leningrad erst den Anfang.

Im Januar 1953 meldete TASS (die offizielle sowjetische Nachrichtenagentur), dass eine Verschwörung der Ärzte, die die Staats- und Parteiführung behandelten, entdeckt worden sei. Diese „terroristische Vereinigung" wurde beschuldigt, in absichtlicher und verbrecherischer Weise das Leben sowjetischer Führungspersönlichkeiten zu verkürzen. Die ersten Opfer waren die Ärzte A. A. Schadanow und A. S. Scherbakow. Die nächste Gruppe, einschließlich der Ärzte M. S. Wowsi, B. B. Kogan, A. I.

Feldman und A. M. Grinschtein, wurde angeklagt, von einem amerikanischen Geheimdienst gekauft worden zu sein, um sowjetische Führungspersönlichkeiten zu erledigen. Einer dritten Gruppe, einschließlich Winogradow, M. B. Kogan und B. G. Jegorow, warf man vor, sie seien Agenten des britischen Geheimdienstes, für den sie Missetaten verübten. Diese Anschuldigungen hatten einen antisemitischen Beigeschmack; viele der Ärzte waren jüdischer Herkunft. Die Anschuldigung, dass die ehemaligen Alliierten der Sowjets die führenden sowjetischen Ärzte aus der Klinik des Kreml rekrutiert hätten, um einen vernichtenden Schlag gegen das sowjetische Volk zu führen, erregte in der Presse rund um Welt große Aufmerksamkeit. Im Inneren schien eine mürrische und stumme Akzeptanz der Vorwürfe der sowjetischen Presse vorzuherrschen. Aber viele, die die Fähigkeit des NKWD, die Wahrheit zu verdrehen und einen Patrioten zu einem Feind zu erklären, persönlich erlebt hatten, schwiegen und nahmen eine abwartende Haltung ein. Dies traf sicherlich auch für Damiano zu. Er wusste, dass der gesamte Apparat des NKWD noch intakt war und sich jederzeit gegen ihn persönlich in Gang setzen konnte. Die Zweifel, die er an den Ärzteprozessen hatte, behielt er für sich, damit keine Gefahr bestünde, dass eine Diskussion mit anderen ihn schon wieder ins Lager bringen könne.

Die Stalinschen Säuberungen nach dem Krieg beschränkten sich nicht auf die gut dokumentierten Ärzteprozesse. Besonders betroffen machte Stalins brutale Beseitigung des Sekretärs für Äußeres, Maxim Litwinow, der den Weg für die Anerkennung der Sowjetunion durch die USA gebahnt hatte und der Architekt der Allianz mit dem Westen während des Kriegs gewesen war. Nicht nur dieser kreative Geist, der ein Talent hatte, Brücken zu schlagen und Koalitionen zusammenzuschmieden, wurde aus der Führung geworfen und zu einem Niemand reduziert, sondern auch seine ebenso brillante Frau und Kollegin, Funktionärin der WOKS (Gesellschaft für kulturelle Beziehungen mit dem Ausland), wurde von ihrer Stellung entfernt und war zur Arbeit als Übersetzerin für den Progress-Verlag gezwungen. Unglücklicherweise erlebte Litwinow keine Genugtuung, denn er starb zwei Jahre vor Stalin im Jahr 1951. Jahre später gab es Berichte darüber, dass seine Tochter Tanja zwischen seinen Papieren 700 US-Dollar in bar gefunden habe. Keine riesige Summe und sicherlich nichts Ungewöhnliches bei einem ehemaligen Außenminister. Doch seine Tochter spülte im Bewusstsein, dass selbst der Besitz von 5 US-Dollar illegal war, und aus dem Wunsch, der Familie weitere Repressalien zu ersparen, alles die Toilette hinunter, ein Ausdruck für die Unsicherheit dieser Zeit. Damiano entschied angesichts der Zweifel über das Wohl seiner Familie und wegen der instabilen politischen Lage, zunächst im GAZ zu bleiben (um bloß keine Aufmerksamkeit zu erregen).

Josef Stalin, Generalsekretär der Kommunistischen Partei der UdSSR und als solcher Führer von Millionen in den weiten Gebieten der sowjetischen Republiken, starb im März 1953. Nach dieser Schocknachricht spielten alle Radiosender tagelang Trauermusik. Menschenmassen gingen weinend auf die Straße und beklagten den großen Verlust. Einige Menschen kamen im Gedränge zu Tode. Viele Menschen außerhalb der Sowjetunion waren erstaunt über diese öffentliche Bezeugung von Trauer um jemanden, der so viel Leid verursacht hatte. Doch die längste Zeit ihres Lebens waren die sowjetischen Bürgerinnen und Bürger mit staatlicher Propaganda bombardiert worden, in der alles Gute von Stalin herrührte und alles Schlechte mit seinen Gegnern in Verbindung gebracht wurde, so dass eine völlig verdrehte Sichtweise entstand. Sein Tod verursachte außerdem Unsicherheit und Angst, was ohne den Großen Stalin geschehen solle. Die Tatsache, dass das Politbüro eine kurze Zeit kollektiv und ohne eine starke Persönlichkeit an der Spitze regierte, steigerte diese Unsicherheit noch.

Das plötzliche Auftreten Nikita Chruschtschows als Generalsekretär der Partei überraschte die Außenwelt mehr als die sowjetischen Menschen, die es nicht gewohnt waren, befragt zu werden, wer ihr Land führen solle. Von sowjetischen Menschen wurde erwartet, geduldig zu warten, bis ein kleiner Kreis in der Partei die Entscheidung getroffen hatte und sie verkündete. Es lag sicherlich eine gewisse Ironie darin, dass Chruschtschow für die Nachfolge Stalins ausgewählt wurde. In früheren Jahren war er als Bauerntrampel behandelt worden, als Clown, dessen Rolle es war, die engsten Kreise zum Lachen zu bringen.

In späteren Jahren, als Chruschtschow die Vereinigten Staaten auf Einladung Präsident Eisenhowers besuchte, hatte ich die Gelegenheit, einen langen Abend in kontroverser Diskussion mit ihm und wichtigen Mitgliedern seines Stabs, einschließlich einer Delegation der Gewerkschaften, zu verbringen. Mein damaliger Eindruck von Chruschtschow, der von späteren Ereignissen verstärkt wurde, war der eines schlauen, mit allen Wassern gewaschenen Bauernjungen, der schnell das Verhalten der Parteibürokraten erlernt hatte. Seine Position in Parteikreisen war hoch genug, um aus erster Hand von vielen der brutalen Repressalien zu wissen, die Stalin, Jeschow und Berija anwandten. Er stand der Bauernschaft nahe genug, um den schrecklichen Preis zu kennen, den Millionen durch ihr Leid für die Zwangskollektivierung gezahlt hatten. Es gibt Hinweise darauf, dass er schwieg, obwohl er dies alles wusste, was ihn zu einem Komplizen bei diesen Gräueltaten machte.

Die Geschichte übersieht wohlwollend die Rolle Chruschtschows während der Stalinjahre wegen seiner späteren Initiative, die verhassten Zwangsarbeitsprogramme, unter denen Millionen litten, zu beenden und auch wegen seiner Befehle, Hunderttausende Unschuldiger aus dem Gefängnis zu entlassen. Was er jedoch nicht veranlasste, war die Auflösung des verhassten NKWD. Die Umstrukturierung zum KGB schwächte den Würgegriff über alle sowjetischen Behörden und Institutionen nur unwesentlich. Doch Chruschtschows Mut, den Mythos Stalin zu sprengen und die öffentliche Aufmerksamkeit auf seine Verbrechen zu lenken, verdient mit größter Sicherheit weltweiten Respekt und seinen Platz in der Geschichte. Ohne Chruschtschows Führung hätte es keine Zukunft für *Glasnost* oder *Perestrojka* gegeben.

Ich hatte genug Kontakt mit sowjetischen Beamten und Parteibossen, um zu wissen, dass keiner von ihnen leicht Kritik annahm – noch waren sie das Geben und Nehmen eines demokratischen Diskussionsverhaltens gewohnt. Doch Nikita Chruschtschow war kein Stalin. Als wir uns am 20. September 1959 im Mark-Hopkins-Hotel in San Francisco versammelten, wurde der Premier begleitet von seinem Übersetzer Suchodrew, dem Botschafter Menschikow, dem berühmten sowjetischen Schriftsteller Michajl A. Scholochow, dem Herausgeber der Zeitung *Iswestija*, Pawel A. Saljukow, seinem Schwiegersohn Alexej I. Adschubej und dem Vorsitzenden des Ukrainischen Wirtschaftsrates Nikolaj A. Tichonow.

Die US-Gewerkschaftsvertreter hatten mich gebeten, die Organisation des Abendessens zu übernehmen. Die Einladung kam dadurch zustande, dass Chruschtschow sich häufig der Presse gegenüber beklagt hatte, dass das US-Außenministerium ihm während seines Besuches nur die Möglichkeit gebe, Wirtschaftsvertreter zu treffen, während er mit amerikanischen Arbeitern sprechen wolle. Daraufhin bekam ich einen Anruf von Henry Cabot Lodge vom Außenministerium, der verantwortlich für den Besuch war und fragte, ob eine Delegation von US-Gewerkschaftlern zu einem Treffen mit Generalsekretär Chruschtschow und seinen Begleitern bereit sei. Ich rief meinen Bruder Walter an, der mir zustimmte, dass eine Einladung George Meanys, des Kopfs der AFL-CIO, eine negative

Reaktion hervorrufen könne. Meany war solch ein fanatischer Antikommunist, dass selbst eine Einladung des Präsidenten keinen Unterschied machen würde. Also führte Walter einige Telefongespräche und bald war eine Delegation von drei Vorsitzenden der AFL und dreien von der CIO zusammengestellt. Für das Essen verantwortlich zu sein, bedeutete mehr, als ein Menü zu planen. Ich hatte die Aufgabe, unterschiedliche internationale und innenpolitische Themenbereiche, die zu diesem Zeitpunkt zwischen den beiden Ländern umstritten waren, zu recherchieren. Ich vergewisserte mich, dass Fakten, Statistiken und Zitate von Vertretern beider Länder zur Unterstützung unserer Teilnehmer an der Diskussion ordentlich auf Karteikarten getippt wurden.

Ich hatte erfolglos versucht, Walter davon zu überzeugen, dass unserer Delegation ein eigener Übersetzer zur Verfügung stehen müsse. Walter bestand darauf, dass eine doppelte Übersetzung eine ohnehin schon heikle Situation noch mehr komplizieren würde. Außerdem glaubte er, dass ein Staatsoberhaupt es als Beleidigung verstehen könne, wenn man seinen Übersetzern nicht traue. Ich war da skeptischer. Und ich war bei vielen internationalen Konferenzen, wo beide Seiten ihre eigenen Übersetzer hatten. Doch Walter setzte sich durch. Wenige Minuten, bevor unsere Gäste eintrafen, hatte ich einen Geistesblitz, den ich sofort unserer Delegation mitteilte. Ich schlug vor, dass Walter und ich, da wir etwas Russisch konnten, unsere Gäste auf Russisch begrüßen sollten. Das wäre nicht nur sehr diplomatisch, sondern würde auch den Eindruck erwecken, dass wir mehr Russisch verstünden, als tatsächlich der Fall war. Durch dieses Manöver hoffte ich, eine größere Genauigkeit bei der Übersetzung zu gewährleisten.

In einer Szene wie in einem James-Bond-Film untersuchten Agenten der CIA und des KGB sorgfältig den Speisesaal und schauten hinter jedem Vorhang und hinter jedem Blumengesteck nach versteckten Aufnahmegeräten oder schlimmeren Bedrohungen, bevor unser Abend begann. In der Zwischenzeit entspannte sich unsere Delegation bei einigen Drinks. Schlag acht öffnete sich eine Tür und der Generalsekretär Chruschtschow trat an der Spitze seiner Gruppe ein. Mein erster Eindruck war, dass er von viel kleinerer Statur war, als Fotografien von ihm verrieten. Da ich der beste Linguist der Gruppe war, postierte ich mich am nächsten zur Tür. In dem Augenblick, als sie eintraten, streckte ich die Hand aus und sagte auf Russisch zur Begrüßung: „*Zdrawstwujte!*" Der Generalsekretär schien überrascht zu sein, denn er sagte: „Oh, Sie sprechen Russisch?" Ich antwortete wiederum in seiner Sprache: „Natürlich, Herr Generalsekretär. Haben Sie vergessen, dass ich zwei Jahre in Ihrem Land gearbeitet habe?" – „Wann?" erwiderte er sogleich, worauf ich sagte: „1934 bis 1935." Glücklicherweise fragte er als nächstes: „Und wo?" Ich hatte es mir gedacht, sah ihm gerade ins Auge und antwortete, immer noch in seiner Muttersprache: „Im Autowerk Gorki, das nach Molotow benannt ist. Heißt es immer noch so?" Bei diesem Satz wurde er blass vor Wut und schrie laut heraus: „*Njet*, heute heißt es nur Autowerk Gorki." Ich hatte eindeutig einen empfindlichen Punkt getroffen. Erst vor kurzem hatte Chruschtschow Stalins Vertrauten und Henkersknecht, den früheren Außenminister Molotow, entfernt und an einen entlegenen Ort in Sibirien verbannt.

So begann eine dreieinhalbstündige, offene Diskussion zwischen Vertretern freier, demokratischer Gewerkschaften und dem Oberhaupt der mächtigsten Autokratie der Welt. Trotz der Ernsthaftigkeit der diskutierten Themen und dem offensichtlichen Zusammenprall verschiedener Ideologien gab es viele freundschaftliche Trinksprüche von beiden Seiten. Als er über den Tisch schaute, bemerkte Chruschtschow, dass Walter (der im allgemeinen nicht trank) das Glas bloß an die Lippen hob. Er sprach ihn an: „*Gospodin* Walter", was nur Herr und nicht Genosse bedeutet, „was ist denn das? Sie legen ja nur ein Lippenbekenntnis zu diesen Trinksprüchen ab!" Walter ignorierte die ersten beiden scherzhaften Kommentare, doch als der Generalsekretär ein drittes Mal nachsetzte, stellte Walter sein Glas schwungvoll zwischen sich und sein Gegenüber auf den Tisch, sah ihm in die Augen und sagte scherzend: „Herr Generalsekretär, Sie sollten wissen, dass es, wenn die Revolution in diesem Land stattfindet, wenigstens einen nüchternen Gewerkschafter geben wird." Kein bloßes „*Gospodin* Walter" mehr, jetzt hieß es „Genosse Walter". Fairerweise muss ich hinzufügen, dass Walter ebenso verärgert über einige seiner eigenen Kollegen war, da manche von ihnen offensichtlich nicht mit den Russen mithalten konnten, was das Wodkatrinken betraf.

Der Abend war für Chruschtschow nicht einfach, denn in seinem Hintergrund und in seiner Bildung gab es nicht viel, was ihn auf das Geben und Nehmen einer offenen demokratischen Debatte vorbereitet hätte. Doch es gab einen bewundernswerten Zug dieses neuen sowjetischen Führers. Anders als Stalin, der weder Widerspruch noch abweichende Meinungen duldete, wurde der Generalsekretär an diesem Abend häufig von verschiedenen seiner Begleiter unterbrochen. Ohne Zögern korrigierten sie ihn in Bezug auf eine bestimmte Statistik oder brachten Aspekte ein, die er nicht bedacht hatte. All dies nahm er höflich und ohne Anzeichen von Irritation an. Die Arroganz, die sich später bei den Vereinten Nationen zeigen würde, war bei unserem gemeinsamen Abend nicht so offensichtlich. Vielleicht stellte sein Verhalten bei der UN eher eine kalkulierte Demonstration seiner Unnachgiebigkeit an die Welt dar als einen wahren Ausdruck seiner Persönlichkeit. Tatsächlich klang das Essen an jenem Abend mit einer leutseligen Note aus, da der Generalsekretär eine Einladung an die Gewerkschaftsleute aussprach, in die UdSSR zu kommen und alles „mit eigenen Augen zu sehen". Außerdem gab es abschließende Trinksprüche auf das verbesserte Verständnis und bessere Beziehungen zwischen den Völkern der beiden Länder.

Es war dennoch klar, dass die Partei sich immer noch von der kleinsten Herausforderung an das System bedroht fühlte und möglicherweise nicht mit einem so harmonischen Abend gerechnet hatte. Am nächsten Tag brachte *Trud* eine ganze Doppelseite, auf der die Reuthers als kapitalistische Lakaien und Schwarzhändler angegriffen wurden und schließlich in einem letzten Schlag unter die Gürtellinie Walter beschuldigt wurde, eine russische Ehefrau gehabt und dann verlassen zu haben. Anscheinend war Chruschtschow immer noch verärgert über den Abend, denn als er einige Zeit später Präsident Kennedy in Wien traf und der Name Reuther erwähnt wurde, bemerkte Chruschtschow scharf: „Wir in Russland haben solche wie Reuther 1917 aufgehängt."

Trotz des U2-Vorfalls, aufgrund dessen Eisenhowers geplanter Besuch der UdSSR abgesagt wurde, begannen die Beziehungen merklich aufzutauen. Die UAW und die Sowjetische Metallarbeiter-Gewerkschaft tauschten formal Gesandtschaften aus, was mir die Möglichkeit zu einer Reise nach Gorki auf den Spuren meiner Erinnerungen gab. Die Delegation erhielt außerdem die Erlaubnis, bis weit nach Sibirien zu reisen, um das gewaltige hydroelektrische Werk bei Bratsk in der wunderschönen Gegend um den Baikalsee zu besichtigen, wo wir zufällig in einer Villa untergebracht wurden, die speziell für den Besuch Eisenhowers errichtet worden war.

Im Rückblick hege ich Nikita gegenüber noch immer ein warmes Gefühl. Trotz seiner Zornesausbrüche und seiner manchmal vulgären Ausdrucksweise bewundere ich weiterhin seine entschlossenen Anstrengungen, einige der grausamsten Hinterlassenschaften Stalins aus der Welt zu schaffen. Als er zum Rücktritt und in die Isolation gezwungen wurde, bedeutete dies meiner Ansicht nach einen Verlust für die Welt.

Seine Memoiren in zwei Bänden spiegeln in vieler Hinsicht seine Abschottung von der Wirklichkeit wider. Anscheinend hatte er keinen Zugang zu seinen eigenen Unterlagen und normalen Archiven. Ich war schockiert von den eindeutigen Unrichtigkeiten, die sich in seine Erinnerungen an unseren Abend in San Francisco eingeschlichen hatten. Zum Beispiel schrieb er über das Essen: „Ich war der Gastgeber, also sorgte ich dafür, dass Kleinigkeiten zu essen und Getränke serviert wurden, bloß Erfrischungen, kein Alkohol." Tatsache ist, dass er und seine Begleiter unsere Gäste waren. Ich arrangierte im Hotel ein üppiges Abendessen und es gab mehr als genug Wodka und andere hochprozentige Getränke. Die Unterlagen des Hotels werden zeigen, dass die Rechnung von der Abteilung Industriegewerkschaft des AFL-CIO auf Veranlassung des Finanzsekretärs James B. Carey, der anwesend war, bezahlt wurde.

Außerdem schrieb er in seinen Erinnerungen über Walter: „Hier ist jemand, der den Klassenkampf verraten hat." Und dann fügte er die unglaubliche Behauptung hinzu, dass Walter so viel Geld verdient habe wie Henry Ford: „In anderen Worten, die Kapitalisten haben ihn gekauft, sie zahlten ihm genug, dass er ihre Interessen statt derer der Arbeiter vertrat." Selbst die Zeitung *Daily Worker* hätte ihn da korrigieren können, denn 1959 betrug Walters gesamter Lohn 22.000 US-Dollar, während Henry Ford 445.000 US-Dollar aus Einkünften, Gehalt, Bonus und Dividenden einstrich. Welcher Schreiberling der Partei auch immer dem alternden Chruschtschow beim Verfassen seiner Memoiren geholfen hat, er hat ihm mit solchen schreienden Unrichtigkeiten, die natürlich auch andere Dinge in Frage stellen, zu denen er viel hätte beitragen können, einen Bärendienst erwiesen.

Doch unter den Russen und besonders in der Stadt Gorki/Nischnij Nowgorod werden diese Versuche, die Geschichte zu verdrehen, aufgedeckt. Eine aufgeweckte Journalistin, T. Pogorskaja, veröffentlichte am 16. Januar 1993 in der lokalen Zeitung *Nischegorodskij Rabotschi (Nischnij-Nowgoroder Arbeiter,* d. Ü.) eine ganze Doppelseite mit dem Titel: „Die Brüder Reuther: Warum machte ihr Name Nikita Chruschtschow wütend?" Der langatmige Artikel schildert unsere Arbeit im Autowerk Gorki mit begleitenden Fotos aus dem historischen Archiv der Fabrik und beschreibt den Enthusiasmus, mit dem wir bei der Ausbildung sowjetischer Autoarbeiter halfen. Er erinnert daran, dass wir bei unserer Rückkehr nach Detroit, als wir mit der Gewerkschaftsarbeit unter den Autoarbeitern begannen, von den Ford-Motorenwerken als „kommunistische Agitatoren" bezeichnet wurden. Doch in den frühen sechziger Jahren schrieben sowjetischen Zeitungen über die Reuthers „Diener der Monopole" und „Schande über Dich, Lakai". Der Artikel führt diese Angriffe gegen die Reuthers auf das berühmte Abendessen der Reuthers mit Chruschtschow am 20. September 1959 zurück. Die Journalistin fügt hinzu, dass die Reuthers „es wagten, einige Aspekte der sowjetischen Außenpolitik zu kritisieren, was schrecklichen Zorn beim Regierungsoberhaupt unseres Landes auslöste. Daraufhin lancierten Zeitungen eine Kampagne gegen beide Brüder mit ‚kompromittierendem Material', das angeblich über die Zeit, als sie im GAZ arbeiteten, gefunden worden sei. Schnell wurden auch ihre damaligen Arbeitskollegen in die bösartige Schmutzkampagne verwickelt. So kam es, dass Zeitungen die Überschrift: ‚SCHANDE ÜBER DICH, LAKAI – AUTOARBEITER SAGEN, VERRÄTER IST DAS GRÖSSTE KOMPLIMENT FÜR REUTHER' brachten."

Die Journalistin schließt mit Hinweisen auf die hier als Buch vorliegenden Erinnerungen an Gorki und zitiert ausführlich einige überlebende ausländische Arbeiterinnen und Arbeiter, einschließlich einiger Amerikanerinnen und Amerikaner, die andere und bessere Erinnerungen an die Reuthers haben.

Kapitel 13

Nikita Chruschtschow übernahm nach einem dreijährigen Interregnum, während dessen er die Macht mit anderen Vertretern der stalinistischen Parteiführung teilte, im Jahr 1956 die Führung der Sowjetunion. Dieses Kapitel behandelt die Auswirkungen von Chruschtschows Politik der „Entstalinisierung" auf das Leben Leonardo Damianos und anderer in der Sowjetunion. Chruschtschow war in mancher Hinsicht eine rätselhafte Persönlichkeit: ein Stalinist, der ein Anti-Stalinist wurde; gleichzeitig ein Vertreter der Entspannung und ein säbelrasselnder „kalter Krieger" sowie ein gewiefter Politiker, der schließlich von der politischen Macht verdrängt wurde.

In Chruschtschows Programm innerer Reformen gab es zwei entscheidende, miteinander verknüpfte Elemente: eines wirtschaftlichen, ein anderes politischen Charakters. Chruschtschow verfolgte das Ziel, die sowjetische Wirtschaft produktiver und effektiver zu gestalten, und widmete sich besonders der Landwirtschaft, einem Sektor, der unter Stalin jahrelang vernachlässigt worden war. Daher plante er eine gewisse Dezentralisierung der Wirtschaft und eine Umverteilung der Ressourcen von der Schwerindustrie zugunsten der leichten Industrie und der Landwirtschaft. Um dies zu verwirklichen, musste er sich gegen die „Stahlfresser", wie er sie zu nennen pflegte, durchsetzen – die Vertreter der Schwerindustriesektoren, die eine außergewöhnliche Machtstellung im Staat und Verbündete in der Partei hatten. Sein wirtschaftliches Reformprogramm erforderte es, viele Machtpositionen der Eliten, die vom Bestehen des stalinistischen Systems abhingen, in Frage zu stellen.

Dies bildete zum Teil den Hintergrund von Chruschtschows Programm der „Entstalinisierung" des politischen Systems. Indem er die Verbrechen Stalins und der ausführenden politischen und polizeilichen Apparate anklagte, konnte er sich gleichzeitig von seiner eigenen Komplizenschaft im Terror distanzieren und seine Gegner in Politik und Wirtschaft ausheben. Die mit Abstand bedeutendsten Aspekte von Chruschtschows Programm der Entstalinisierung waren die Auflösung der Zwangsarbeitslager, die Wiederherstellung der politischen Vorherrschaft der Partei (im Gegensatz zur Fortsetzung eines Regimes persönli-

cher Diktatur) und die Abschaffung der härtesten Gesetze der stalinistischen Zeit in den Bereichen Strafrecht und Arbeitsrecht. Das „Tauwetter", wie man dieses Programm der Entstalinisierung auch bezeichnete, eröffnete den Menschen zumindest bis zu einem gewissen Grad auch die Möglichkeit, über ihre Erfahrungen während des Stalinismus zu publizieren und zu sprechen. Zum Beispiel veröffentlichte Alexander Solschenizyn in dieser Zeit sein vom Stalinismus handelndes Buch Ein Tag im Leben des Iwan Denissowitsch, *Berichten nach mit der ausdrücklichen Unterstützung und Erlaubnis Chruschtschows.*

Die Regierungszeit Chruschtschows sah auch Veränderungen im Verhalten der Sowjetunion gegenüber der Außenwelt. Zwar gab Chruschtschow weder den Kalten Krieg noch den Wettstreit mit dem Westen auf, doch er eröffnete die Möglichkeit „unterschiedlicher Wege zum Sozialismus", was den Weg für flexibleres politisches Handeln in Osteuropa und eine Erneuerung der Beziehungen zu Jugoslawien bahnte. Er sprach auch von der Möglichkeit einer Entspannung zwischen der Sowjetunion und dem Westen und war natürlich der erste sowjetische Führer, der die Vereinigten Staaten besuchte. Allerdings kam es während der Regierung Chruschtschows auch zur Berlinkrise und zur Kubakrise, Ereignissen, die die Welt wahrscheinlich näher an einen Nuklearkonflikt brachten als jemals zuvor oder seither.

Die teilweise radikalen, doch immer in sich widersprüchlichen Reformprogramme Chruschtschows endeten schließlich im Jahr 1964, als er von Mitgliedern der sowjetischen Führung gestürzt wurde, die gegen eine oder viele dieser „verrückten Ideen" waren, wie sie später bezeichnet wurden. Vielleicht ist es ein Zeichen der Erfolge von Chruschtschows Reformen, dass er bloß seines Amtes enthoben wurde, statt als Verräter hingerichtet zu werden.

P.T.C.

Kapitel 13
Chruschtschows Tauwetter

Nikita Chruschtschows Reformen kamen höchst unerwartet. Von Anfang an sorgte seine Politik für Erstaunen und weckte neue Hoffnungen, dass die despotische Herrschaft Stalins nun Geschichte sei. Seine erste Amtshandlung, die Aufhebung der niederträchtigen Anklagen gegen die „Ärzte"[26], ließ selbst den zweifelnden Leonardo Damiano sich fragen, ob sich nun alles zum Besseren wenden werde. Da er sich nun sicherer fühlte, nahm Leonardo endlich das Angebot an, in ein Sanatorium unter der Leitung des Roten Kreuzes zu gehen, das sich als Organisation in der Nachfolge der MOPR um politische Emigranten kümmerte. Das Zentrum befand sich kurz vor Moskau und war besonders beliebt bei den Spaniern, die nach der Machtergreifung Francos in die UdSSR gekommen waren. Hier erneuerte Leonardo seine Bekanntschaft mit einem Engländer namens John Williams, einem Mitglied der Internationalen Brigaden in Spanien, der mit den Flüchtlingen aus Spanien ins Amerikanische Dorf nach Gorki gekommen war. Williams heiratete eine junge Spanierin und arbeitete in der Werkstatt für Karosserieentwicklung des GAZ, wo auch Sammy Damiano beschäftigt war. Durch Williams wurde Leonardo gut mit den Spaniern im Dorf bekannt. Überall gab es kleine Anzeichen des Tauwetters.[27] Zum Beispiel kam der spanische Film *Lolita Torres* im Dorfkino, was bei den Spaniern große Begeisterung auslöste. Er bildete so eine willkommene Abwechslung nach der schweren Kost all der sowjetischen Kriegsfilme. Dieser Film war so spanisch – mit einer klassischen dunkelhaarigen Schönheit als Hauptdarstellerin und so voll spanischer Kultur –, dass er großes Heimweh und den Wunsch, nach Hause zurückzukehren, auslöste. Es kam so weit, dass eine Gruppe von Immigranten sich Zugang zum spanischen Konsulat in Moskau zu verschaffen suchte, doch von der sowjetischen Miliz daran gehindert wurde. Dies erzürnte sie noch mehr und führte zu Demonstrationen auf der Straße vor dem Konsulat.

Zu Beginn der Regierung Chruschtschows wechselte John Williams zu den ZIL-Autowerken in Moskau. Ein Jahr später, im Frühjahr 1955, folgte ihm ein weiterer Freund Damianos, Griger. Aus diesem Anlass wünschte sich Leonardo erneut, aus der sich verschlechternden familiären Situation zu entfliehen. Beide Männer versicherten Leonardo, dass er bei ZIL willkommen sei. Mit dieser Bestätigung und angesichts des verbesserten politischen Klimas kam Leonardo zu dem Schluss, dass es Zeit sei, seine Versetzung zu ZIL zu beantragen. Er wandte sich an seinen Vorgesetzten, Nikolaj Iwanowitsch, aber zu seiner großen Überraschung erhielt er bald einen ablehnenden Bescheid. Sammy hatte die Absicht seines Vaters vorausgeahnt und versuchte, seine Pläne zu vereiteln, indem er Iwanowitsch bat, das Zerbrechen der Familie zu verhindern. Iwanowitsch blieb im Glauben, dass er den Zusammenhalt der Familie fördere, hart.

Doch Leonardo setzte sich durch und erreichte seine Freistellung, für die er allerdings einen Teil seines Krankheitsurlaubs aufgeben musste. Er brach mit einem neuen Gefühl der Freiheit und Erleichterung von nervenzerreißenden häuslichen Sorgen eilig nach Moskau auf. Mit der Unterstützung Williams' zog er von Bekanntem zu Bekanntem in der spanischen Gemeinschaft in Moskau. An seinem fünfzehnten Tag bei ZIL, dem 30. Juni 1955, setzte sich Leonardo sofort in Verbindung mit seiner Gewerkschaft und mit Hilfe des Roten Kreuzes erhielt er wieder sein volles Recht auf Krankschreibung.

Die Qualität der Arbeit bei ZIL, in der Hauptstadt des Landes, war nicht so hoch wie bei GAZ, was Leonardo überraschte. Mit Handwerkerstolz leistete er gerne gute Arbeit und es störte ihn, dass schlechte Arbeit akzeptiert wurde. Und das Kontrollpersonal bei ZIL war wie ein Rudel Wölfe – zu eitel und zu überzeugt von sich, um den Gedanken zuzulassen, dass Gorki irgendetwas besser mache als ZIL. Doch Leonardo gab nicht auf. Die ZIL-Werkstattzeitung vom 9. Dezember 1955 brachte einen von Leonardo verfassten Artikel, in dem er den Ablauf von Versuchen in der Entwicklung im GAZ mit der Arbeitsweise bei ZIL verglich. In dem Artikel klang seine Enttäuschung darüber durch, dass er in der Hauptstadt nicht die erwarteten effizienteren und fortschrittlicheren Produktionsmethoden vorgefunden habe. Er betonte, dass ZIL unterbesetzt sei, was Karosseriebautechniker betraf (einer im Vergleich zu vier bis fünf in Gorki), dass die Qualität der hölzernen Formen, die zum Pressen von Karosserieteilen benutzt wurden, zu wünschen übrig lasse, dass die Walzarbeiter nicht gut genug ausgebildet seien usw. usw. Seine Kollegen hielten den Artikel für zutreffend, doch seine Vorgesetzten – Killew, Dewjatkin und Schurilow – waren außer sich. Dennoch blieb Damiano hartnäckig. Er lehrte seine Kollegen bessere Arbeitsmethoden und konnte so die Sabotage seiner Anstrengungen durch seine direkten Vorgesetzten im Laufe mehrerer Jahre umgehen.

Die Parteiorganisation in der Werkstatt war keine Hilfe für Leonardo, trotz offizieller Erklärungen über die Steigerung des Ausstoßes und die Verbesserung der Qualität. Der Parteisekretär der Werkstatt hieß Kusnetzow, ein hartgesottener Stalinist, der alles besser wusste. Er machte eine Dienstreise nach Gorki, nicht um sich bessere Methoden anzusehen, sondern um Informationen gegen Leonardo zu sammeln. Er kam mit Geschichten zurück, dass Leonardo ein Störenfried sei, der seine Familie verlassen habe. Als die elektrischen Bohrer durch Pressluftbohrer ersetzt wurden, was Leonardo in seinem Artikel vorgeschlagen hatte, beanspruchte der Parteiboss das ganze Verdienst für sich. Doch Leonardo, der bereits ein Veteran in solchen Konfrontationen war, blieb in seinen Forderungen nach effizienteren Methoden hartnäckig. Bis heute schmunzelt er bei der Erinnerung an diese Zeit und sagt stolz, dies sei seine *Perestrojka* lange vor Gorbatschow gewesen.

Zu diesem Zeitpunkt war Chruschtschow bereits mehrere Jahre im Amt. Er hatte nicht nur die Ärzte entlastet, sondern auch Stalins sadistischen Henkersknecht Berija und seine Kumpanen Kerkulow, Dekasonow, Kobulow, Goglidze, Meschika und Wlodzimirskogo hinrichten lassen. Die Nachrichten, dass Tausende und Abertausende unschuldiger Arbeiterinnen und Arbeiter nun aus den Gefängnissen und Zwangsarbeitslagern entlassen wurden, ließ die Menschen Hoffnung schöpfen und minderte ihre allgegenwärtige Unsicherheit über die Zukunft. Auch Leonardo fühlte sich weniger angespannt.

Doch dann kam die Aufforderung, sich im Büro der Geheimdienstabteilung in der Fabrik zu melden. Zur angegebenen Zeit klopfte er an die Tür und wurde hereingebeten. Als er eintrat, erhob sich ein Mann in Zivil und fragte: „Sie sind Damiano? Sie wissen, dass unsere Regierung eine gründliche Untersuchung des Schicksals vieler Menschen, die in den vergangenen Jahren Unrecht erlitten haben, vornimmt. Also dachten wir, dass Sie, Genosse Damiano, vielleicht in der Lage sind, uns zu helfen." Leonardo atmete innerlich vor Erleichterung auf und antwortete dann: „Bitte sehr, ich werde mich glücklich schätzen, wenn ich irgendetwas tun kann, um die Wahrheit ans Licht zu bringen." Leonardo wiederum als Genosse ansprechend, fragte er, was er über Calinski wisse. Diese Richtung der Fragen erstaunte Damiano. Der Untersuchungsbeamte setzte hinzu: „Wissen Sie, seine Frau lebt und arbeitet noch immer in Gorki und sie hat Informationen über ihren Mann beantragt, der 1938 verhaftet wurde. Sie lebten ebenfalls im Amerikanischen Dorf, wo er wohnte. Sie kennen ihn gut; ich habe im Dorf nach Ihnen gesucht und erfahren, dass Sie nun in Moskau arbeiten, also bin ich aus Gorki gekommen, um Sie nach ihm zu fragen." In Wirklichkeit wusste Leonardo nicht sehr viel über den polnischen Genossen. Sie hatten sich gelegentlich bei Versammlungen im Dorf getroffen und sich gegrüßt, doch darüber hinaus standen sie sich nicht nahe, was er dem Untersuchungsbeamten erklärte. Er erinnerte sich, dass Calinski unter den Ersten gewesen war, die man 1937-38 verhaftete. Dann fielen ihm die Namen zweier weiterer Polen, die in dieser Zeit verhaftet worden waren, ein – Jaworski und Litwitowicz. Erst nachdem Leonardo selbst verhaftet worden war, traf er Calinski in seiner Gefängniszelle wieder. Er hatte gehört, dass Calinski in ein Lager nach Norden geschickt worden war, Kolyma oder Magadan. Ihm fiel ein, dass er, als sie in Gorki im Gefängnis saßen, erfahren hatte, dass polnische Genossen in der ganzen UdSSR verhaftet und gefangen gehalten wurden, weil Stalin entschieden hatte, die gesamte polnische Kommunistische Partei aufzulösen, weil „Feinde ihre Partei durchsetzt" hätten. Das war alles, woran Leonardo sich erinnern konnte und was er dem Beamten mitteilte. Die Höflichkeit des Untersuchungsbeamten war eine erfreuliche Veränderung im Vergleich zu früheren Verhören. War es möglich, dass der KGB die brutalen Methoden des NKWD veränderte?

Damiano wurde bei seiner Arbeit bei ZIL keine Pause gewährt. Seine Vorgesetzten entschieden, dass er für drei Monate zu einer Motorradfabrik in Irbit hinter dem Ural gehen sollte, um bei der Ausstattung der Fabrik für die Produktion des neuen Kleinwagens *„Belka"*, oder „Eichhörnchen", der auf dem Fahrgestell eines Motorrads montiert wurde, zu helfen. Obwohl er als Vertretung für Lawrischew, den obersten Entwicklungsingenieur des ZIL, der erkrankt war, geschickt wurde, wurde mit diesem Einsatz doch auch seinen herausragenden Fähigkeiten Tribut gezollt. Als die ersten *Belki* für die Endmontage lackiert wurden, kehrte Leonardo mit vielen Auszeichnungen, Geschenken und Glückwünschen für seine ausgezeichnete Arbeit nach Moskau zurück.

Zu dieser Zeit fand der XX. Parteikongress statt. Es herrschte unglaubliche Neugier gemischt mit Sorge, als die ersten Informationen über den geheimen Bericht Chruschtschows vor dem Kongress durchdrangen.[28] Als die Parteimitglieder in der ZIL-Fabrik hinter verschlossenen Türen zusammenkamen, um Einzelheiten über den berühmten Bericht zu hören, versammelten sich Leonardo und andere in der Hoffnung, mehr zu erfahren, vor dem Saal. Es gab Gerüchte, dass der Bericht viele Verbrechen Stalins aufgedeckt habe, was für eine höchst gespannte Atmosphäre sorgte. Als die Versammlung zu Ende ging und Skripizkin, der Sekretär der Parteiorganisation des Werks, erschien, rief er unwillig: „Was ist das für eine ungesunde Neugier und Spekulation! Zurück an die Arbeit. Dieser Brief von Chruschtschow ist nur für Parteimitglieder bestimmt. Sie müssen entscheiden, was Millionenmassen der Bevölkerung mitgeteilt werden soll und was nicht." Es war eindeutig, dass diejenigen, die auf lokaler Ebene jahrelang in der von Stalin kontrollierten Partei ausgebildet worden waren, nicht so leicht ihre Methoden ändern oder ihre privilegierten Positionen aufgeben würden. Leonardo war begeistert über alles, was ihm über Chruschtschows Enthüllungen über Stalin zu Ohren kam. Er begrüßte diese mutige Tat. Doch Zweifel schwärten über Chruschtschows Komplizenschaft während der Stalinjahre. War er nicht Stalins Vollstreckungsbeamter in der Ukraine gewesen, trug er nicht die Verantwortung für die Säuberung unter den Altbolschewiki einschließlich Postischews und Kossiors? Doch die Verbrechen der Vergangenheit waren mehr als nur Stalins Säuberungen, es waren die Verbrechen einer politischen Maschine, die immer noch funktionierte, auch wenn ein Chruschtschow an der Spitze stand.

Es gab noch andere positive Entwicklungen, die bei vielen Hoffnungen weckten. Ohne Frage brachte der Beginn des Neulandprogramms mehr Lebensmittel auf den Tisch der sowjetischen Arbeiterinnen und Arbeiter. Und wie begeistert war Leonardo, als Nikita sich mit dem US-amerikanischen Maisspezialisten Bob Garst traf und den Maisanbau in der Sowjetunion zu fördern begann. Ich persönlich erinnere mich gut an Garst. Bei mehreren Gelegenheiten war er in unserem Haus in Washington zu Gast, wo wir gemeinsame Freunde hatten. Ich erinnere mich an seine Freude und Zufriedenheit darüber, Chruschtschow als Befürworter des Maisanbaus gewonnen zu haben, sowie an seine Überzeugung, dass er eine Freundschaft für den Weltfrieden geschlossen habe. Bei Leonardo ging die Begeisterung für Maiskolben auf Kindheitserinnerungen an das Grillen am Lagerfeuer in Neuengland und Pennsylvania zurück. Jetzt konnte er dieses leckere Produkt auch in Moskau genießen. Doch nicht alle waren so begeistert wie Leonardo. Die meisten sowjetischen Arbeiterinnen und Arbeiter in Moskau betrachteten Mais als Futtermittel für Tiere, das nicht für Menschen geeignet sei. Als Leonardo vor kurzem bei uns in Washington zu Gast war, erzählte ich einige Anekdoten aus früheren Tagen in der UdSSR über die Zurückhaltung der Russen, *„Amerikanskaja Sacharnaja Kukarusa"* (Amerikanischen Zuckermais) zu essen. In diesen dunklen Zeiten der Lebensmittelrationierung in den frühen dreißiger Jahren zählte Mais zu den nicht rationierten Lebensmittelkonserven und war in vielen Regalen zu finden, so dass wir uns daran satt aßen.

Ein weiterer Höhepunkt während der Regierungsjahre Chruschtschows war Gagarins erfolgreicher Flug in den Weltraum, was im sowjetischen Reich alle, selbst seine Kritiker, gewaltigen Stolz auf die Nation empfinden ließ. Es gibt etwas ziemlich Bemerkenswertes in der Psyche des russischen Volkes, was sich bei vielen Gelegenheiten in der Vergangenheit gezeigt hat – ungeachtet der Probleme im Inneren, des kargen Essens auf dem Tisch und der brutalen Behandlung durch die Behörden haben sie die Fähigkeit, all das beiseite zu lassen und mit großem Überschwang ein Ereignis zu feiern, das nationalen Stolz erweckt. Der Erfolg der Sowjets in der Raumfahrt ist dafür ein gutes Beispiel.

Ich erinnere mich, dass unser Sohn John Reuther, der sein Studium mit dem Schwerpunkt US-Sowjetische Beziehungen abgeschlossen hatte, in dieser Zeit ein Graduiertenstudium an der Universität Moskau machte. Während der Sommerferien meldete er sich freiwillig, um mit einem Studenten-Arbeitsbattaillon nach Kasachstan zu fahren und dort beim Bau von landwirtschaftlichen Gebäuden zu helfen. Die Kolchose, wo sie arbeiteten, lag fast in Sichtweite des gewaltigen sowjetischen Raumfahrtzentrums und alle Dorfbewohner begeisterten sich für Raumfahrt. Zu Johns Glück landete genau während ihres Aufenthaltes das erste US-Raumfahrzeug auf dem Mond. Die Menschen waren fasziniert von diesem Ereignis und John hatte ein Radiogerät bei sich, mit dem er den Sender *Voice of America* (Die Stimme Amerikas), der auch aus der Türkei ausgestrahlt wurde, empfangen konnte. Alle drängten sich um das Radio und John übersetzte fortlaufend die Übertragung der Landung des Raumfahrzeugs. Als es sicher gelandet war, wurde kräftig gefeiert und John nach guter russischer Tradition mit einer Decke in die Luft geschleudert. An diesem Abend wurde eine Menge Wodka getrunken, während man mit John zum nächsten Dorf zog, wo er als erster Amerikaner, der je dort gesehen wurde, wie ein Held begrüßt wurde. Er ist merkwürdig, der menschliche Geist; wo Diplomaten und Staatsmänner keinen Erfolg haben, kann manchmal eine spektakuläre Leistung dieser Art eine universale Verbrüderung erreichen.

Doch Chruschtschows Parteivorsitz wurde beendet. Leonardo hatte das unbestimmte Gefühl, dass er sich selbst den Boden unter den Füßen weggezogen hatte, indem er den Kopf der Roten Armee, General Schukow, ausgeschaltet hatte, den die Stalinisten hassten. Schukow war gegen die Absetzung Chruschtschows. Es war ein Zugeständnis, das die verbleibenden Stalinisten ermutigte. Eine Sache war es, dass Chruschtschow die Verbrechen des toten Führers aufgedeckt hatte, doch jeder Versuch, mit Stalins Apparat, der Partei einschließlich des KGB, herumzupfuschen, musste aufgehalten werden. Das war Nikitas fataler Fehler und die Stalinisten schlugen zurück.

Wie andere Moskowiter in dieser Zeit mühte sich auch Leonardo um eine angemessene Unterkunft. Zuerst teilte man ihm eine Gemeinschaftsunterkunft, oder *Obschtscheschitije,* im Dorf Kolomnez zu. Er erhielt ein Bett in einem Raum für vier im neunten Stock eines Wohnheims für Arbeiter mit zeitlich befristeten Arbeits- und Aufenthaltsgenehmigungen für vier bis fünf Jahre. Im Laufe der Zeit kamen Hunderttausende und schließlich mehrere Millionen mit befristeter Aufenthaltsgenehmigung. Leonardo teilte sein neues Zimmer mit zwei Männern namens Wassiljew, von denen jeder seine neue Braut mitbrachte. Eine war bereits schwanger, die andere hatte keine reguläre Aufenthaltsgenehmigung. Unabhängig davon war Leonardo das fünfte Rad am Wagen. Nach einem harten Arbeitstag und ein paar Lebensmitteleinkäufen kochte er sich eine Suppe oder etwas anderes und versuchte dann zu schlafen. Doch sein Bett wurde neben das des Ehepaars geschoben und in den meisten Nächten war es unmöglich zu schlafen, weil sie der Liebe nachgingen. Eine doppelte Bestrafung für einen einsamen Mann.

Nach einigen Monaten schrieb er verzweifelt an das städtische Parteikomitee und bat um Hilfe, um ein eigenes Zimmer zu bekommen. Er betonte seine Lebensgeschichte, dass er fälschlicherweise im Gefängnis gesessen und im Zwangsarbeitslager gelitten hatte und dass seine ausgezeichneten Arbeitsleistungen bei ZIL Anerkennung gefunden hatten. Um seiner Bitte Nachdruck zu verleihen, schrieb er auch an das Rote Kreuz und bat um Unterstützung für sein Anliegen. Dieses eine Mal funktionierte das System. Er erhielt einen 16 qm großen Raum in der Nowa-Ostapowski-Straße und außerdem eine ständige Aufenthaltsgenehmigung für Moskau. Man schrieb das Jahr 1956.

Und was für ein Jahr war das! Viele gute Dinge ereigneten sich. Zahlreiche Kinder spanischer Emigranten von 1936, die in der Sowjetunion aufgewachsen waren, erhielten die Erlaubnis, in ihr Heimatland zurückzukehren. Leonardo begleitete sie zum Kiewer Bahnhof, von wo aus sie nach Odessa und von dort per Schiff weiter nach Spanien fuhren. Unter ihnen waren viele seiner alten Freunde, Juan Gomez und seine Familie sowie Angelina Ibbarra und ihre Tochter, deren Möbel Leonardo für sein Zimmer gekauft hatte. Doch für Leonardo und viele andere Italiener gab es immer noch keine Erlaubnis, nach Italien zurückzukehren und ihre noch lebenden Angehörigen zu besuchen.

Neunzehnhundertsechsundfünfzig war auch das Jahr, in dem Leonardo Lucy (Ludmilla) kennenlernte, die zwanzig Jahre jünger war und aus dem Gebiet Kaluga kam. Ihr Bruder Stepan war Bauarbeiter und lebte in Moskau. Lucy war das jüngste Kind der Familie. Sie war noch so klein gewesen, als ihre Mutter starb, dass sie keine Erinnerung mehr an sie hatte. Ihr Vater, ein Dorfschmied, starb wenig später in deutscher Kriegsgefangenschaft. Lucy schlug sich alleine durch, zuerst als Pflegerin in einem Moskauer Kinderheim, dann als Tellerwäscherin in einem Restaurant und schließlich als Näherin in einer Fabrik. Ihre Unterkunft lag eine halbe Stunde Zugfahrt von Moskau entfernt, zu weit, um gut Arbeit suchen zu können. Leonardo lud sie ein, sein Zimmer mit ihm zu teilen, und sie fand eine neue Stelle als Näherin in einer Fabrik, die nur zehn Minuten mit der Straßenbahn von der Wohnung entfernt war. Beide hatten nun Arbeit und ein lang entbehrtes Zuhause – das Leben wurde wunderschön.

Leonardo hatte seit seiner Rückkehr aus Tscheljabinsk 1946 beständig versucht, die Erlaubnis zu erhalten, nach Italien zu Besuch zu fahren. Aus Berichten im Radio und in der Presse erfuhr er, dass der bekannte italienische Kommunistenführer Togliatti zum XX. Parteikongress in Moskau erwartet wurde. Leonardo versuchte, mit Togliatti Kontakt aufzunehmen, doch er hatte keinen Erfolg. Schließlich erfuhr er, dass eine Delegation ausländischer Besucher eine Ausstellung in der *Awtobus*-Abteilung von ZIL besuchen und Togliatti dort eine Rede halten werde. An jenem Tag postierte sich Leonardo nahe beim Rednerpult, so dass Togliatti an ihm vorbei musste. Als die fünfköpfige Gruppe um Togliatti nach der Rede aufbrach, mussten sie direkt an Leonardo vorbeigehen. Als Togliatti ihm direkt gegenüber stand, sprach Leonardo ihn auf Italienisch an: *„Salute Compagno Togliatti."* Togliatti blieb stehen und wandte sich zu Damiano. Leonardo erklärte schnell, wer er war und was er wollte. Togliatti sagte ihm, er möge Kontakt zu Giovanni Germanetti aufnehmen, dann könne man vielleicht ein Treffen verabreden. Vorherige Briefe an Togliatti waren unbeantwortet geblieben. Togliatti fuhr nach Rom zurück, ohne Leonardo getroffen zu haben, und es gab weder von Togliatti noch von Germanetti weitere Kontaktversuche oder Antworten.

Togliatti war nicht der einzige italienische Kommunist, der sich weigerte, seinen in der UdSSR gestrandeten Landsleuten zu helfen. Die meisten, die es geschafft hatten, nach Italien zurückzukehren, schwiegen trotz ihres politischen Hintergrunds über das Schicksal derjenigen, die sie in den Händen der Sowjets zurückgelassen hatten. Die Kommunistische Partei Italiens *(Partito Comunista d'Italia*, PCI, d. Ü.) stellte ihre guten Beziehungen zu der sowjetischen Parteihierarchie über die Menschenrechte ihrer italienischen Landsleute. Wenn die Wahrheit über das Schicksal der Italienerinnen und Italiener in der UdSSR aufgedeckt worden wäre, hätte es höchstwahrscheinlich einen Bruch mit Moskau geben müssen. Wenn die italienische Sozialistische Partei oder die Christlich-Demokratische Partei Wind davon bekommen hätten, was vor sich ging, hätten sie einen großen Presseskandal ausgelöst. Also zog es die PCI vor, zu schweigen. Nikita Chruschtschow hatte es gewagt, Enthüllungen über Stalin zu machen; war es von der Kommunistischen Partei Italiens zuviel verlangt, die Öffnung der Archive der Partei, der Komintern und des KGB in Moskau zu fordern, damit die erstickten Stimmen italienischer und anderer Opfer vernehmbar würden?

Obwohl es ihm bei dieser Gelegenheit nicht gelang, ein Visum zu bekommen, gab es einige Jahre später einen gewissen Trost für Leonardo, als im Frühjahr 1962 eine italienische Ausstellung in Moskau stattfand und zahlreiche italienische Arbeiter aus Italien anreisten, um die Ausstellung aufzubauen. Einige der Arbeiter waren alte Freunde. Leonardo freute sich sehr, Gian Carlo Bonetti, Alessandro Tubertini, Tagliavini Vero, Bruno Bonisegni, Federico Rambaldi und andere wiederzusehen. Sie alle trafen sich in Leonardos Zimmer, um das Wiedersehen gebührend zu feiern.

Solche Aktivitäten entgingen der Aufmerksamkeit des KGB nicht. In Leonardos Drei-Zimmer-Wohnung lebten drei separate Familien. Ein Zimmer bewohnten Roschkow, eine linientreuer Stalinist, und seine Frau. Bei einigen Gelegenheiten hatte Roschkow sich fantastische Anschuldigungen gegen Leonardo ausgedacht und ihn des Schwarzhandels mit ausländischen Gütern beschuldigt (wahrscheinlich wenn eine ausländische Gruppe ihm ein Geschenk gebracht hatte). Als die italienischen Freunde zu Besuch waren, bemerkte einer von ihnen einen Mann, der von einem Zimmer im gegenüberliegenden Haus mit einem Fernglas herüberschaute. Lucy bekam die Kommentare der Italiener mit und erzählte Leonardo davon.

Nur wenige Tage später wurde Leonardo zur Befragung ins Hauptquartier der Staatssicherheit gerufen. Der Untersuchungsbeamte war ein junger Mann in Zivil. „Sie wissen, warum Sie hierher bestellt wurden? Es ist uns bekannt, dass Sie Ausländer bei sich zu Hause empfangen." Tatsächlich hatte Leonardo eine Ahnung, warum er herbestellt worden war, doch er hatte gehofft, dass jetzt, nachdem Chruschtschow Stalin demaskiert hatte, der KGB diese Art von blöder Überwachung nicht fortsetzen würde. Er wahrte die Fassung und erwiderte: „Entschuldigen Sie bitte, diese Besucher sind zwar Ausländer, doch sie sind Genossen, Mitglieder der italienischen Kommunistischen Partei." Der Vernehmungsbeamte unterbrach ihn: „Woher wissen Sie das, und wo haben Sie sie kennen gelernt?" Leonardo erklärte, dass andere Genossen in Italien ihm geschrieben hatten, dass sie zu der Ausstellung kämen und sicherlich Kontakt zu Leonardo aufnähmen. „Erzählen Sie mir noch so ein Märchen", schnappte der Verhörende und setzte hinzu: „Sie sind verpflichtet, uns über alles auf dem Laufenden zu halten, was diese Ausländer tun. Sie müssen Bericht erstatten." Leonardo konnte ihm nur versprechen: „Wenn ich etwas Illegales bemerke, werde ich Sie informieren." Der Untersuchungsbeamte gab ihm seine Telefonnummer, doch die Freunde aus Italien fuhren wenige Tage später ab, ohne dass irgendetwas geschehen wäre, was einen Anruf Leonardos notwendig gemacht hätte. Bei einer anderen Gelegenheit, als Memo Gottardi aus Italien zu Besuch kam, bat Leonardo ihn um Hilfe, nach Italien zurückzukehren. Gottardi schien persönlich Mitgefühl zu haben und sagte, dass dies nach dem XX. Kongress möglich sein solle.

Es gab noch eine weitere Rechnung, die Leonardo jetzt, da das politische Klima sich gebessert haben sollte, unbedingt begleichen wollte. Er unternahm formale Schritte, indem er beim Militärprokurator der UdSSR nach allen Repressalien, die er in der Vergangenheit erlitten hatte, die volle Rehabilitierung beantragte. Am 30. Juni 1964 erhielt er ein kurzes Antwortschreiben, das den Vorgang erst einleitete und nicht etwa beendete. Es lautete: „Dem Bürger Damiano. Hiermit wird Ihnen mitgeteilt, dass Sie 1939 rehabilitiert wurden, worüber Sie auf unsere Anweisung ein Dokument von der Leitung des KGB für das Gebiet Gorki erhalten werden. Gez. Martinow, Oberster Stellvertretender Militärprokurator, Oberst der Justiz." Am 25. August 1964 erhielt Leonardo sein *Sprawka,* d.h. sein offizielles Rehabilitationsdokument, unterzeichnet vom Leiter des KGB in Gorki. Es besagte, dass die Anklagen gegen ihn „aufgrund der Abwesenheit strafrechtlich relevanter Taten eingestellt" worden seien und dass er offiziell rehabilitiert sei.

Leonardo war nicht ganz zufrieden mit dem *Sprawka,* da es sich nur auf seine Verhaftung im Jahr 1938 bezog und die Jahre 1942 bis 1946, als er Zwangsarbeiter war, nicht erwähnte. Also ließ er nicht locker und schrieb an die GAZ-Werksverwaltung mit der Bitte um eine Kopie seines *Trudowaja Knischka* oder Arbeitsbuches, um festzustellen, was für die fraglichen Jahre dort verzeichnet war. Zu seiner Überraschung erhielt er ein Formular zur Beantragung einer Entschädigungszahlung für diesen Zeitraum. Was er schließlich für die annähernd acht Jahre, die er im Gefängnis und in Lagern verbracht hatte, bekam, entsprach einigen Monatslöhnen. Lucy beruhigte ihn weise: „Vergiss es. Die Hauptsache ist, dass du dein *Sprawka* hast, das dich rehabilitiert, und zur Hölle mit dem Rest. Nun hör auf, dich aufzuregen, und schone deine Gesundheit." Die letzte Ironie und Beleidigung fand sich im vom GAZ geschickten Arbeitsbuch. Zu Kriegsbeginn besagte das *Trudowaja Knischka,* dass er zur Zwangsarbeit geschickt worden sei, doch es besagte auch, dass er zu Ende des Kriegs nach seiner Rückkehr von „der Roten Armee" wieder eingestellt worden sei. Mit diesem Handstreich konnte die sowjetische Regierung „beweisen", dass sie Damiano nicht diskriminiert hatte. Es war eindeutig auch zur Rechtfertigung der kläglichen Entschädigungszahlung für all die Jahre, während derer er Repressalien ausgesetzt war, gedacht. Ich muss Leonardo bitten, mein Arbeitsbuch im GAZ zu überprüfen. Vielleicht haben sie mich bei der Roten Armee dienen lassen, als ich schon zurück war und in Michigan Autoarbeiter organisierte! Eine gute Sache ergab sich aus seiner Rehabilitierung: Es gab ihm die Möglichkeit, eine Einzimmerwohnung für sich und Lucy zu bekommen, so dass sie den spionierenden Roschkows entkamen.

Doch der Gedanke, nach Italien zurückzukehren, wenn auch nur für einen Besuch, nagte ständig an ihm. Sein Freund Gino Vaccari, der in Moskau studiert hatte und bereits wieder nach Italien zurückgekehrt war, führte ihm vor Augen, wie schlecht die Dinge in der Sowjetunion vorangingen. Wie er Damiano sagte: „Wenn das Sozialismus ist, was ihr hier habt, dann haben wir Sozialismus im kapitalistischen Italien. Und was für eine Demokratie habt ihr hier, wenn ihr nicht frei reden und euch nicht frei bewegen könnt?" Leonardo konnte nichts hinzusetzen. Diese Gedanken entsprachen seinen eigenen. Gino versprach, sich für ihn einzusetzen, sobald er wieder in Italien war.

Es lag Leonardo auch sehr am Herzen, seinen Vater in Boston noch einmal zu sehen. Seit Chruschtschow Staatsoberhaupt war, kamen Briefe von Übersee mit größerer Regelmäßigkeit an. Ein Brief aus den USA brachte die erfreuliche Nachricht, dass sein Bruder Tommy bei den Streitkräften der USA in Italien im Kampf gegen die Faschisten gedient habe. Ein späterer Brief seines Vaters, nur Wochen vor seinem 79. Geburtstag am 27. Juli 1964 geschrieben, der schriftliche Einladungen von Verwandten in Italien enthielt, traf ein. Dies gab den Anstoß für eine schier endlose

Reihe von Anträgen und Anhörungen bei der Fabrikverwaltung, Parteisektionen und Beamten des Außenministeriums, die zustimmen mussten, damit dieser einsame, in Italien geborene Mensch für ein Wiedersehen nach Hause durfte.

Der langwierige Prozess begann mit einem Formular von 20 Fragen, das in Einzelheiten seine ganze Lebensgeschichte von seiner Geburt an sowie Namen und Adressen seiner im Ausland lebenden Verwandten abfragte. Dazu war eine Erklärung seiner Frau erforderlich, dass sie nichts gegen seine Reise einzuwenden habe. Alles musste vom Parteikomitee in seiner Wohneinheit und bei ZIL überprüft werden. Nachdem er diese Unbedenklichkeitserklärungen erhalten hatte, konnte er einen formalen Antrag beim Roten Kreuz und bei der Abteilung für politische Emigranten stellen. Diese umständliche, byzantinische Prozedur wurde allen politischen Emigranten aufgenötigt, besonders denen, die einmal verhaftet worden waren. Es war sicherlich zur Abschreckung vor Besuchen in ihren Herkunftsländern gedacht und funktionierte in den meisten Fällen auch. Doch Leonardo ließ sich vom Papierkrieg nicht abschrecken. Sein Fall musste bis nach Rom oder an die italienische Botschaft in Moskau geraten sein, denn Mitte November 1964 erhielt er ein Einschreiben von der italienischen Botschaft in Moskau mit der Aufforderung, zu einer dringenden Besprechung in die Botschaft zu kommen. Diese scheinbar einfache Aufforderung war nicht so leicht zu bewältigen. Würde die Miliz ihm Zutritt zur Botschaft gewähren? Welche Dokumente würde die Miliz fordern? Die sowjetische Miliz würde seinen Brief von der italienischen Botschaft in italienischer Sprache nicht lesen können. Frustration und Wut über solche nichtigen bürokratischen Hindernisse ließen Leonardo mehrere Wochen zögern, zur Botschaft zu gehen. In jener Zeit schickte die Visa-Abteilung des Innenministeriums, wenn sie schließlich positiv über einen Antrag auf einen Reisepass für das Ausland entschieden hatte, den Pass an die Botschaft des Landes, für das ein Visum bewilligt worden war. Diese Botschaft stempelte dann das ordentliche Visum in den Pass und benachrichtigte den glücklichen Reisenden, der dann unter Vorlage des Passes die Fahrkarten kaufen durfte.

Ende Januar traf endlich eine Benachrichtigung ein, dass Leonardo seinen Pass abholen könne. Mit dieser und seinem Personalausweis in der Hand wandte er sich an die Miliz, die vor der italienischen Botschaft stationiert war. Man forderte ihn auf, den Brief der Botschaft und seinen Ausweis einem Milizionär auszuhändigen, der in seinem Wachhäuschen verschwand, um Erlaubnis von oben einzuholen, bevor er Leonardo hereinließ. Nach kurzer Zeit wurde die Erlaubnis endlich erteilt.

Sein Herz klopfte vor Aufregung, als er die Botschaft betrat und hörte, dass Italienisch gesprochen wurde. Man geleitete ihn schnell zu einem Zimmer, wo ein junger Mann von ungefähr 35 Jahren saß. Nachdem er die Papiere angesehen und kurz nach seiner Akte gesucht hatte, fragte der Mann: „*Signore* Damiano, wir haben Sie im letztem November und noch einmal im letzten Januar zu uns gebeten, aber Sie sind nicht gekommen: Warum?" Leonardo erklärte, dass er befürchtet habe, dass der Milizionär ihn mit dem Brief der Botschaft auf Italienisch nicht einlassen werde. Der Mann nickte verständnisvoll und sprach in ernstem Ton weiter: „Wir haben Sie zu uns gebeten, weil wir Sie fragen möchten, warum sie niemals ihren Wehrdienst bei der italienischen Armee abgeleistet haben." Was für eine seltsame Frage. Leonardo wusste von vielen jungen Italienern, die ihr ganzes Leben außerhalb Italiens verbracht hatten und bei ihrer Rückkehr sofort zur Armee eingezogen wurden, wenn sie jung genug waren. Er erklärte, dass er seine Jugend in Amerika verbracht habe, dann in die UdSSR abgeschoben worden sei und nun glaube, zu alt für die italienische Armee zu sein. Nachdem er all dies schriftlich festgehalten hatte, erhielt er seinen sowjetischen Pass, die Ausreisegenehmigung und ein Einreisevisum für Italien und verließ tief dankbar und mit wesentlich leichterem Herzen die Botschaft.

Leonardo wusste zu diesem Zeitpunkt nicht, erfuhr es aber später in Italien, dass die italienische Botschaft in Moskau die sowjetische Regierung um Dokumentation gebeten hatte, wann genau Leonardo die sowjetische Staatsbürgerschaft erhalten habe. Der Briefwechsel war in seiner Akte im Rathaus seiner Heimatstadt Canosa dokumentiert. Hier ist der Wortlaut des Berichts der Botschaft:

„Hiermit wird erklärt, dass das Außenministerium der UdSSR durch mündliche Kommunikation Nummer KU-29 vom 26. Januar 1965 an diese Botschaft mitgeteilt hat, dass am 30. April 1931 das Zentralkomitee und der Rat der Volkskommissare der UdSSR Herrn Damiano, Leonardo, Sohn des Savino, geboren in Canosa am ersten Januar 1913, zuvor italienischer Staatsbürger, die sowjetische Staatsangehörigkeit gegeben haben. Es wird bestätigt, dass trotz der Anfrage dieser Botschaft die zuständige sowjetische Behörde sich nicht in der Lage sah, uns das Original zum Beweis

dieses Aktes der Einbürgerung des Herrn Damiano Leonardo auszuhändigen. Diese Erklärung wird in doppelter Ausfertigung ausgestellt. Moskau, den 3. Januar 1965
Für den Botschafter, der Erste Sek.
Alessandro Cortes Di Bosin
Stempel der Stadt Canosa, Stempel der Botschaft in Moskau"

Als Leonardo dies las, dachte er: Zu welchen schreckliche Fälschungen sind die sowjetischen Beamten noch in der Lage? Im April 1931 war er irgendwo zwischen Lawrence in Massachusetts, New York und Pittsburgh in Pennsylvania! Erst im Oktober 1935 kam er in Gorki an! Was für eine unfähige Bürokratie! Doch die Italiener waren um nichts besser, da sie mündliche Versicherungen akzeptiert hatten, ohne auf einem tatsächlichen Beweis zu bestehen, dass Leonardo die italienische Staatsbürgerschaft aufgegeben hatte. Doch wieder einmal machten sich andere westliche Länder ebenso schuldig, da sie die Bürgerrechte ihrer Staatsangehörigen in der UdSSR nicht schützten.

Kapitel 14 und 15

Die folgenden Kapitel der Memoiren Reuthers handeln vor allem von der Rückkehr Leonardo Damianos nach Italien und in die Vereinigten Staaten, um seine Familie und seine Freunde zu besuchen, sowie von den ständigen Fragen und Problemen, die sich mit seiner Familie und der Bürokratie in der Sowjetunion ergaben. Doch wie die Schilderung dieser Besuche deutlich zeigt, konnte Damiano selbst nach 30 Jahren sein Privatleben nicht von seiner politischen Aktivität trennen.

Damianos Reisen in den Westen fanden zeitgleich mit zwei wichtigen Vorgängen in der Geschichte des internationalen Sozialismus statt. Der erste war die Absetzung Chruschtschows und der Aufstieg Leonid Breschnews an die Macht in der Sowjetunion. Der zweite war die wachsende Debatte innerhalb der kommunistischen Parteien Europas darüber, welche Art von Beziehungen zwischen diesen Parteien und der Sowjetunion bestehen solle. Die Absetzung Chruschtschows signalisierte die Durchsetzung einer härteren innenpolitischen Linie in der sowjetischen Führung und dies wirkte sich auf das Leben Damianos genauso wie auf alle sowjetischen Bürgerinnen und Bürger aus. Was die Außenpolitik betraf, folgte die neue Führung in der Sowjetunion der Politik der „friedlichen Koexistenz" mit dem Westen, die sich während der Regierungszeit Chruschtschows herausgebildet hatte.

Die kommunistischen Parteien Europas hatten seit den frühen sechziger Jahren eine größere Bereitschaft als zuvor gezeigt, die politische Linie der Sowjetunion anzuzweifeln, wenn diese sie in Konflikt mit dem politischen System ihres eigenen Landes brachte. Dies galt besonders für die italienische Kommunistische Partei, die, obwohl sie mit der Sowjetunion in vielen politischen Fragen weiterhin verbündet war, sich doch noch mehr für den Gedanken der friedlichen Koexistenz und Entspannung zwischen Ost und West einsetzte als die Sowjetunion. Angesichts der Tatsache, dass die italienische Kommunistische Partei unabhängiger von der Sowjetunion war als je zuvor, war es vermutlich besonders bitter für Damiano und andere, dass die italienische Partei immer noch keine Bereitschaft zeigte, ihre Landsleute, die noch in der Sowjetunion lebten, bei der Auswanderung oder bei Besuchen ihrer Verwandten in anderen Ländern zu unterstützen.

P.T.C.

Kapitel 14
Rückkehr nach Italien und Freiheit

Was für eine Aufregung! Nach all den Jahren in das Land seiner Vorfahren und, ja, in den Westen und in die Freiheit heimzukehren. Es gab eine wilde Einkaufsjagd nach besonderen, typisch russischen Geschenken – *Matrjoschka*-Puppen, bemalte Holzlöffel und Schalen – für die Familie und Freunde. Leonardo packte in Eile und verabschiedete sich unter Tränen von Lucy, deren Freundin Lalja sie zum Bahnhof begleitete, um Leonardo zum Zug zu bringen. Sich von Lucy zu trennen, war auch für Leonardo nicht einfach, doch er versuchte ihr zu versichern, dass die paar Monate schnell vorbeigehen würden. Bedeutende Ereignisse wie dieses vergisst man nie, und Leonardo erinnerte sich, dass der Zug am 13. April 1965 um 23:35 Uhr am Bahnhof abfuhr. Wenn alles gut ging, würde er am 16. April um 2:57 Uhr morgens in Bologna in Italien eintreffen. Der Zug folgte einer historischen Route von Moskau über Minsk, Brest, Warschau, Wien, Tarvisio, Bologna, Rom und Bari. Von dort würde er nach Canosa di Puglia am Ufer des kleinen Flusses Ofanto weiterreisen, in die Stadt, wo er vor 52 Jahren zur Welt gekommen war. Canosa, wie er niemals zu erwähnen vergaß, war der Ort (richtig: bei Cannae, d. Ü.), wo Hannibal im Jahr 216 v. Chr. die römischen Legionen geschlagen hatte. Es war ein teuer erkaufter Sieg. 8.000 Männer Hannibals kamen um und der Rest der Legionen floh nach Canosa, wo sie dank einer örtlichen Adligen namens Busa Unterschlupf fanden.

Leonardos Mitreisender im Abteil war ein Tscheche, der zur Zeit an der Akademie in Moskau arbeitete und einen Routinebesuch zu Hause machte. Während er schon jede Kurve kannte, wollte Leonardo nichts verpassen und folgte der Strecke sorgfältig auf verschiedenen Landkarten. Statt zu schlafen, machte er nur gelegentlich ein Nickerchen. Vielleicht war es die Aufregung oder möglicherweise die Übernächtigung, doch am nächsten Morgen putzte er sich die Zähne mit Rasiercreme statt mit Zahnpasta.

Kein guter Start in einen neuen Tag. Der Halt in Minsk dauerte nur zehn Minuten, zu kurz, um ein Restaurant zu besuchen, doch in Brest hielten sie anderthalb Stunden, so dass er eine Mahlzeit aus Fleischbrühe, einer Frikadelle und Kartoffeln zu sich nehmen konnte, heruntergespült mit einem Cognac, um sich vor der Kälte zu schützen. Als er zum Zug zurückging, bemerkte er ein mit Blumen geschmücktes Ehrenmal für die örtlichen Heldinnen und Helden, die im Kampf gegen die Faschisten gestorben waren.

Als der Zug in Warschau einfuhr, ragten die hohen Türme des Kulturpalasts, eines Geschenks der Sowjets an Polen, am Horizont empor, was Leonardos Mitreisenden dazu veranlasste, verhalten zu murmeln: „Was für eine architektonische Schandtat, Unfug, es harmoniert nicht mit der Architektur der Stadt." Er sprach eindeutig die Meinung der Warschauer aus, die von diesem Geschenk nicht begeistert waren. Welcher Idiot in Moskau hatte dies bewilligt, ohne zuerst die Bewohnerinnen und Bewohner Warschaus zu befragen! Die Arroganz des kolonialen Denkens! In Katowice (Kattowitz) stieg der tschechische Mitreisende aus und sein Platz wurde von einem älteren Mann von 80 Jahren eingenommen. Leonardo zog umsichtigerweise auf die dritte, oberste Liege um, damit sein älterer Mitreisender die unterste benutzen konnte. Der Zug war nicht sehr komfortabel und die Schienenführung war noch schlimmer; das ständige Schaukeln und Schütteln des Zuges machte es fast unmöglich, zu schlafen. Selbst wenn es ihnen gelang, einzudösen, kam sicherlich bald ein Grenzübergang und die Wachen weckten sie, um die Pässe zu kontrollieren.

Als sie nach Österreich kamen, änderte sich das Wetter merklich. Die Sonne schien warm, so warm wie seine italienische Sonne, die in Bari auf ihn wartete. Und die Landschaft in Österreich, so sauber und wunderschön gepflegt, war getupft mit Dörfern aus steinernen Bauernhäusern mit blühenden Gärten. Hier war der Frühling in seiner vollen Schönheit angekommen. Dies aus dem vorbeifahrenden Zug zu sehen, war so eine erfreuliche Abwechslung nach der Ödnis seines Lebens in den vergangenen dreißig Jahren.

Der vierstündige Halt am Südbahnhof in Wien gab Leonardo die Möglichkeit, sich ein wenig in dieser schönen alten Stadt umzusehen. Was er an Devisen für zwei Würstchen und eine Tasse Kaffee bezahlen musste, erinnerte ihn daran, wie vorsichtig er mit dem begrenzten Geldbetrag in harter Währung, den er aus der Sowjetunion ausführen durfte, umgehen musste. Während sie durch die österreichischen Alpen in Richtung Italien fuhren, bewunderte Leonardo, den Bautechnik faszinierte, die Kunstfertigkeit, mit der die wunderbaren Tunnelsysteme konstruiert waren. Er grübelte darüber, wie gut der Mensch sein kann, wenn er seinen Geist und seine Energie ausschließlich darauf richtet, Dinge zum Wohle der Menschen zu erschaffen und zu bauen, statt seine Mühen auf Krieg, Zerstörung und Umweltkatastrophen zu verwenden.

Je mehr sich der Zug der italienischen Grenze näherte, desto mehr steigerte sich Leonardos Aufregung. Fündundvierzig Jahre waren verstrichen, seit er auf italienischem Boden gestanden hatte. Und nun fuhr er hier in die Grenzstadt Tarvisio ein, wo ein Grenzbeamter, der nur eine Armbinde zur Erkennung und keine Uniform trug, ihn auf Italienisch begrüßte, seinen Namen las und fragte: „Sie sind Italiener?" – „Ja, das bin ich", strahlte Leonardo auf Italienisch. Darauf wurde sein Pass sofort abgestempelt, es folgte ein höfliches „*Arrivederci*" und weiter fuhren sie nach Italien hinein. Es war schon stockdunkel, als der Zug in der pittoresken Stadt Venedig einfuhr, was ihn daran denken ließ, dass er sie auf der Rückfahrt bei Tageslicht würde sehen können.

Als der Zug weiter durch die Nacht fuhr, konnte Leonardo kaum glauben, dass seine Freunde, die ihm ein Telegramm nach Moskau geschickt hatten, wirklich auf ihn warten würden, wenn der Zug um 2:57 Uhr morgens in Bologna am Bahnhof ankam! Je mehr sie sich Bologna näherten, desto nervöser wurde er – er lief den Gang auf und ab wie ein werdender Vater. Schließlich kam der Zug in Bologna zum Stehen. Sein Waggon stand außerhalb des Bahnsteigs, doch mit Hilfe des Schaffners schaffte er es, mit all seinem Gepäck auszusteigen. Erst dann sah er die Gruppe von Menschen, die aufgeregt auf ihn zuliefen, und bald lag er in den Armen vieler lieber alter Freunde – Memo, Gino, Mario und vieler anderer.

Trotz der späten Stunde drängten sich alle glücklich in ein Auto und fuhren los zu Memos Haus, wo Leonardo die nächsten Tage verbringen sollte. In der Stadt gab es viele Anzeichen der politischen Erfolge der Kommunistischen Partei in diesem Gebiet: Straßen, die zu Ehren Garibaldis und Gramscis, eines Gründers der Partei, benannt waren; das Rathaus, wo Genosse Dozza seit 20 Jahren die Stadtverwaltung leitete. In Memos Haus begrüßte ihn Memos Familie herzlich – seine Frau Nina und ihre Töchter Liana und Vera. Liana hatte in Gorki einen Spanier geheiratet, der nach Spanien zurückgekehrt war, um im Bürgerkrieg zu kämpfen, und dort verschollen war. Vera, die in der Sowjetunion geboren war, war die Tochter Ninas und Facinis, doch als Facini nicht aus Spanien zurückkam, übernahm Memo die Rolle des Vaters.

Nach einem üppigen Frühstück und einem Tag Stadtrundfahrt organisierten Leonardos gute Freunde einen Abend zu seinen Ehren in einer örtlichen Kneipe, wo eine Menge italienischer Leckereien und Weine aufgefahren wurde, von denen er in der Vergangenheit nur träumen konnte. Jeder wollte Leonardo zum Abendessen und als Übernachtungsgast einladen. Er war überwältigt von dieser Demonstration warmer Freundschaft und Kameradschaftlichkeit, obwohl es seinem Magen, der so üppiges Essen nicht gewohnt war, nicht so gut bekam.

Gemeinsam mit Gino besuchte er den nahegelegenen Ort Marzabotto. Hier hatten die Faschisten 1945 das Dorf umzingelt und systematisch die ganze Bevölkerung von 1.800 Menschen getötet. Von dort aus besuchten sie die Ausgrabungen einer antiken etruskischen Zivilisation, die den Römern vorausgegangen war. Die Etrusker waren eine hoch entwickelte Gesellschaft und besaßen ein kompliziertes Netz von Brunnen und Wasserleitungen, eine sorgfältig geplante Stadt und Gegenstände, die echte Handwerkskunst zeigten. Er verspürte tiefen Stolz im Inneren, als er darüber nachdachte, wie kultiviert diese etruskischen Vorfahren gewesen waren.

Was für eine Freude, wieder unter guten Freunden und Genossen auf dem Boden seines Herkunftslandes Italien zu sein. Trotz des herzlichen Empfangs, der sicherlich großzügig und ernst gemeint war, blieben einige nagende und ihm zu Herzen gehende Fragen offen. Und der Tag der Abrechnung stand bevor. Er konnte nicht nach Canosa weiterfahren, ohne seine Freunde damit zu konfrontieren. Warum, mit all ihrem politischen Einfluss und Erfolg, warum hatten sie über die Verbrechen gegen unschuldige und engagierte Menschen, die sie gedrängt hatten, in der Sowjetunion Asyl zu suchen, geschwiegen? Wie konnten sie erwarten, dass er diese negative Seite des Lebens in der Sowjetunion verteidige? Wenn das Staatsoberhaupt, Nikita Chruschtschow, öffentlich die Verbrechen Stalins aufdeckte, wie konnte er, Leonardo, ein Opfer dieser Verbrechen, dazu schweigen? Und noch schlimmer, warum halfen die italienischen Kommunisten, die sich ihrer Posten so sicher und der Wahrheit so verpflichtet waren, ihren verfolgten Landsleuten nicht? Bedeutete der Grundsatz internationaler Solidarität und Brüderlichkeit überhaupt etwas? Oder war auch dieses Prinzip Stalin zum Opfer gefallen? Und was war mit der rohen und erniedrigenden Weise, in der Chruschtschow seiner Position entledigt wurde? Sicher empfanden die Italiener auch, wie ehrlos und schrecklich ungerecht dies war. Es war schmerzhaft, ihre Gleichgültigkeit gegenüber den Vorgängen in einem Land, von dem sie immer noch als dem Vaterland der Werktätigen schwärmten, zu akzeptieren.

Italiener sind für ihre langen und lauten Diskussionen bekannt. Und es gab viele davon während seines Besuchs. Eine im Besonderen ergab sich über die Stationierung sowjetischer Raketen auf Kuba. Das war Leonardo neu, denn die sowjetische Presse hatte nicht über Chruschtschows riskantes Vorgehen berichtet. Seine Freunde waren ebenso erstaunt festzustellen, dass die Menschen in der Sowjetunion über ein Ereignis, das die Welt in eine nukleare Katastrophe hätte stürzen können, im Dunkeln gelassen wurden. Durch all diese offenen politischen Auseinandersetzungen blieb Leonardo überzeugt, dass seine italienischen Genossen immer noch an den Sozialismus glaubten, „doch nicht so wie bei Euch in der UdSSR, wo die normalen Leute nicht die geringste Ahnung davon haben, was im Kreml vor sich geht." Daran hatte Leonardo nichts auszusetzen.

Bevor er den Zug nach Rom nahm, gab es noch ein tränenreiches Wiedersehen mit Primo Giovetti, seiner Frau Maria und ihrem kleinen Sohn Geraldo. Sie waren für dieses Zusammentreffen am Ostersonntag extra aus Paris gekommen. Es gab ein Fest zu Ehren Leonardos, das Barzoli organisiert hatte und zu dem auch Bottonelli, der entweder ein Senator oder der Bürgermeister von Marzabotto war, gekommen war.

Am nächsten Morgen, am 20. April, fuhr Leonardo in Begleitung von Memo und Gustavo Trombetti um sechs Uhr morgens nach Rom ab. Nach ihrer Ankunft begaben sie sich gleich zum Hauptquartier der Partei, wo sie den Vorsitzenden Paolo Robbotti zu treffen erwarteten. Doch Robbotti war nicht da und wurde erst um vier Uhr nachmittags zurückerwartet, was ihnen Zeit für einen kleinen Stadtrundgang gab. Als sie zum Parteihauptquartier zurückkamen, begrüßte sie Robbotti und lud sie zu einem späten Abendessen ein. Gil Green, der gemeinsam mit Leonardo einer der Organisatoren der YCL *(Young Communist League,* Junge Kommunistische Liga, d. Ü.) in den Vereinigten Staaten gewesen war, hielt sich ebenfalls gerade in der Stadt auf und schloss sich ihnen an. Green war vor kurzem in Moskau gewesen, wo Leonardo ihn zufällig getroffen hatte. Leonardo hatte sich ganz darauf verlassen, dass sein Freund Green die CPUSA *(Communist Party of the United States of America,* d. Ü.) dazu bringen würde, Druck auf die Sowjets auszuüben, Leonardo zu rehabilitieren und den Weg für seinen Besuch in Italien freizumachen. Doch anscheinend gab es bei der CPUSA auch nicht mehr Bereitschaft, es mit der Führung in Moskau aufzunehmen, als bei den Italienern. Leonardo empfand die Atmosphäre beim Abendessen mit Robbotti als warm und respektvoll, doch am Ende, als Robbotti Leonardo etwas Bargeld gab, um bei der Deckung seiner Ausgaben zu helfen, blieb er mit dem Gefühl zurück, dass dies Blutgeld war, um ein schlechtes Gewissen reinzuwaschen.

Während er in Rom war, wurde Leonardo ins sowjetische Konsulat gerufen. Memo ging mit ihm und verwickelte den sowjetischen Beamten bald in ein langes Gespräch. Erst in einem Nachsatz teilte der sowjetische Beamte Leonardo mit, dass er, sobald er in Bari ankam, einen Antrag auszufüllen habe, in dem alle Verwandten und Freunde, die er während des dreimonatigen Aufenthaltes besuchen wolle, aufzulisten seien.

Am nächsten Tag fuhren sie die schöne *Autostrada del Sole* in Richtung Benevento, Cerignola und Canosa hinab. Sie durchquerten eine Landschaft von Olivenhainen und Weinbergen, die Wahrzeichen dieses Teils Italiens, und Leonardo dachte, dies ist das Gelobte Land, und er war froh, dazu zu gehören. Überall gab es grüne und fruchtbare Täler, Palmen am Straßenrand und in der Ferne schneebedeckte Berge. Plötzlich schmolzen die bitteren Erinnerungen an die langen Jahre im Gefängnis und im Gulag dahin, versöhnt von diesem sonnigen Ausblick. Es dauerte den ganzen Tag, Canosa zu erreichen. Seine Gefühle erreichten einen Höhepunkt, als er in der Ferne das Castello sah, wo er als Junge Drachen hatte steigen lassen.

Doch die Zeit war nicht stillgestanden. Er hatte Mühe, sein Elternhaus wiederzufinden, als sie nach Canosa kamen. Schließlich hielten sie vor dem Haus Nr. 25, doch bevor er klopfen konnte, flog die Tür auf, seine Tante Nardina lag ihm in den Armen und sie beide weinten wie kleine Kinder. Onkel Peppino (der jüngste Bruder seiner Mutter) hatte in der Hoffnung, sie im Auto vorbeifahren zu sehen, am Rathaus gewartet und kam kurz darauf, um sich an der rührenden Willkommensszene zu beteiligen. Bald kamen auch zwei Brüder seines Vaters, Onkel Antonio und Onkel Michele. Die Gefühle, die bei einem solchen Wiedersehen aufkommen, lassen sich mit Worten nicht angemessen beschreiben. Fast eine kleine Armee von Verwandten, Onkeln, Tanten, Nichten, Neffen, Schwägerinnen und Schwagern, Cousins und Cousinen, Enkelkindern usw. füllte das kleine Haus. Alle redeten durcheinander, es gab gutes Essen und die besten Weine der Gegend, während Leonardo die traditionellen russischen Löffel und Schalen verschenkte. Aber man erinnerte ihn, dass seine Gegenwart das schönste Geschenk sei.

Was ist schon ein Besuch im Ausland, wenn man nicht einen Stapel Postkarten an die eifersüchtigen Daheimgebliebenen verschickt? Also ging Leonardo in Begleitung Memos zum Tabakladen, um Postkarten und Briefmarken für ungefähr 50 Freunde und Verwandte in der UdSSR und in den Staaten zu besorgen. Memo legte etwas fürs Frankieren dazu.

Dann ging es weiter zur Polizeiwache des Ortes, wo Leonardo sich melden und einen langen Fragebogen ausfüllen musste. Man versicherte ihm, dass er sich frei bewegen könne. Doch wenn er seine Reiseroute ändere, müsse er sich bei der örtlichen Polizei melden. Damit war sein befristeter Aufenthalt genehmigt. Unglücklicherweise mussten Memo und Trombetti nach Bologna zurückkehren, ohne ihm das Empfehlungsschreiben von Robbotti an die Parteileitung in Bari zu geben. Was würde er ohne dies tun, wenn er Hilfe brauchte? Wie konnte er beweisen, wer er war? Er hielt es für keine besonders gute Idee, ihnen zu erklären, dass er der Neffe Michele Damianos, des führenden Anarchisten Canosas und bitteren Gegners der Kommunistischen Partei Italiens, war. Leonardo schickte sofort einen Eilbrief an Memo mit der Bitte, ihn aus dieser peinlichen Situation zu befreien.

Plötzlich beanspruchten andere Dinge Leonardos Aufmerksamkeit. Ein Eilbrief von seiner Schwester Rose aus Boston traf ein, der besagte, dass sie und ihre jüngere Schwester Antonetta am 27. April um 21:15 Uhr in Bari einträfen. Leonardo flehte Memo an, jemanden von der Partei zum Flughafen in Rom zu schicken, um seinen Schwestern zu helfen.

Es schien, dass alle seine Verwandten auf ihre Art etwas Besonderes waren. Wie er von Verwandten zu Verwandten reiste, erfuhr er die besonderen Qualitäten jeder und jedes einzelnen. Sein Onkel Michele, der Anarchist, war ein großer Gärtner. Was für ein wunderschönes Zuhause er auf dem Land hatte – ein ertragreicher Weinberg, Oliven, Feigen und Pfirsichbäume, die köstliche Kindheitserinnerungen wachriefen. Leonardo griff sogar zu dem Kindheitstrick, noch grüne Mandeln zu essen, was seinen Onkel schmunzeln ließ, der sich daran erinnerte. Dann setzte Michele vorwurfsvoll hinzu: „Warum hast du deinen Besuch nicht für den Herbst geplant, wenn alle Früchte geerntet werden?" Leonardo nickte zustimmend und beherzigte diesen Rat bei zukünftigen Besuchen. Doch dieses Mal würde er den Genuss nicht hinauszögern, denn es hatte ihn große Mühe und viele Jahre gekostete, die sowjetischen Behörden davon zu überzeugen, ihm einen Besuch in Italien zu erlauben.

Die nächste Station war ein Besuch bei seinem Onkel Peppino und im Haus seines Großvaters mütterlicherseits. Wie viele Erinnerungen waren für ihn mit diesem alten Haus verbunden! Besonders die Bänke vor dem Haus, wo Großpapa Tomaso kleine Spielzeugkarren gebaut hatte und wo er als kleiner Junge bestraft worden war, weil er vor den Augen seines Großvaters, der das Militär verachtete, die Soldatenmütze seines Vaters aufgesetzt hatte. Da war das Nachbarhaus, wo Leonardo und seine Spielkameraden aus der Nachbarschaft Pfeile aus zerbrochenen Regenschirmspeichen auf die Tür geschossen hatten, die immer noch Spuren davon zeigte. Gab es etwas Erfreulicheres, als solche Kindheitserinnerungen wieder zu durchleben? Weiter ging es, als nächstes eine sehr schmale, nicht mehr als vier Meter breite Gasse hinab zu einem anderen Haus voller Erinnerungen. Dies war das Haus, das sein Vater gebaut hatte, als er seine Mutter heiratete. Hier war es, wo seine Mutter, als er noch ein Kleinkind war, eine Wanne Wasser zum Wärmen in die Sonne stellte, um ihn vor der Haustür zu baden. Er sah die vielen Vasen mit Nelken und anderen blühenden Blumen noch vor sich und konnte sich den köstlichen Duft des frisch wachsenden *basilico* (Basilikum) in Erinnerung rufen. Aus diesem Haus, und die Erinnerung ließ ihm erneut die Tränen kommen, war er als Kind mit seiner Mutter, seiner Schwester Rose und seinem kleinen Bruder Vincenzo in ein fernes Land, die Vereinigten Staaten, aufgebrochen.

An diesem Abend luden Onkel Antonio, seine Cousine Lida und ihr Mann Nino Gäste zu Ehren Leonardos ein. Das Abendessen war so reichhaltig, dass Leonardo am nächsten Tag ziemlich übel war. Doch wie konnte er den frischen Erbsen in Olivenöl, Nudeln mit Tomatensauce, Tintenfisch und Muscheln, gefolgt von Provolone-Käse, Früchten und Nüssen, Salaten, Wein usw., widerstehen? Diese wohlmeinenden Verwandten hatten eindeutig keine Vorstellung davon, dass der karge russische Speiseplan die Aufnahmefähigkeit seines aus Italien stammenden Magens verringert hatte. Oh, wenn er nur etwas von diesem Überfluss mit zurück zu Lucy, Sammy und seiner Familie nehmen könnte.

Während er bei seinen Verwandten zu Besuch war, entdeckte Leonardo etwas ihm bisher Unbekanntes aus der Familiengeschichte, sozusagen ein Skelett im Schrank. Um Gerüchten nachzugehen, spielte Leonardo im Rathaus ein wenig Detektiv. Es ist immer überraschend für Menschen aus dem Westen, dass Rathäuser in Europa kleine Archive des Lebens der Gemeinde bilden. Dort stieß er auf die Antwort. Bevor sein Vater Savino seine Mutter Maria Liantonio geheiratet hatte, war er mit einer Frau namens Desiderio, die im Kindbett starb, verheiratet gewesen. Nicht gerade ein ungewöhnliches Skelett in jenen Zeiten primitiver medizinischer Versorgung. Als der Amateurhistoriker, der er war, fotografierte Leonardo jedes Familientreffen, schrieb sorgfältig auf, wer mit wem verheiratet war, und zeichnete einen Familienstammbaum auf, den er unbedingt

Rose und seinen anderen Verwandten sowie Lucy und Sammy zeigen wollte.

Der Tag der Ankunft Roses und Antonettas stand schließlich vor der Tür und er machte sich auf den Weg nach Bari, wobei er viel Zeit zum Besichtigen dieser historischen Landschaft und zum Bummeln am Hafen einplante. Leonardo war nicht sicher, ob er seine Schwestern wiedererkennen würde. Rose war erst 17 und Antonetta gerade neun Jahre alt, als er vor 33 Jahren die Staaten verließ. Beide waren nun erwachsene Frauen. Er konnte nicht einmal darauf zählen, dass Antonetta die Kleinere der beiden war. Als Passagier nach Passagier aus dem Flugzeug stieg, fragte sich Leonardo, ob sie vielleicht den Flug verpasst hätten. Schließlich erblickte er zwei Frauen, die gerade ausstiegen. Ja, das mussten sie sein. Als sie näher kamen, traf Roses Blick auf Leonardo, und nach kurzem Zögern folgte ein freudiger Ausbruch des Erkennens und sie lag ihm in den Armen. Und tatsächlich, seine jüngere Schwester war die Größere. Freudentränen flossen ungehemmt und die anderen Verwandten, fünfzehn im ganzen, umringten sie und begrüßten sie herzlich. Es gab so viel zu erzählen und aufzuholen, doch es stand noch die lange Fahrt nach Canosa bevor. Obwohl es mehrere Wagen gab, wollten sich die Schwestern nicht von Leonardo trennen und er quetschte sich zwischen sie und sie fuhren zurück nach Canosa für ein Zusammentreffen, das niemand je vergessen würde.

In dieser ersten Nacht schliefen sie nicht viel, da die beiden Schwestern nach 33 Jahren ihren Bruder Leonardo neu kennenlernten. Selbst am nächsten Morgen war Leonardo zu aufgeregt, um seine Schwestern über die Zeitverschiebung hinwegkommen zu lassen. Er weckte sie früh und sagte ihnen, sie könnten schlafen, wenn sie wieder daheim in den Staaten seien. Ihre gemeinsamen Tage waren nicht nur erfüllt mit Gesprächen über die Familie. Sie nahmen sich die Zeit, Neapel, Pompeii und natürlich Bologna, Memo und alle in seinem Umfeld zu besuchen. Ein Besuch in Venedig bildete den krönenden Abschluss vor einem tränenreichen Abschied und der Rückkehr seiner Schwestern in die Staaten.

Zurück in Canosa, beschloss Leonardo, dass seine Beziehung zu seinen Verwandten mehr erfordere als nur Gespräche über reine Familienangelegenheiten. Da er in einer Welt mit wirklichen Problemen lebte, fühlte er, dass er nicht nur seine früheren Hoffnungen mit ihnen teilen müsse, sondern auch, was ihn bittere Erfahrung über diese politischen Fragen gelehrt hatte. Seine Familie verschloss sich solchen Fragen bestimmt nicht.

Sie teilten eine lange Tradition erbitterter Opposition gegen den Faschismus und hatten dafür den Preis von Gefängnisstrafen und Verbannung gezahlt. Onkel Antonio, der als Sozialist wegen antifaschistischer Aktivitäten verhaftet worden war, vertrat nun eine gemäßigtere Haltung als Republikaner. Onkel Michele war ein wettergeprüfter Politiker und überzeugter Anarchist. Seine häufigen und offenen Angriffe gegen die Kommunistische Partei Italiens hatten sicherlich dazu beigetragen, dass die PCI jegliche Intervention in Moskau zugunsten Leonardos sehr langsam anging. Vielleicht fürchtete die PCI, dass Leonardo und Michele bei seiner Rückkehr gemeinsame Sache gegen sie machen würden. Und natürlich hatte Leonardo aus seiner tiefen Enttäuschung darüber, dass die Führung der PCI keinen Finger gerührt hatte, um unschuldigen Italienern, die unter den Repressalien der Sowjets litten, zu helfen, auch in Moskau nie ein Geheimnis gemacht. Natürlich konnte der überzeugte Anarchist Onkel Michele sich nicht länger zurückhalten, als Leonardo diese Fragen ansprach. Er führte nicht nur seine gewohnten Angriffe gegen die italienischen Kommunisten, sondern fügte noch ein Trommelfeuer gegen die Sowjetunion und ihre Politik unter Stalin hinzu. Leonardo konnte ihm inhaltlich nur zustimmen. Er wusste nur zu gut um die Wahrheit. Doch wenn dieser Onkel glaubte, er könne Leonardo für den Anarchismus gewinnen, musste er scheitern. Das Verhältnis zwischen ihnen verschlechterte sich so weit, dass Leonardo es angenehmer fand, zu seinem Onkel Peppino umzuziehen, wo die politischen Debatten weniger heftig und persönlich zugingen.

Trotz seiner Enttäuschung über die Antwort der Parteiführung auf seine Bitte suchte Leonardo dennoch Mataresse, den örtlichen Vorsitzenden der PCI in seiner Heimatstadt, ehemaligen Bürgermeister Canosas und jetzigen Parlamentsabgeordneten der PCI in Rom, auf. Ihre Begegnung war angenehm. Mataresse hörte sich Leonardos Geschichte geduldig an und machte die gleichen vagen Versprechungen, ihn zu unterstützen, wie schon Togliatti und Di Vittorio. Die Frage war natürlich, ob er im Gegensatz zu den anderen tatsächlich etwas zu unternehmen gedachte.

Ein Ziel, das Leonardo sich für seinen Aufenthalt in Italien gesetzt hatte, war es, jemanden in der Partei zu finden, der handeln und nicht nur Versprechungen machen würde. Und nun reiste er zurück nach Norden nach Rom, wo er bei seinem Cousin Savino Sorrenti, dem Sohn der Schwester seines Vaters, Lucia, bleiben würde, bevor er nach Moskau zurückfuhr. Unglücklicherweise ergaben auch diese letzten Tage keine klareren Aussichten für die Zukunft. Leonardo blieb nur, sich an einen letzten Strohhalm zu klammern. Einige schlugen vor, er solle einfach in Italien bleiben und von dort aus um die Wiederherstellung seiner Staatsbürgerschaft kämpfen. Wäre er allein gewesen, hätte dies eine Möglichkeit sein können, doch er hatte Familie in Moskau. Da waren seine Frau Lucy, die er sehr liebte, und sein Sohn Sammy, dessen Frau und zwei hübsche Enkelsöhne. Außerdem konnte Leonardo nicht abschätzen, was der sowjetische Staat und die Partei gegen die Zurückgebliebenen unternehmen würden. Das Risiko war zu groß.

Andere überlegten, dass die Dinge sich dank Chruschtschow geändert hätten, doch ihn gab es nicht mehr, er war abgesetzt und wer konnte schon sagen, was der nächste tun würde? Selbst bei all den Veränderungen unter Chruschtschow war nichts unternommen worden, um den mächtigen und despotischen KGB abzubauen. Außerdem, argumentierte Leonardo, sei er kein junges Huhn mehr und in einem anderen Land noch einmal ganz von vorne anzufangen, sei nicht leicht. Also kehrte er nach Moskau zurück, voller Erinnerungen an freudige Familienfeste und beladen mit Geschenken seiner italienischen Freunde und Verwandten für diejenigen in der UdSSR. Sorgen über die Zukunft und was noch passieren könne, lagen ihm schwer auf der Seele. Er trug allerdings Einladungsschreiben zum Besuch seiner Schwester Rose in den USA in der Tasche. Noch ein Projekt, um ihn in seiner Freizeit zu beschäftigen. Was für Geschichten würde er seiner Familie und den Kollegen in der Werkstatt über seinen Besuch in der seltsamen Welt jenseits der Grenzen der Sowjetunion erzählen können!

Kapitel 15
Hello Boston – Arrivederci Papa

Der Besuch in Italien und die nachlassende Gesundheit seines Vaters veranlassten Leonardo, sich verstärkt um die Erlaubnis zu bemühen, Moskau zu verlassen und die USA zu besuchen. Nun waren seine ausdauerndsten Verbündeten seine Schwestern Rose und Antonetta, die Breschnew und Kossygin mit einer Flut von Briefen überschütteten, in denen sie den schlechten Gesundheitszustand seines Vaters mit Krankenhausberichten dokumentierten und dringend um Erlaubnis für ihren Bruder Leonardo baten, seinen Vater zu sehen, bevor dieser aus dem Leben schied.

Ebenso unterschrieben Rose und ihr Mann Salvatore Perdicaro Bürgschaften für den Besuch, in denen sie garantierten, dass Leonardo dem Staat nicht zur Last fallen werde, dass er nur seinen sterbenden Vater besuchen wolle und dass er das Land nach diesem kurzen Besuch wieder verlassen werde.

Die Krankenhausberichte waren nicht ermutigend, so dass Leonardo bei allen Ebenen der Behörden nicht locker ließ. Wieder einmal mussten zuerst die Parteifunktionäre in der Werkstatt allem zustimmen. Die Schlüsselperson, ein Mann namens Jurkin, antwortete, als Leonardo ihn anflehte, die Genehmigung zu beschleunigen, gleichgültig: „Wir hier sind der Meinung, Ihr Vater sollte Sie besuchen kommen!" Diese Hartherzigkeit und bürokratische Engstirnigkeit einem achtzigjährigen Mann gegenüber brachte Leonardo zur Weißglut. Von ihrer Seite aus kümmerten sich Rose und Antonetta um die US-Beamten. Schließlich erhielt Leonardo am 18. Juli 1966 einen Brief vom US-amerikanischen Konsul in Moskau, William T. Shinn Jun., mit der Einladung, in der Botschaft vorzusprechen. Der Brief enthielt eine Bestätigung vom sowjetischen Außenministerium, dass die Miliz seinen Zugang zur Botschaft nicht behindern werde. Das Gespräch war warm und freundlich. Shinn versprach, dass seinem Antrag für ein US-Visum entsprochen werde, und setzte sich in Verbindung mit dem sowjetischen Außenministerium, um die Bearbeitung des Passes und des Visums zu beschleunigen. Shinn sagte Leonardo sogar, wo er schnell Rubel in US-Dollar umtauschen könne und wo in Moskau er sich gegen Pocken impfen lassen könne, was eine Einreisebestimmung war. Solche Zuvorkommenheit von einem Land, dass ihn einst hatte abschieben lassen, stand in krassem Gegensatz zu der Verachtung, die einige Regierungen ihren eigenen gesetzestreuen Bürgerinnen und Bürgern gegenüber zeigten. Es gab eine Vorschrift der US-Botschaft, die Leonardo nicht beachtete. Man hatte ihm gesagt, dass er gleich nach dem Kauf seines Flugscheines die Botschaft über Datum und Zeit seiner Ankunft in New York informieren solle. Er fürchtete (und sicherlich hatten die Erfahrungen in seinem Leben ihn geprägt, diese Anweisung so zu interpretieren), dass dies ein Trick sei, damit das FBI oder ein anderer Geheimdienst ihn leichter verfolgen könne. Leonardo wollte, dass seine Familie ihn als erstes begrüße und dass dieser Besuch „reine Familienangelegenheit" bleibe.

Während Leonardo hastig die letzten Vorbereitungen für den Besuch traf, kamen von beiden Schwestern Briefe an. Mit zitternden Händen riss er den Umschlag auf und las mit Entsetzen, dass sein Vater am 2. Juni 1966 gestorben sei. Sie hatten ihm nicht sofort geschrieben, da sie nicht wollten, dass er den geplanten Besuch in Boston absage. Leonardo war entsetzt und sehr niedergeschlagen. Mehr als sechs Monate lang hatte er sich unaufhörlich abgemüht, um für diesen Besuch alle Hürden zu überwinden. Nach drei Dutzend Jahren der Trennung war er verzweifelt, dass er seinen Vater nicht noch einmal umarmen können würde. Er weinte wie ein Kind, als er die letzten Briefe seines Vaters noch einmal las. Was für liebevolle Erinnerungen sie wachriefen. Wenn ihm auch die letzte Umarmung verwehrt war, würde er wenigstens ein paar Blumen auf sein Grab legen können. Also traf er die letzten Vorbereitungen für den Flug nach New York und weiter nach Boston.

Bei seiner Ankunft in New York am 10. September 1966 war er überglücklich, seine Schwestern Rose und Antonetta zu sehen, die nach New York gekommen waren, um ihn auf der letzten Etappe des Fluges nach Boston zu begleiten, wo zahlreiche Familienmitglieder warteten, um ihn zurück in den Staaten willkommen zu heißen. Bei jeder Umarmung vermischten sich Tränen der Freude und der Trauer, Willkommen für Leonardo und *„Arrivederci* Papa". Vor ihm lagen Tage, die an seinen Empfang in Italien erinnerten, weil jeder Zweig der Familie sich bemühte, die anderen mit gutem Essen und Trinken noch zu übertreffen. Jede Stunde, die er mit seinen Schwestern und seinen Brüdern Tommy und Mike verbrachte, und das Kennenlernen seiner jüngeren Nichten und Neffen entschädigten sie und trösteten sie über den gemeinsamen Verlust, unter dem sie noch litten, hinweg.

Die dreimonatige Aufenthaltsgenehmigung lief bald aus und die Familie flehte Leonardo an, eine Verlängerung zu beantragen. Mit der Botschaft in Washington zu verhandeln war ein Kinderspiel im Vergleich zu den bürokratischen Hindernissen, die er im Außenministerium in Moskau zu überwinden hatte. Er musste dennoch Lucy bitten, für ihn eine Verlängerung bei seinen Vorgesetzten bei ZIL zu erwirken. Sein Besuch in den Staaten lief bisher zu glatt, als dass es so hätte weitergehen können. Eines Morgens erschienen zwei Männer bei Rose zu Hause und fragten nach einem Leonardo Damiano. Sie bat sie herein und rief Leonardo. Sie identifizierten sich als FBI und hatten nur wenige Fragen. Leonardos ursprüngliche Vermutung zeigte sich berechtigt. Er sagte ihnen, sie könnten fragen, doch er würde entscheiden, was er antworte. Kein Problem, erwiderten sie. Sie fragten nach seinem Ankunftsdatum und dann eine seltsame Frage: „Mr. Damiano, wo ist Ihr Sohn?" Einen Moment lang überrascht, antwortete Leonardo sofort: „Zu Hause in der Sowjetunion. Warum fragen Sie?" – „Nun, wissen Sie", antworteten sie, „die Sowjetunion schickt unter vielen verschiedenen Umständen Agenten in unser Land." Sie wurden von einem zornigen Ausbruch Leonardos unterbrochen: „Mein Sohn ist kein Agent, er ist zu Hause bei seiner Familie." Augenblicklich erfüllte Leonardo die vertraute und hartnäckige Angst, dass für seine Familie beständig Schwierigkeiten lauerten. Die nächste Frage verriet amateurhafte Detektivarbeit: „Mr. Damiano, haben sie jemals Jack Donald in der Sowjetunion getroffen?" Leonardo konnte kaum ernst bleiben. Das war ein falscher Name, den er im Gebiet um Buffalo gebraucht hatte, als er vor 36 Jahren die Junge Kommunistische Liga organisiert hatte. Das FBI dachte wahrscheinlich, sie seien einer großen Sache auf der Spur. Mit einer Handbewegung tat Leonardo die Frage ab. „Ich weiß nicht, wovon Sie sprechen. Rose, würdest Du bitte die Flasche guten russischen Wodka bringen und den Herren einen guten Drink servieren?" Während sie tranken, fragten der eine: „Ist der wirklich aus Moskau?" Als sie gingen, warnten sie Leonardo beiläufig, dass sein Visum ihn nicht zu Reisen außerhalb Bostons berechtige, was er wusste und respektierte. So endete seine Begegnung mit dem FBI. Eine zahme Angelegenheit im Vergleich zu früheren Auseinandersetzungen mit dem FBI und allem, woran sowjetische Geheimdienste beteiligt waren.

Der Besuch in den USA ließ die Fragen seiner Familie wieder aufleben, warum er sich nicht um die Wiedererlangung der US-Staatsbürgerschaft bemühe und in die USA ziehe? Obwohl er dies wieder und wieder überdacht hatte, tauchten stets unberechenbare Probleme auf. Was wäre mit seiner geliebten Lucy? Würden die Sowjets sie ihm in die USA folgen lassen? Und was wäre mit seinem Sohn Sammy und seiner Familie? Dann schwebte über allem die beständige Unsicherheit, was die Zukunft in der Sowjetunion bringen könne. Man brauchte sich nur die abrupte Absetzung Chruschtschows, der mutig die Verbrechen Stalins aufgedeckt hatte, anzusehen. Bedeutete dies eine Rückkehr zu der Politik und den Praktiken nach der Art Stalins? Wie konnte er seine engsten Angehörigen, die noch in der Sowjetunion waren, am besten schützen? Seine Familie wusste um die schmerzhafte innere Auseinandersetzung, doch sie widerstand der Versuchung, für ihn eine Entscheidung zu treffen. Als es Februar wurde und seine dreimonatige Verlängerung auslief, kehrte Leonardo zu seiner Familie nach Moskau zurück.

Die beiden Besuche in Italien und Boston führten dazu, dass Leonardo den Familienangelegenheiten höchste Aufmerksamkeit widmete. Sein Ziel, fast eine fixe Idee, war es, alle, Sammy, seine Frau, ihre Kinder und seine Ex-Frau Elsie, aus Saporosche in der Ukraine nach Moskau zu bringen. Er wollte seine kleine Familie, alle Angehörigen, die er in der UdSSR hatte, näher bei sich haben und war sich sicher, dass sie diese Hoffnung teilten. Leonardo hoffte, dass dieser Umzug einige der alten Barrieren zwischen ihm und Sammy, der ihn für den Bruch mit Elsie verantwortlich machte, einreißen würde. Er wusste, dass der Bruch ein wichtiger Grund dafür gewesen war, dass Sammy von Gorki in die neue kleine Autofabrik in der Ukraine gewechselt hatte. Leonardo suchte ständig nach Gelegenheiten, diese Wunde zu heilen. Bevor er aus Boston abgereist war, hatte Rose ihm geholfen, Geschenke für seine ganze Familie einschließlich Elsies zu kaufen. Die meisten schickte er voraus, nur um herausfinden, dass Sammys Frau Lida viele der Sachen, die er für Elsie ausgesucht hatte, an sich genommen oder verkauft hatte. Wer weiß, unter welchem Druck sie stand, für andere Bedürfnisse der Familie aufzukommen?

Bald nach seiner Rückkehr nach Moskau kam Sammy zu Besuch und Leonardo fragte seinen Sohn: „Würdest du gerne deine Familie zum Leben nach Moskau bringen und mit mir in der Werkstatt arbeiten?" Sammy stimmte schnell zu, doch er machte sich berechtigterweise Gedanken über die Genehmigung, in der Stadt zu wohnen. Leonardo versicherte Sammy, dass er wolle, dass Sammy komme und den Weg dafür freimachen werde, mit Wohnberechtigung und allem übrigen. Unverzüglich wandte er sich als erstes an den stellvertretenden Leiter der Abteilung für Karosserieentwicklung, der schnell zustimmte, dass er Sammy gebrauchen könne. Als nächstes ging er zu dem Komitee des Werks, das für Wohnungen zuständig war. Nachdem alle Formulare ausgefüllt waren, schrieb er an den Direktor der Fabrik in der Ukraine, Herrn Serikow, und bat um Sammys Entlassung. Um nichts unversucht zu lassen, schrieb Leonardo auch an Parteifunktionäre in beiden Werken und das Moskauer Zentralkomitee und erwähnte dabei seine langjährigen Verdienste. Seine Erfahrungen mit der sowjetischen Bürokratie aus der Vergangenheit ließen ihn jedes Hindernis vorausahnen. So überraschte es ihn nicht, dass mehr als zwei Monate vergingen, bevor er eine erste Antwort erhielt. Die Beamten in der ukrainischen Autofabrik sagten, dass sie Sammy frühestens in sechs Monaten entlassen könnten, doch Leonardo gerne in der

Zwischenzeit in die Ukraine umziehen könne. Fast gleichzeitig machte ZIL eine vage Zusage, dass Sammy dorthin kommen könne. Sie versprachen ihm eine Unterkunft und die Stelle, sobald er seine Entlassung in der Ukraine sicherstellen könne. Die Zeit verstrich und Sammy wurde ungeduldig. Er verstand nie, dass Leonardo alles, was er anfing, beharrlich zu Ende brachte. Plötzlich zog Sammy an seinem Arbeitsplatz alle Aufmerksamkeit auf sich. Leute, die ihn nie groß beachtet hatten, sagten ihm nun wiederholt, wie wertvoll er sei, und taten alles, was sie konnten, um ihn von seinem Umzug nach Moskau abzubringen. Als Sammy nach Moskau zu Besuch kam, war er überrascht, als Leonardo ihm die ihm zugeteilte Wohnung zeigte, ein Drei-Zimmer-Appartement im siebten Stock nahe einer Metrostation. Sammy wusste, dass dies eine ideale Wohnung war, doch er konnte nicht glauben, dass sie ihm sicher sei. Leonardo beruhigte ihn, dass er alles im Griff habe. Als Sammy und seine Familie wie geplant zu Jahresende ankamen, stand Leonardo zu seinem Wort – Sammy erhielt die offiziellen Dokumente, die für die Anmeldung und seinen neuen Arbeitsplatz erforderlich waren. Leonardo konnte es selbst kaum glauben, dass er die byzantinische sowjetische Bürokratie gemeistert hatte, und Sammy und seine Familie waren tief beeindruckt. Lida bemerkte, als sie in der Wohnung auspackten: „Weißt du, Pa, die Leute haben gefragt, wo wir wohnen und ob du ein Minister in Moskau seist?" – „Wieso denn das?", fragte er. „Nun", setzte sie fort, „nur Minister und solche mit einem hohen Posten haben eine Stelle und eine Wohnung in Moskau."

Leonardo tat es besonders gut, dass seine Schuldgefühle wegen der Trennung von Elsie nicht unüberwindlich zu sein schienen. Lucy und Elsie wurden bald gute Freundinnen und Elsie fühlte sich bei Sammys Familie wohl. Leider blieb Sammy nicht lang bei ZIL. Nach allem, was Leonardo dafür getan hatte, wäre es eine Untertreibung, von Enttäuschung zu sprechen. Zwar arbeitete Sammy gut und war sogar für eine Beförderung vorgesehen, doch sein jähzorniges Temperament war sein Untergang. Bei einem Wochenendausflug wurde Sammy seinem Chef gegenüber ausfallend und daher versetzte man ihn an das Werk für den Kleinwagen *Moskwitsch* (der sowjetische *Chevette*) anderswo in Moskau. Auch dies war nicht von Dauer und Sammy wurde wieder zu seiner alten Stelle in die Ukraine gelockt. Dieser Umzug trennte die Familie, da Sammy seinen Sohn Leonardo mitnahm, aber Lida und ihren jüngeren Sohn Enrico sowie Elsie, die sich von Lida entfremdet hatte, zurückließ. Leonardo und

Lucy halfen Elsie, eine Wohnung zu finden und einzurichten. Für eine Weile arbeitete Elsie als Zugehfrau, doch das hörte auf, als sie krank wurde und ins Krankenhaus musste. Leonardo und Lucy besuchten sie oft und brachten ihr Obst und andere notwendige Sachen. Auf dem Krankenhausbett enthüllte Elsie, welchen Kränkungen sie ausgesetzt gewesen war, als sie mit Sammy und besonders Lida zusammenlebte. Wie sehr hatte Leonardo gewünscht, dass Elsie und Sammy in den Staaten geblieben wären, als er 1933 aus den Vereinigten Staaten abgeschoben wurde. Sicherlich hätte sie einen neuen Mann und Vater für Sammy gefunden und ihr wären die Schrecken des Lebens in der Sowjetunion erspart geblieben. Dieses „hätte doch, wäre doch" ging ihm nun ständig durch den Kopf, wie damals während der langen Jahre im Gulag. Er schien die Schuldgefühle nicht abschütteln zu können. Leonardo und Lucy sorgten dafür, dass Elsie in ein Krankenhaus in ihrer Nähe verlegt wurde, damit sie sie öfter besuchen konnten. Nach weiteren Operationen starb Elsie. Ohne Leonardo zu fragen, entschieden Sammy und Lida sich zu einer Kremation und ließen ihre sterblichen Überreste in einer Urne auf einem Moskauer Friedhof beisetzen. Danach verschlechterte sich das Verhältnis zu Sammy noch mehr. Sie schienen nur dann Kontakt zu haben, wenn Sammy ein paar zusätzliche Rubel brauchte. Es sah so aus, dass es für Sammy an seinem alten Arbeitsplatz nicht gut lief, genauso wenig wie mit seiner entfremdeten Frau Lida. Es war nur eine Frage der Zeit, bis er seinen Vater um Hilfe bitten würde, zurück nach Moskau zu kommen.

Kapitel 16

Leonid Breschnew regierte die Sowjetunion von 1965 bis zu seinem Tod 1982. Bald nachdem Chruschtschow von der Macht verdrängt worden war, machte sich die neue Führung daran, viele von ihm eingeführte Reformen wieder aufzuheben. In vieler Hinsicht stellte die Ära Breschnew eine Rückkehr zur Stalinzeit dar, doch gab es auch einige entscheidende Unterschiede, die die beiden Herrschaftssysteme voneinander abhoben.

Das deutlichste Anzeichen für das Ende der Reformperiode der vergangenen Jahre war, dass die neue Führung die Freiheit der Menschen zu sprechen und zu publizieren wieder stark einschränkte. Die entscheidendste Einschränkung lag darin, dass die Diskussion über die Verbrechen der Stalinzeit beendet wurde. Das Ende von Chruschtschows Politik der Entstalinisierung endete allerdings nicht damit. Alle grundlegenden Strukturen des stalinistischen Systems in Wirtschaft und Staatswesen wurden wieder gestärkt und viele, die sich in den Jahren der Regierung Chruschtschows einen Namen als Reformer gemacht hatten, sahen nun ihre Laufbahn zum Stillstand gebracht und ihre Publikationsfreiheit beschnitten. Viele strukturelle Veränderungen, die Chruschtschow sowohl im politischen System als auch in der Wirtschaft eingeführt hatte, machte man rückgängig oder ließ sie im Sande verlaufen.

Dennoch stellte die Regierung Breschnew in einem wichtigen Bereich die Uhren nicht ganz zurück in die Jahre der Herrschaft Stalins. Das System des Terrors und der Arbeitslager, von Denunziation und Verbannung, wurde nie wieder in systematischer Weise eingeführt. Die Regierung Breschnew setzte statt dessen auf eine Art „Gesellschaftsvertrag", unausgesprochen, aber in der Bevölkerung insgesamt relativ klar. Dieser Gesellschaftsvertrag besagte effektiv folgendes: „Wenn ihr (die Bevölkerung insgesamt) die Regeln einhaltet, wenn ihr nicht die Herrschaft der Kommunistischen Partei anzweifelt oder größere bürgerliche Freiheiten einfordert und wenn ihr eure Arbeit relativ effizient erledigt, werden wir (der Staat) euch mehr oder weniger in Ruhe lassen, die geringfügige Korruption, in die die meisten von euch verwickelt sind, um irgendwie durchzukommen, ignorieren und euch versprechen, dass euer Lebensstandard sich schrittweise verbessern wird und eure Kinder besser gestellt sein werden als ihr." Und der Kern der Sache ist, dass die Sowjetunion für fast zwanzig Jahre mehr oder weniger auf dieser Grundlage operierte. Der Preis dafür war, mit einem über die Zeit hin weniger effizient und innovativ werdenden System und einer immer zynischer werdenden Bevölkerung leben zu müssen.

Während dieser Zeit kehrte die Sowjetunion niemals zu der stalinistischen Außenpolitik zurück, die die Anfänge des Kalten Krieges charakterisierte. Die Regierung Breschnew folgte weiterhin dem Weg der Entspannung und friedlichen Koexistenz, hielt den Wettstreit mit dem Westen in Europa in einem erträglichen Rahmen und führte nur (sic! d. Ü.) in Entwicklungsländern Stellvertreterkriege. Die Ära Breschnew war natürlich die Zeit der Abkommen zur Rüstungsbeschränkung und anderer Verträge zur Regulierung des Konfliktes zwischen der Sowjetunion und den Vereinigten Staaten. Erst in den letzten Jahren der Regierung Breschnews, nach der Invasion in Afghanistan und der Wahl Ronald Reagans zum Präsidenten der Vereinigten Staaten, kam der Prozess der Entspannung ins Stocken. An diesem Wendepunkt begann die Wirtschaft der Sowjetunion Anzeichen von extremer Überlastung aufzuweisen und die alternde Führung der UdSSR zeigte durch Tatenlosigkeit ihre Unfähigkeit, die wachsenden Schwierigkeiten der Sowjetunion zu bewältigen.

P.T.C.

Kapitel 16
Leonid Breschnew: Eine Rückkehr zum Stalinismus

Es ist schwer zu begreifen, dass Chruschtschows weit reichende Reformen, die den Terror der Stalinzeit beendet hatten, wieder am Nullpunkt angelangt waren. Die Vertreter der harten Linie hatten wieder das Sagen. Das „Tauwetter", das sich sowohl auf kulturelle und gesellschaftliche Bereiche ausgedehnt als auch das verhasste und gefürchtete System der Zwangsarbeit beendet hatte, war so schnell vorbei, wie es gekommen war. Doch die Reformen Chruschtschows rührten niemals die politische, soziale oder wirtschaftliche Infrastruktur an, die weiterhin im Übermaß von oben nach unten operierte. Der Parteiapparat und seine Funktionsweise blieben unverändert, wie alle staatlichen Bürokratien einschließlich des gefürchteten KGB. Selbst die Wirtschaft war immer noch total zentral geplant (was ihr die Bezeichnung „Kommandowirtschaft" verschaffte), trotz der wachsenden Komplexität, die im Zuge der Industrialisierung und Modernisierung entstanden war. Diese komplexen Zusammenhänge machten es extrem schwierig, mit all den unterschiedlichen wirtschaftlichen Kräften im größten Land der Welt zu jonglieren, sie in Balance zu halten und nach vorne zu treiben. In vieler Hinsicht lähmte es das Handeln. Und da die Reformen ausschließlich auf Chruschtschows persönlichem „guten Willen" basierten, öffnete ein einfacher Wechsel in der Besetzung des Kremls wieder die Tür für Unterdrückung, Verdacht und Angst.

Es wird berichtet, dass der alte Stalinist Kaganowitsch nach der Entscheidung, Chruschtschow abzusetzen, diesen anrief und sagte: „Nikita, was wird jetzt mit uns geschehen?", worauf Chruschtschow erwiderte: „Und was hättest du mit mir gemacht, wenn du gewonnen hättest? Du hättest mich im Gefängnis verrotten oder erschießen lassen!" Kaganowitsch murrte und schloss: „Du weißt, was du tun kannst und wohin du gehen kannst." Nikita Chruschtschow wurde in ein Dorf weit von den Zentren der Macht, doch dennoch unter den wachsamen Augen des Großen Bruders, in Rente geschickt.

Chruschtschows Nachfolger Breschnew leitete 20 Jahre der Stagnation, Korruption, Bestechung und Rehabilitierung Stalins ein. Eine populäre Anekdote, die in den Anfängen der Ära Breschnew die Runde machte, bringt dies auf den Punkt. Während er sich auf eine Rede vorbereitete, machte man Breschnew den Vorschlag, er möge etwas Mitfühlendes zu den Schwierigkeiten normaler Sowjetbürgerinnen und -bürger, von ihren Löhnen zu leben, sagen. Es wird berichtet, dass er darauf geantwortet habe: „Ihr wisst nichts vom Leben. Niemand lebt von seinem Lohn. Ich erinnere mich daran, wie ich als junger Mann Eisenbahnwaggons mit Versorgungsgütern entlud. Nun, für jede drei Kisten, die wir entluden, stellten wir eine Kiste für mich zur Seite. Davon lebt jeder in diesem Land." Diebstahl, Korruption und Gerissenheit wurden für die gesamte Bürokratie unter Breschnew Normalität. Kein Wunder, dass diese Zeit nach den großen Hoffnungen der vorherigen Reformbewegung erstickende, demoralisierende Auswirkungen auf Leonardo hatte.

Wieder standen der „Persönlichkeitskult" und Lobpreisungen des allmächtigen Führers des großen sozialistischen Landes auf dem Programm. Herausragende Führungspersönlichkeiten, die wirklich heldenhafte Leistungen gebracht hatten, wurden durch selbst ernannte, medaillengeschmückte neue Helden ersetzt. Unter den Entthronten war auch der bemerkenswerte Militärführer Marschall Schukow. Es wird berichtet, dass nach seinem Fall seine Tochter beim Beobachten einer großen Parade zu Ehren von Breschnews seit neuestem gefeierten militärischen Genie gefragt habe: „Papa, ist das wieder Persönlichkeitskult?" Schukow habe seine Tochter traurig angelächelt und erwidert: „Es heißt jetzt anders, es ist ‚unübertroffene Autorität'." Zunehmend wurden die Leute auf der Straße und bei der Arbeit geheimnistuerisch und ängstlich, irgendetwas auszusprechen, das der KGB als Vorwand für eine Verhaftung nehmen könnte. Mit der Wiedereinführung der Zensur wurde das intellektuelle Leben im Lande wieder genauso brutal zum Schweigen gebracht wie jeder politische Gegner durch Verhaftung. Einige große sowjetische Schriftsteller waren nun verbannt: Solschenizyn, der Stalins Gulag enthüllt hatte, und Pasternak, der Autor des preisgekrönten Romans *Doktor Schiwago*, sind zwei im Westen bekannte Beispiele.

Wie zuvor zogen sich Leonardo (und andere) in die Familie und die Arbeit, wo ein neuer ZIL-Lastwagen, der 170er, an die Produktion ging, zurück. Plötzlich wurden neue Anweisungen, Gott weiß woher, erteilt, dass ein neuer Entwurf nötig sei und der Wagen nicht in den ZIL-Werken in Moskau, sondern in den neuen, noch im Bau befindlichen Kamas-Lastwagenwerken montiert werden solle.

Mitten in diesem neuen Projekt wurden Leonardo und tatsächlich die ganze sowjetische Gesellschaft (1968) durch die militärische Invasion der Truppen der Sowjetunion und des Warschauer Paktes in der Tschechoslowakei in Aufregung gestürzt. Trotz der strengen Zensur in der Presse hatten gut informierte Leute eine vage Vorstellung von den Veränderungen innerhalb der Kommunistischen Partei der Tschechoslowakei und ihrer humanistischen und reformistischen Ausrichtung. Es war besonders erschreckend, dass Dubčeks „Prager Frühling" höchstens eine milde Variante von Chruschtschows „Tauwetter" war und dennoch eine militärische Invasion herbeiführte. In der Ära Breschnew wurden eindeutig keine Abweichungen geduldet.[29]

Hier muss ich als Autor eine Erinnerung an diese spezifische Zeit einschieben. Die Welt außerhalb der Sowjetunion hatte ihre Vorahnungen von bevorstehenden dunkleren Tagen, als Breschnew Chruschtschow ablöste. Es war geplant, dass ich an einigen internationalen Gewerkschaftskonferenzen in Europa nur Wochen, nachdem Dubček in der Tschechoslowakei an die Macht kam, teilnehmen sollte. Durch persönliche Kontakte zu demokratischen Elementen in osteuropäischen Gewerkschaftskreisen war ich vor der Gefahr einer militärischen Intervention der

Sowjetunion in der Tschechoslowakei gewarnt. Ich gestehe, dass ich die ersten Berichte für Aussagen von Hysterikern hielt. Wie konnte ein Regime, das so oft von der Bedeutung der Entspannung sprach, ein so riskantes Unternehmen wagen, das ein eindeutiger Affront gegen die gesamte westliche Welt sein würde? Als ich die gleichen ominösen Warnungen aus dem Umkreis Dubčeks zu hören begann, behandelte ich die Warnungen mit größter Ernsthaftigkeit. Ich hatte zuviel Zeit und Mühe damit verbracht, beim Voranbringen von Reformen in der Sowjetunion zu helfen, um angesichts solcher alarmierenden potentiellen Ereignisse zu schweigen.

Ich warf meinen Terminkalender um und flog mit meiner Frau nach Moskau. Damals war meine höchstrangige Kontaktperson Schelepin, Leiter des Gewerkschaftskongresses der gesamten Sowjetunion und Mitglied des Politbüros, vorheriger Leiter des KGB. Ich rief seinen neuen Stellvertreter Boris Awrianow an, den ich ebenfalls seit Jahren kannte und dessen Karriere von einem hohen Beamten bei der Gewerkschaftsorganisation des Ostblocks, des Weltbundes der Gewerkschaften, bis zur Leitung der Internationalen Abteilung des Zentralen Gewerkschaftsbundes ich beobachten konnte. Ich sagte Awrianow sehr deutlich, dass ich mich mit Schelepin treffen wolle, um die Gerüchte über eine bevorstehende Invasion in der Tschechoslowakei zu diskutieren.

Unser Treffen begann mit dem Austausch der üblichen Höflichkeiten. Nachdem wir damit fertig waren, begann ich eine Diskussion meines Anliegens und der Reaktion des gesamten Westens, derer ich mir sicher war. Schelepin war überhaupt nicht geneigt, diese Frage zu besprechen. Seine erste Antwort lautete, dass wir nicht auf Hysteriker und Provokateure hören sollten. Als ich ihm sagte, dass ich die gleichen Berichte von seinen „kommunistischen Genossen in der Tschechoslowakei" bekommen hätte, gab er schließlich nach und bestätigte, dass es im Politbüro Gespräche über eine solche Militäraktion gegeben habe, aber noch keine Entscheidung getroffen worden sei. Er hinterließ mich und meine Frau mit dem Eindruck, dass er nicht für ein solches Vorgehen sei. Es wurden mehr Pralinen und Mineralwasser gereicht und die Diskussion wendete sich zu weniger feindseligen Themen. Wir verließen Moskau im falschen Glauben, dass eine Intervention nicht bevorstehe. Doch nur Tage später marschierten sowjetische Truppen in der Tschechoslowakei ein. Viele Jahre später erfuhr ich, dass Schelepin gegen die Intervention gestimmt hatte, doch in guter stalinistischer bzw. Breschnew-Manier wurde das Abstimmungsergebnis als einstimmig verzeichnet! Diese Ereignisse lassen mich daran denken, warum Richard Nixon und Breschnew so gut miteinander auskamen. Beide liebten den Glanz der Macht mehr als die damit einhergehende Verantwortung. Nixon trat in Schande zurück, während es Breschnew erlaubt war, bis ins Grab weiterzustolpern.

In der Zwischenzeit dachte Leonardo wieder darüber nach, den Westen zu besuchen. Der Mann seiner Schwester Rose war gestorben und sie hatte einen US-Amerikaner irischer Herkunft namens George Malenson geheiratet. Sie wollte gerne ein großes Familientreffen in Italien veranstalten, um George allen vorzustellen. Natürlich wollte Leonardo dabei sein, auch wenn ihn schon der Gedanke an all den Papierkrieg deprimierte. Angestachelt von der Langeweile der Breschnew-Jahre, war Leonardo fest entschlossen, sich wieder um eine Ausreisegenehmigung zu bemühen. Weder die italienische Botschaft in Moskau noch die Funktionäre der PCI in Rom ermutigten ihn. Doch inzwischen war Leonardo ein Meister im Umgang mit der sowjetischen Bürokratie. Nach dem Prinzip: „Das quietschende Rad wird geschmiert" machte er allen und jedem das Leben schwer, bis sie nachgaben.

Anfang August 1971 kam er in Bologna an, wo ihn, wie erwartet, zahlreiche Freunde begrüßten und während seines einwöchigen Aufenthaltes beherbergten und bewirteten, bevor er in seine Heimatstadt weiterreiste. Sein Besuch in Canosa wurde durch die unerwartete Feindseligkeit seines Onkels Michele getrübt, der ihm die Tür vor der Nase zuschlug und sich weigerte, ihn zu sehen. Micheles Sohn Leonardo begrüßte seinen Onkel jedoch herzlich. Als Onkel Antonio von der Abfuhr seines Bruders erfuhr, bemerkte er beiläufig: „Vergiss es. Lass ihn in Ruhe, er ist verrückt."

Jeder wartete gespannt auf die Ankunft seiner Schwester Rose und ihres neuen Mannes George am 10. September. Wie in vergangenen Zeiten trafen sie sich in Rom und mieteten ein Auto für die Fahrt nach Canosa. Da Roses Besuch nur kurz war, beschloss sie, den Aufenthalt bei der Familie abzukürzen und George vor ihrer Abreise in die Staaten noch die Sehenswürdigkeiten – Pompeii und Neapel – zu zeigen.

Bei dieser Reise nahm sich Leonardo die Zeit, eine Familie zu besuchen, die gemeinsam mit ihm in schweren Zeiten im GAZ in Gorki gearbeitet hatte: die Familie Severino (Rino) Buzzaccheros. Auch Walter und ich schätzten die Buzzaccheros sehr. Wir arbeiteten alle in der Werkzeugabteilung, wo Rino die Leitung innehatte. Die Art und Weise, wie wir im

GAZ zusammen lebten und arbeiteten, ließ uns wie eine Familie zusammenwachsen. Dies traf besonders bei den Buzzaccheros zu. Roger, Rinos Sohn, war wie ein kleiner Bruder für uns. Rino war einer der wenigen Italiener im Amerikanischen Dorf, die allen Säuberungen und Repressalien durch die Sowjets entgingen. Das machte Leonardo misstrauisch. Hatte Rino mit dem NKWD gegen andere ausländische Arbeiter kollaboriert? Doch die Zeit hatte die alten Wunden geheilt. Außerdem hatte er die Buzzaccheros seit 1942, als er in das Arbeitslager nach Tscheljabinsk geschickt worden war, nicht mehr gesehen. Er wollte Antworten über diesen alten, bedrückenden Verdacht erhalten und war sehr gespannt darauf, sie in Turin zu besuchen, wohin Rino nach dem Zweiten Weltkrieg mit einer sehr kleinen Gruppe repatriierter Italiener gegangen war. Rino und seine Familie empfingen Leonardo herzlich und liebenswürdig. Während des viertägigen Besuches durchlebten sie gemeinsam viele schöne und schmerzliche Erinnerungen. Sie versicherten Leonardo, dass er bei zukünftigen Besuchen in Italien im Hause der Buzzaccheros immer willkommen sein werde. Doch das Schicksal wollte es, dass dies der letzte Besuch bei Rino, der kurz darauf starb, sein sollte.

Wo Leonardo auch hinreiste und mit wem auch immer er sich unterhielt, ob mit Familienangehörigen oder politischen Freunden, löcherte man ihn mit Fragen, warum die Sowjetunion militärisch in der Tschechoslowakei, einem anderen sozialistischen Land, interveniert habe. Der weit verbreitete Zorn schien sich oft an Leonardo zu entladen, als ob er persönlich für dieses abstoßende Vorgehen verantwortlich sei. Die tief gehende Reaktion seiner Familie und seiner Freunde überraschte, weil bei früheren Besuchen besonders in PCI-Kreisen gezögert worden war, die geringste Kritik an jedwedem sowjetischen Vorgehen auszusprechen. Erstaunlicherweise beruhigte dies Leonardo, der die Ansicht teilte, dass es sich um einen vernunftwidrigen, anti-sozialistischen Akt handele. Er hoffte, dass die Kritik ein Zeichen der wachsenden Unabhängigkeit und Selbständigkeit der internationalen Segmente der kommunistischen Weltbewegung sei. Wenn dem so wäre, würde es vielleicht bedeuten, dass die italienischen Kommunisten sich auf die Bedürfnisse der italienischen Arbeiterklasse zu konzentrieren begännen, nicht nur darauf, was am besten für die Sowjets war. Und vielleicht, nur vielleicht, würde eine solche Unabhängigkeit Breschnew zur Abkehr vom Stalinismus zwingen und den sowjetischen Reformen neues Leben einhauchen. Doch je mehr Leonardo reiste, desto mehr wurde ihm klar, dass die Vehemenz der einfachen Parteimitglieder sich nicht in der milderen Kritik des offiziellen Parteiorgans der PCI, *Unitá,* widerspiegelte.

Zurück in Moskau und mitten in der Arbeit am Entwurf für eine neue Kabine des ZIL-Lastwagens erhielt Leonardo einen traurigen Brief aus Italien mit der Nachricht, dass eine beliebte Tante gestorben sei und dass Eigentumsangelegenheiten seine Unterschrift auf einigen Formularen erforderten. Leonardo ging wegen der Formulare zur italienischen Botschaft in Moskau, was der sowjetische Milizposten, der davor Dienst tat, registrierte. Bald erfolgte eine deutliche und beängstigende Erinnerung daran, dass der Stalinismus zur Gänze wieder da war. Man befahl ihm, sich im Büro des Geheimdienstes in der Fabrik (GPU) zu melden. Nach der ominösen Einleitung mit dem Angebot einer Zigarette begann wieder die gleiche alte Fragerei: „Genosse Damiano, welche Angelegenheit erforderte Ihren Besuch in der italienischen Botschaft an diesem und jenem Datum usw.?" Während schreckliche Erinnerungen an vergangene Verhöre in ihm hochkamen, antwortete er dem Vernehmungsbeamten anscheinend zu dessen Zufriedenheit, denn die Begegnung war kurz. Eine Erinnerung betraf die seltsamen Besuche, die Lucy bekam, während er in den Staaten war. Ein mysteriöser „Herr K." kam häufig vorbei, um zu fragen, wie es Leonardo gehe und ob er nach Moskau zurückkomme. Später sprach derselbe „Herr K." Leonardo bei der Arbeit an, um ihm ohne weitere Motivation einen zweisprachigen Menschen russisch-italienischer Herkunft vorzustellen, vielleicht um zu sehen, ob Leonardo den Köder nehmen und sich auf persönlichen Kontakt zu ihm einlassen würde. Dieser seltsame „Herr K." versuchte oft, aber erfolglos, Leonardo in Gespräche über verschiedene italienische Einzelpersonen zu verwickeln. Und der aalglatte und schwer einzuschätzende Herr K. schien immer zu wissen, wann Freunde aus Italien in Moskau ankamen. Er kam immer, obwohl er nicht eingeladen war. Diese List wirkte bei dem erfahrenen Leonardo nicht. Herr K. war eindeutig ein Spitzel des KGB, dessen Aufgabe es war, jede seiner Bewegungen zu beobachten und alle Kontakte zu Ausländern zu registrieren. Was für ein erschreckender Rückfall in vergangene Zeiten!

An der privaten Front lief es bei der Arbeit besser. Sein Foto erschien öfter auf der Titelseite der Werkszeitung, weil er einige Auszeichnungen als *Udarnik* (Stoßarbeiter, d. Ü.) für besondere Leistungen einheimste, die Prestige und immer willkommene Prämien in Bargeld für ihn und seine Brigade einbrachten. Besondere „Ehrenurkunden" vom XXIII. Parteikongress und anderen Parteiorganen trafen ein, was Leonardo sehr peinlich war. Hatte er nicht einfach seine Arbeit gut gemacht, erwartete man das nicht? Ach, die Partei musste den Trödlern, die nicht so gut vorankamen, auf die Sprünge helfen. Und die armen Kreaturen, mit denen er zusammenarbeitete, hielten den Mund, selbst wenn sie eine berechtigte Beschwerde hatten, und verhielten sich „dem Boss" gegenüber unterwürfig, um die dringend benötigte Prämie für gute Arbeitsleistungen nicht aufs Spiel zu setzen. Leonardo befand sich in einer ungewöhnlichen Lage. Sie wussten, dass er es sich leisten konnte, „den Boss hochzunehmen", was sie sich nicht trauten. Und die niedrigere Aufsicht mischte sich bei Leonardo aus Angst, dass „er nach oben kommen wird", nicht ein.

Eines Tages erschien unerwarteterweise, während Leonardo an dem leichten PKW ZIL 114–115 arbeitete, der Leitende Ingenieur Melnikow und fragte, wie die Arbeit vorangehe. Geradeheraus wie immer erklärte Leonardo, dass die benötigten Teile und Einzelheiten nicht so geliefert würden, wie es erforderlich sei. Melnikow muss gleich zu Leonardos Chef, dem Leiter der Entwicklungsabteilung Popow, gegangen sein, denn dieser begann sich bald zu beschweren: „Damiano kann seinen Mund nicht halten." Wie üblich machten seine direkten Vorgesetzen Leonardo die Hölle dafür heiß, dass er die Wahrheit gesagt hatte. Er nahm es hin, doch einige Tage später tauchte Melnikow wieder auf und fragte: „Genosse Damiano, konnten Sie die benötigten Teile für Ihre Arbeit bekommen?" Leonardo atmete tief durch und sagte ohne Zögern, wozu er sich berechtigt fühlte: „Gehen Sie und fragen Sie mich bitte nichts mehr, denn ich werde nichts dazu sagen. Sie haben mir großen Kummer mit meinen Vorgesetzten bereitet, nur weil ich die Wahrheit gesagt habe und Sie sich nicht darum gekümmert haben, diejenigen zu schützen, die die Wahrheit gesagt haben." Diese Unterhaltung änderte im Grunde nichts, außer dass Leonardos Kollegen etwas mehr Mut fassten, ihre eigenen Interessen auszusprechen.

Mitten in all dieser Aufregung wurde Lucy krank und wurde ins Krankenhaus gebracht. Überraschenderweise war die Fabrikverwaltung trotz des Zeitdrucks wegen der neuen Entwürfe in dieser persönlichen Sache ungewöhnlich mitfühlend und genehmigte Leonardo die notwendige Freizeit für Krankenhausbesuche. Sein Gewissen forderte jedoch, dass er jede Minute als Überstunden wieder ableistete. Während Lucys mehrmonatiger Genesungszeit beschloss Leonardo, dass bei jeder zukünftigen Reise nach Italien oder in die Staaten seine Frau Lucy dabei sein müsse.

Und so begann er wieder mit dem gefürchteten Papierkrieg, der nun durch den Ausreise- und Visumsantrag für seine Frau noch weiter kompliziert wurde. Leonardos Stehvermögen zahlte sich aus und er konnte schließlich seine Frau all seinen Verwandten in Canosa vorstellen und ihr eine Vorstellung davon vermitteln, wie das Leben außerhalb der Sowjetunion war. Lucy schaffte es, die wichtigsten Wörter auf Italienisch zu lernen, doch Englisch zu lernen war zu schwierig. Also dachte sich Leonardo, dass Lucy mit seinen amerikanischen Verwandten eben Italienisch sprechen müsse.

Am 19. Juni 1976 flogen sie nach New York. Als das Flugzeug in New York gelandet war, standen da seine Schwestern Rose und Antonetta sowie andere Familienmitglieder, um sie zu begrüßen. Die Freude wurde von der geflüsterten Nachricht, dass Roses Mann George gestorben sei, getrübt. Auf der Fahrt zurück nach Boston setzte sich Leonardo zu Rose, damit er sie über ihren Verlust trösten konnte.

In Boston genoss Leonardo es, mit Lucy lange Spaziergänge durch die Straßen Bostons, an die er sich aus seiner Jugendzeit so gut erinnerte, zu machen. Er zeigte ihr den Teil des Bostoner Stadtparks, wo er auf einer Kiste gestanden und Sacco und Vanzetti in einer Rede verteidigt hatte. Er führte sie durch den Stadtteil North End und zeigte ihr die Michelangelo- und die Elliot-Schule, die er besucht hatte. Und vor allem führte er sie durch die Schnäppchenläden im Souterrain an der Washington Street, wo mit ausreichend Geduld der Preis auf das, was man sich leisten konnte, sank, was Lucy beeindruckte. Wie bei ihrem Besuch in Italien war Lucy vom herzlichen Empfang durch Leonardos große Familie überwältigt und die Sprachbarriere schien sich in Luft aufzulösen. Wo Menschen ihren eigenen natürlichen Neigungen überlassen bleiben, trotz der kulturellen und politischen Extreme, die sie trennen, tritt in jedem das Beste hervor.

Das einzige, was die reine Freude des Reisens im Ausland trübte, war die Tatsache, dass die sowjetischen Vorschriften, die die Summe von Rubeln, die sie in fremde Währungen umtauschen durften, einschränkten, sie in eine sehr unglückliche Lage brachten. In Italien und in den Staaten zwang man sie so, sich wie arme Leute, die von den Almosen ihrer Verwandten und Freunde abhängig waren, zu fühlen, obwohl sie genug Geld auf ihrem Moskauer Bankkonto hatten. Dies verletzte ihr Selbstgefühl sehr und bürdete ihren Verwandten eine unnötige Last auf. Doch die internationale Finanzpolitik des Kreml zu ändern, stand nicht in Leonardos und Lucys Macht.

Bei ihrer Rückkehr nach Moskau und zur Arbeit, wo die neue Kabine für den Kamas-Lastwagen kurz vor der Produktionsreife stand, war die Fabrikzeitung voller Berichte über eine Gruppe von Arbeitern, die für ihren Beitrag zur Entwicklung des Kamas prämiert werden sollten. Am 15. April 1977 sollte Kriger, der Leitende Ingenieur, auf Befehl des Präsidiums des Obersten Sowjets den Leninorden, die höchste Ehrung des Landes, erhalten. Leonardo sollte mit dem Orden des Roten Banners der Arbeit ausgezeichnet werden. Als die Neuigkeit von den bevorstehenden Ehrungen Leonardo erreichten, lag er gerade im Werkskrankenhaus. Er fürchtete, dass er die Überreichungszeremonie im Kreml verpassen würde, doch sein Vorgesetzter überredete die Ärzte, ihn daran teilnehmen zu lassen, und versicherte ihnen, dass er danach sofort wieder in die Klinik zurückkehren werde.

Die Zeremonie im Kreml war etwas ganz Besonderes und Leonardo tat es leid, dass Lucy in diesem stolzen Augenblick nicht dabeisein konnte. Die Empfänger der Auszeichnungen wurden bei laufenden Fernsehkameras im Scheinwerferlicht in den Ehrensaal geleitet und einzeln auf die Bühne gerufen, wo sie ihre Ehrung mit einem herzlichen Händedruck vom Vorsitzenden des Obersten Sowjets der Russischen Republik, Jasnow, erhielten. Einzel- und Gruppenaufnahmen mit dem Präsidenten wurden gemacht, von denen sie später Abzüge bekamen. Dann geleitete man sie in einen angrenzenden Raum, wo sie Erfrischungen erwerben konnten – Tee, Kaviar, Brot und Butter. Leonardo kaufte etwas mehr, um es Lucy nach Hause mitzubringen. Eine kurze Zeit spazierte er durch die Säle des Kreml und bewunderte die historischen Schätze. Dann machte er sich auf den Weg nach Hause, zuerst mit der Metro bis zur Haltestelle *Awtozawod* (Autowerk, d. Ü.) und dann mit der Straßenbahn, so dass er zur selben Zeit wie Lucy ankam. Bei einem gemütlichen Essen beschrieb er den genauen Ablauf der Zeremonie und dann kehrte er, wie versprochen, mit der Straßenbahn ins Krankenhaus zurück. Inzwischen produzierte die Kamas-Fabrik die neuen Lastwagen, die man „Breschnew" getauft hatte. Wenn nur, dachte Leonardo, die Herrschenden im Kreml den Spott hören könnten, unter dem solche unverdienten Ehren auf den sich nicht gerade verdient machenden Parteivorsitzenden gehäuft wurden.

Doch Lastwagen unverdient nach Führungspersönlichkeiten zu benennen, war nichts im Vergleich zu den Fragen der Arbeiterinnen und Arbeiter über das sowjetische Vietnam in Afghanistan. Wie konnte dieses Abschlachten von jungen Sowjets und Afghanen nach der Kritik an der militärischen Intervention der USA in Vietnam gerechtfertigt sein? Während Vietnam in den Staaten offene Debatten, große Demonstrationen und Studentenunruhen hervorrief, bewirkte Afghanistan in der Sowjetunion das gleiche mürrische Schweigen wie unter Stalin. Breschnew strich militärische Ehrungen mit solcher Geschwindigkeit ein, dass bald selbst seine breite Brust nicht mehr genug Platz für all die neuen Medaillen für den Generalissimus bot. Leonardos Desillusionierung hatte ihren Höhepunkt erreicht.

Je mehr er vom System, der Partei und dem Beamtenwesen enttäuscht war, desto mehr wandte er sich seiner Familie zu. Sein Enkel Enrico war nun alt genug, um anzufangen zu arbeiten. Leonardo hoffte, dass er weiter zur Schule gehen oder wenigstens eine Stelle, die ihm nebenher zu studieren ermögliche, finden werde. Doch Enrico wurde zur Arbeit an das Karosserie-Montageband geschickt und nach einer Schicht bei dieser Arbeit war er zu erschöpft für Abendkurse. Außerdem betrachtete man ihn am Band als Zeitarbeiter mit sehr niedrigem Lohn und wenig Aufstiegsmöglichkeiten zu qualifizierteren Stellen. Leonardo begann, in seiner eigenen Abteilung nach einer Stelle für ihn zu suchen. Dank der Hilfe Pewzows bekam er eine Lehrstelle als Entwickler in einer Nachbarabteilung. Nun war er auf dem Weg zu einem qualifizierten Beruf mit guter Bezahlung und konnte außerdem abends seine Schulbildung fortsetzen. Und am besten war, dachte Leonardo, dass er ihn jeden Tag sehen würde. Sein älterer Enkel Leonardo, oder „Lenja", stellte ein größeres Problem dar. Er und seine Mutter waren wieder von Moskau in die Ukraine gezogen und es war nicht leicht, für ihn eine Wohnberechtigung in Moskau zu beschaffen. In der Sowjetunion konnte man nicht frei den Wohnort wählen. Alles musste genehmigt werden – eine Wohnberechtigung in der Stadt, eine Arbeitserlaubnis, Lebensmittelrationen und Unterkunft. Doch inzwischen war Leonardo ein Experte darin, sich durch das Labyrinth der Bürokratie zu schlagen und die erforderlichen Genehmigungen zu bekommen. Er begann mit seiner üblichen Briefkampagne an jede Stelle, die beteiligt war, und sogar an einige, die nicht beteiligt waren. Sein Status als vom Kreml ausgezeichneter Held der Arbeit und sein Ruf als Vorarbeiter öffneten ihm nun viele Türen. In der Zwischenzeit hatte Sammy in der *Moskwitsch*-Fabrik, wo er arbeitete, für Lenja eine Stelle besorgt. Also konzentrierte sich Leonardo darauf, die Aufenthaltsgenehmigung für Moskau zu bekommen. Bald waren sie alle in Moskau vereint.

Der Tod Breschnews bedeutete das Ende einer Ära. Industrie und Landwirtschaft stagnierten, demokratische Reformen waren zum Stillstand gebracht worden und das Land war in einen Angriffskrieg verwickelt. Obwohl die Partei Trauerkundgebungen für Breschnew anordnete, sehnte sich das Land in Wirklichkeit nach Veränderung. Die Wahl Jurij Andropows löste keine sofortige Begeisterung aus, denn er hatte zuvor den KGB geleitet. Doch im Gegensatz zu seinen Vorgängern war er ein intelligenter Mann und ermutigte die Reformer unter seinen engsten Mitarbeitern, vor allem Michajl Gorbatschow. Doch Andropows Gesundheit ließ nach und seine Regierungszeit war nur sehr kurz. Dennoch ergriff er wichtige Initiativen zur Einleitung eines Abkommens über die Rüstungskontrolle mit der Regierung Reagan. Im Inneren versuchte er, die flaue Wirtschaftslage zu stimulieren, indem er die Mitbestimmung der sowjetischen Arbeiterinnen und Arbeiter in der Industriepolitik durch das neue Gesetz über Arbeitskräfte und Kollektive förderte.[30] Als Großvater war Leonardo gerührt von Andropows Einladung der kleinen Samantha Smith nach Moskau, um sowjetische Kinder kennen zu lernen. Ihm gefiel diese Art der Führung besser als Bombengerassel.

Während Chruschtschows Reformen zu Staub zerfielen, weil er es nicht schaffte, die sowjetischen Bürokratien, insbesondere den KGB, anzugehen, ist vorstellbar, dass Andropow, wenn er länger gelebt hätte, aus seiner idealen Position als früherer KGB-Chef heraus einige grundlegende Veränderungen in dieser Organisation getroffen hätte. Es gibt einige frühe Anzeichen in seinem Charakter, die dieser Mutmaßung Gewicht verleihen. Ich beziehe mich hier auf die Zeit, als er als junger Geheimdienstoffizier in Petrosawodsk den Mut zeigte, anderer Meinung als seine Vorgesetzten zu sein, und erkannte, welch einzigartigen Beitrag ausländische Arbeiterinnen und Arbeiter finnischer Herkunft im Krieg gegen die mit Hitler verbündeten Weißfinnen leisten konnten. Eins ist sicher, ohne Andropow hätte es keine *Glasnost* und keine *Perestrojka* gegeben, denn er hat eindeutig seinen jungen Schützling Michajl Gorbatschow herangezogen und angeleitet, die politische Macht zu übernehmen.

Es sollte kein leichter Weg für Gorbatschow sein. Die Außenwelt begriff die Tragweite dieses Führungswechsels viel schneller als Kräfte innerhalb der UdSSR. Die Menschen in westlichen Staaten, erfahren in demokratischer Auseinandersetzung und offener Diskussion, verstanden, dass es keine Entwicklung zu einer freien und demokratischen Gesellschaft ohne *Glasnost* oder Offenheit (Transparenz, d. Ü.) geben könne.

Doch die sowjetischen Menschen waren seit Generationen durch Furcht zum Schweigen gebracht worden und sahen zuerst eine Gefahr in der neuen Vorgehensweise, die sie Vergeltungsmaßnahmen aussetzen könne. Und es gab immer noch einflussreiche Personen, die sich nicht nur öffentlich dafür aussprachen, Stalin wieder auf seinen Ehrenplatz zu erheben, sondern auch seine Methoden nachahmten. Wussten sie je, oder hatten sie schon vergessen, in welchem Maße Stalin seine loyalsten Mitverschwörer persönlich verriet: Molotow, dieser sphinxhafte Lakai Stalins, der loyal blieb, selbst nachdem Stalin seine Frau verhaftet hatte; oder Kalinin, der Präsident der UdSSR, dessen Frau ebenfalls als „Volksfeindin" verhaftet wurde; oder sein Landsmann aus Georgien, Kaganowitsch, der, während er an Stalins Seite stand und all dessen Handlungen verteidigte, zusah, wie einer seiner Brüder verhaftet und ein anderer erschossen wurde. Und dann gab es den großen Helden der Revolution, Ordschonikidse, der meiner Erinnerung nach in den dreißiger Jahren so populär war und nachdem sein Bruder von Stalins Agenten des NKWD erschossen worden war, sich die Pistole an die Schläfe setzte. Während diese Verbrechen gegen Unschuldige zunahmen, trauten sich nur so wenige, das Schweigen zu brechen oder nicht in die endlosen Lobgesänge „Lang lebe der große Stalin!" einzustimmen. Dieses Erbe bildete keinen allzu fruchtbaren Boden für die Entwicklung von *Glasnost* und *Perestrojka*.

Kapitel 17

Als Gorbatschow 1985 an die Macht kam, stand die Sowjetunion sowohl im Inneren als auch international ernsthaften Problemen gegenüber. Den meisten Schätzungen zufolge tendierte das sowjetische Wirtschaftswachstum Anfang der achtziger Jahre gegen Null. Die Hyper-Zentralisierung der Wirtschaft, das Erbe der Stalinzeit, mit detaillierter Planung, schwerfälliger Hierarchie, Innovationsmangel und Korruption, war die entscheidende Ursache für die wirtschaftliche Krise der UdSSR. Im politischen Bereich litt die Sowjetunion unter strengem, wenn auch dem Tode geweihtem Autoritarismus und an einem Mangel von Führungspersönlichkeiten mit neuen Ideen. Während die Führungsschicht alterte, blühten Vetternwirtschaft und Korruption. Zu den internationalen Schwierigkeiten der UdSSR zählten schließlich die ruinösen Kosten des andauernden Wettrüstens, der nicht zu steuernde Krieg in Afghanistan und das immer schwieriger werdende Verhältnis zwischen der Sowjetunion und Europa.

Das Reformprogramm Gorbatschows war darauf ausgerichtet, alle diese Probleme anzugehen. Er brachte schnell jüngere Persönlichkeiten, die nicht mit der alten Garde verbandelt waren, und zahlreiche reformorientierte Politiker und Akademiker in Führungspositionen. Gorbatschows Wirtschaftspolitik, als Perestrojka *(Umbau) bezeichnet, beinhaltete eine Dezentralisierung der Wirtschaft, eine Reform des Plansystems, um es weniger dirigistisch zu gestalten, und im Laufe der Zeit die Zulassung von Wirtschaftsformen, die nicht der direkten Leitung des Staates unterstanden. Er versuchte auch, Arbeiterinnen und Arbeitern durch eine Politik der „Selbstverwaltung" mehr Verantwortung in der Führung der Betriebe zu übertragen. Gorbatschows politische Reformen umfassten nicht nur einen Generationswechsel in der Führung, sondern auch eine Demokratisierung des sowjetischen politischen Systems durch die Einführung wirklich demokratischer Wahlen innerhalb der Partei und später von Wahlen mit verschiedenen Kandidaten für Positionen auf lokaler, regionaler und nationaler Ebene. In der Außenpolitik befürwortete Gorbatschow ein „Neues Denken", das mehr Zusammenarbeit mit dem Westen anstrebte und schließlich die Sowjetunion zum Stillhalten bewog, als die Länder Osteuropas ihre kommunistischen Systeme umstürzten.*

Im Endeffekt scheiterte Gorbatschow damit, der Sowjetunion und dem

Sozialismus neues Leben einzuhauchen. Die Opposition gegen seine Reformen war zu stark und seine Politik war nicht radikal genug, um über Widerstände und strukturelle Probleme hinwegzukommen. Als die Lage 1991 zunehmend chaotisch und radikal wurde, versuchten kommunistische Hardliner Gorbatschow zu stürzen. Der Putsch scheiterte an der Unfähigkeit der Verschwörer, durch den Widerstand Boris Jelzins und weil die Armee ihn nicht unterstützte.

Nach dem Putschversuch wurde Boris Jelzin die entscheidende Kraft in der russischen Politik. Die Sowjetunion wurde aufgelöst und ein radikales Programm von marktorientierten Wirtschaftsreformen und Demokratisierung angekündigt. Seit 1992 ist die russische Wirtschaft jedoch so gut wie zusammengebrochen. Die industrielle Produktion ist um mehr als 50% gesunken, das Bruttosozialprodukt fiel um mehr als 25% und 1997 lebten sechsmal so viele Russinnen und Russen in Armut wie 1992. Im politischen Bereich haben in Russland weiterhin Wahlen stattgefunden und viele formale Aspekte einer demokratischen politischen Ordnung setzten sich durch. Doch tatsächlich gibt es eine enorme Konzentration der Macht in den Händen des russischen Präsidenten und wenig deutet auf einen Wandel der autoritären Gewohnheiten der russischen Eliten hin.

Während all dessen blieb Leonardo Damiano in Moskau. Seine Familie, seine Freunde, seine Vergangenheit – sein ganzes Leben, wie er mir sagte – sind dort. Leonardo wollte mir nicht viel über seine Ansichten über die post-sowjetische Zeit erzählen, außer dass er wenig Vertrauen in die Fähigkeiten der post-sowjetischen Führung habe, die Probleme Russlands zu lösen. Seine Gedanken über eine mögliche Zukunft des Sozialismus oder andere Formen progressiver Politik behielt er für sich.

P.T.C.

Kapitel 17
Enttäuschte Hoffnungen – Erneute Hoffnungen

Es liegt nicht im Rahmen dieses Buches, die Führungsrolle des letzten Regierungsoberhauptes der Sowjetunion zu beurteilen. Dennoch ist selbst für einen Randbeobachter der sowjetischen Situation klar, dass Michajl Gorbatschow zwei Gesichter hatte. Eines beflügelte die Vorstellungskraft der Welt außerhalb des sowjetischen Orbits mit dem mutigen Ruf nach *Glasnost* oder Offenheit und *Perestrojka* oder dem Bedürfnis nach dramatischen Veränderungen. Seine kühnen Vorstöße auf dem Gebiet der internationalen Politik brachten alle alten Stereotype vorheriger sowjetischer Führer ins Wanken, da er einen drastischen Rüstungsabbau befürwortete und die Tür für die Vereinigung Ost- und Westdeutschlands öffnete, ein wunder Punkt in den Ost-West-Beziehungen. Fast über Nacht wurde er ein Volksheld in vielen westlichen Ländern. Menschenmengen gingen auf die Straße, um ihn als Friedensboten willkommen zu heißen und zu bejubeln. Nach vielen Jahren des Kalten Kriegs riefen seine Initiativen unter den Menschen im Osten und im Westen große Hoffnungen wach.

Was für ein krasser Kontrast besteht zwischen diesem Bild Gorbatschows und der Sichtweise der arbeitenden Menschen in der Sowjetunion. Nach Jahrzehnten sowjetischer Regierung, die jede ehrliche und offene Auseinandersetzung erstickt hatte, waren die Normalbürgerinnen und -bürger nicht geneigt, dem ersten besten zu vertrauen, der daherkam und sie einlud, sich aus dem Fenster zu lehnen. Zwar weckten *Glasnost* und *Perestrojka* in weiten Kreisen Hoffnungen auf Reformen und Veränderungen, besonders unter der *Intelligenzija,* doch Anzeichen dieser Veränderungen zeigten sich nur langsam, vor allem an der Heimatfront. Eine von Gorbatschows Schwächen war seine Unfähigkeit, den Fall und seine Pläne für den Umbau, oder *Perestrojka,* den durchschnittlichen Arbeiterinnen und Arbeitern in Industrie und Landwirtschaft zu vermitteln. Während sich die sowjetischen Bürgerinnen und Bürger noch darüber wunderten, gingen die Infrastruktur und die Wirtschaft der UdSSR schon aus allen Nähten. Die Versorgungsschwierigkeiten steigerten sich; eine Teuerung aller Lebensmittel trat auf; Spannungen aus lang schwärenden ethnischen und nationalen Differenzen wuchsen; Verbrechen und Schwarzhandel nahmen zu, obwohl der harte Griff der Miliz aus der Ära Breschnew sich lockerte. Das Land wartete auf eine kraftvolle innere Führung, die nie erfolgte. Bald würden sie Gorbatschow seine häufigen Reisen ins Ausland in Begleitung seiner gepflegten Gattin übel nehmen.

Der Putsch gegen Gorbatschow, eher spontan als sorgfältig vorausgeplant, wurde von einer Kombination von Faktoren ausgelöst: Wachsende Nervosität der Militärs, die sich von den weit reichenden Kürzungen, die Gorbatschow dem Westen versprach, bedroht fühlten; Unruhe unter Partei- und Staatsbürokraten über die Auswirkungen des Unionsvertrages; Ängste der Parteifunktionäre und KGB-Informanten, die ihre Vergünstigungen bedroht sahen; und das Fehlen einer starken öffentlichen Meinung entweder für oder gegen das mehrdeutige Reformprogramm. Andropows Schützling hatte seine politischen Flanken nicht gedeckt. Die Machtspieler verstanden allerdings nicht, dass Versorgungsprobleme, der sinkende Lebensstandard und kein öffentlicher Aufschrei noch nicht mit Unterstützung für den Putsch gleichzusetzen waren. Das Vertrauen und die Zuversicht der Öffentlichkeit über die Herrschaft der Partei und der Sowjets war in den Jahrzehnten autoritärer Regierungsweise untergraben worden und dahingeschmolzen. Die Menschen befürworteten außerparlamentarisches Handeln nicht und die im Putsch vorne stehenden *Apparatschiki* mahnten in trauriger Weise zu sehr an die stalinistischen Methoden der Vergangenheit. Der Putsch riss alle Fassaden herunter und entblößte in dramatischer Weise, was für eine leere Hülle die sowjetische Gesellschaft geworden war. Es ist zu beachten, dass der Putsch nicht scheiterte, weil die demokratischen Kräfte so stark und organisiert waren, Jelzin so beliebt war oder die Massen ihren Willen äußerten. Der Putsch brach, ganz wie der Rest der sowjetischen Gesellschaft, von innen her zusammen und mit ihm endete die politische Führung Michajl Gorbatschows.

Es gab eine Führungspersönlichkeit in Moskau, die vom Parteiapparat zeitweise wegen ihrer Forderungen nach Reformen kaltgestellt worden war und nun die Gelegenheit ergriff – Boris Jelzin, der frühere Leiter der Moskauer Parteiorganisation. Jelzin hatte seine Karriere in der Provinz von Swerdlowsk begonnen und war von dort aus aufgestiegen. Er hatte schon immer ein bemerkenswertes Ausmaß gedanklicher Unabhängigkeit an den Tag gelegt, was in der Partei kein gern geduldeter Zug war. Wie er von einem gepanzerten Fahrzeug aus in dramatischer Weise die Menge um sich versammelte, zog die Aufmerksamkeit der Moskauer und bald des ganzen Landes auf sich. Der Zusammenbruch des Putsches und der Positionsverlust Gorbatschows schufen ein gefährliches Führungsvakuum an der Spitze, das Jelzin schnell ausfüllte. Seine kühne Auflösung der sowjetischen Kommunistischen Partei (wenn auch nur, um die Kontrolle über die enormen Mittel und Immobilien der Partei zu gewinnen) und seine Forderung nach Wahlen waren erfrischende und begeisternde Erfahrungen für die Sowjets.

Der Zusammenbruch dessen, was eine brutale, doch trotzdem zusammenhängende Kommandostruktur gewesen war, lockerte die Kontrolle Moskaus über sein vorheriges ausgedehntes Reich so sehr, dass viele der früheren Republiken sich entschlossen, ihrer eigenen Wege zu gehen. Es war eindeutig das Ende der Sowjetunion. Moskau war damit beschäftigt,

Russland zu retten, Kiew die Ukraine usw. Der Niedergang der Union machte es möglich, dass ungelöste alte ethnische und nationale Spannungen, die schon lange glimmten und nur übertüncht worden waren, wieder an die Oberfläche traten. Offene Bürgerkriege begannen in Georgien, Armenien, Aserbajdschan und mehreren mittelasiatischen Republiken einschließlich Kasachstans und Turkmenistans. Selbst in der Region mit der zweitgrößten Bevölkerungszahl, der Ukraine, stieg die Spannung zwischen der ukrainischen Gemeinschaft und der russischen Minderheit.

Doch auf Jelzins allgemeinen Sieg bei den Wahlen folgte keine beständige starke Führung. Ähnlich wie Gorbatschow schwankte Jelzin zwischen rivalisierenden Kräften hin und her. Auf der einen Seite stand das Parlament mit zahlreichen alten Parteigängern und ebenso zahlreichen Reformern, und auf der anderen Seite eine Horde von Beratern, sowohl selbstgezüchtet als auch importiert, die im Banne des IMF (Internationaler Währungsfonds), der Weltbank und anderer Vertreter einer Schocktherapie und schneller Marktorientierung standen. Wieder einmal erfreute sich der führende Kopf der Reformen in Russland im Ausland größerer Beliebtheit und Unterstützung als im Lande selbst. In den Jahren der Regierung Jelzins hat sich in dieser Hinsicht wenig geändert.

Die Probleme des post-kommunistischen Russland dauern ungemindert an. Die Produktivität ist dramatisch gefallen, die Ungleichheit zwischen den neuen Unternehmern (von denen viele frühere Schwarzhändler und Mitglieder der Nomenklatur sind) und durchschnittlichen Menschen ist gestiegen. Mein guter Freund Leonardo Damiano, zurück in Moskau und von seiner Rente lebend, beklagte traurig: „Viele Menschen sagen jetzt, dass sie unter der alten Regierungsform besser gelebt haben, mit der Partei und den *Apparatschiki*." Leonardo fügte aus persönlicher Erfahrung hinzu: „Bevor ich in Rente ging, verdiente ich 200 Rubel im Monat und zahlte nur 13 oder 15 Kopeken für einen Laib Brot. Nun bekomme ich 20.000 Rubel Rente im Monat, doch für einen Laib Brot muss ich 160 Rubel ausgeben. Vorher kostete Wurst drei oder vier Rubel pro Kilo, jetzt muss ich zwischen 4.000 und 6.000 Rubel dafür bezahlen."[31] Er schloss damit, dass seine Rente zum Leben nicht ausreiche, und setzte hinzu: „Wieviele andere sitzen im gleichen Boot?" Dieses weit verbreitete Sinken des Lebensstandards löste eine weitere Zersplitterung der politischen Szene aus.

Eine Reihe von Wahlen seit 1993 zeigte einen Wiederaufstieg alter Kräfte der Kommunistischen Partei, die sich gegen die Marktwirtschaft aussprechen. Viele bringen diesen Aufstieg mit der Verarmung der Arbeiterinnen und Arbeiter in Stadt und Land in Zusammenhang. Die demokratischen sozialistischen Kräfte, denen ich persönlich die meisten Sympathien entgegenbringe, sind klein, zersplittert und im allgemeinen in der *Intelligenzija* verwurzelt, mit wenig Massenunterstützung. Größtenteils haben sie die Wahlen ausgesessen. Neuere Avancen dieser Kräfte an die Teile der staatlichen und der unabhängigen Gewerkschaften, die einen demokratischen Sozialismus aufbauen wollen, müssen sich noch festigen oder die Unterstützung größerer Zahlen von Arbeiterinnen und Arbeitern gewinnen. Zum gegenwärtigen Zeitpunkt haben die demokratischen Sozialisten außerhalb Russlands einen größeren Einfluss als im Land selbst.

, , , , , ,

Von den Russen, die nie irgendeine Art der Demokratie westlichen Stils gekannt haben, konnte man einen glatt und in geordneten Bahnen ablaufenden Wechsel von einer durch die Partei kontrollierten und stark zentralisierten Gesellschaft zu irgendetwas, was einer westlichen oder parlamentarischen Demokratie ähnelte, nicht erwarten. Noch sollte man von ihnen erwarten, in einem großen Sprung von einer Kommandowirtschaft zu einer reinen freien Marktwirtschaft nach Adam Smith zu kommen, wie viele in der Weltbank und beim IMF vorschlagen. Es ist nicht klar, ob diese beiden Institutionen die sozialen Folgen ihrer Politik überhaupt begreifen oder ob sie sie einfach als „Kosten" der Reform betrachten. In jedem Fall ist es eine Katastrophe. John Kenneth Galbraith sagte bereits 1990: „Meiner Meinung nach stammen einige und vielleicht auch alle Ratschläge, die den Ländern Mittel- und Osteuropas gegeben werden, aus einer Sichtweise der so genannten kapitalistischen oder freien Wirtschaftsweise, die nichts mit der Wirklichkeit zu tun hat, sondern stattdessen eine beiläufige Inkaufnahme – oder sogar eine Überzeugung von der Notwendigkeit – menschlicher Entbehrungen, von Arbeitslosigkeit, Inflation und katastrophal verschlechterten Lebensbedingungen als grundlegende Therapie anbieten." Darüber hinaus waren der IMF, die Weltbank und ihre russischen Schützlinge schuld, dass den russischen Menschen das Paradigma, dass politische Demokratie nur durch einen „klassischen" freien Markt erreicht werden könne, gesetzt wurde. Dies hat sowohl die Regierung als auch die Demokratie unnötig mit allen Leiden und Opfern belastet, die eine unnachgiebige

Umsetzung einer Form des „freien Marktes", die nirgendwo auf der Welt und mit Sicherheit nicht im Westen existiert, mit sich bringt. In Wahrheit gibt es im Westen, vor allem in Westeuropa, gemischte Wirtschaftsweisen, obwohl sie als „freie Marktwirtschaften" verstanden werden. Hier existieren staatseigene Industrien Seite an Seite mit dem privaten Sektor. Im Westen gibt es auch eine umfassende soziale Gesetzgebung (einschließlich des Arbeitsrechts), unabhängige Gewerkschaften, die für Gleichheit und Gerechtigkeit am Arbeitsplatz die Regierungen unter Druck setzen, staatliche und private Aufsichtsorganisationen und Regelungen für den Gemeinsamen Markt. All dies zusammengenommen diszipliniert die rohe Macht des Kapitals. Diese vermittelnden Kräfte sind in Russland nicht vorhanden, weder historisch betrachtet noch in der Gegenwart.

Statt sich an eine Reinform des freien Marktes als bestes Beispiel politischer Demokratie zu klammern, sollte die westliche Hilfe realistische Alternativen unterstützen und auf den Rat von Spezialisten wie Robert V. Daniels hören. In seinem Buch *Das Ende der kommunistischen Revolution* kritisiert Daniels die Reformer im Osten (und damit implizit auch ihre Ratgeber aus dem Westen), die das vor ihnen liegende Spektrum alternativer sozialer Systeme eingeschränkt und sich vorgemacht hätten, dass die westliche Utopie des *laissez-faire* privater Unternehmen das einzige Modell sei, dem sie folgen könnten.[32] Er kommt zu der richtigen Schlussfolgerung, dass ein sozialdemokratisches gemischtes Wirtschaftssystem, wie es in den meisten hoch entwickelten Industrieländern die Norm ist, ein viel besseres Modell für ein Land sei, in dem ein Großteil der Produktionsmittel wenigstens noch zum Teil dem Staat gehört.

Wenn der Westen weiterhin seine fixe Idee, Hilfeleistungen mit einer ungeregelten und beschleunigten Umsetzung eines klassischen, aber mythischen, freien Marktes in Russland zu verbinden, verfolgt, wird eine Kehrtwende die wahrscheinliche Folge sein. In Litauen, den mittelasiatischen Republiken, Polen und Weißrussland sind ehemalige Kommunistische Parteien oder *Apparatschiki* an die Regierung gewählt worden. Solch eine Kehrtwende in Russland könnte bedeuten, dass Russland ohne einen freien Markt und ohne eine Demokratie endet, oder mit einem freien Markt, dem sowohl Demokratie als auch ein soziales Sicherheitsnetz fehlen, was immer wahrscheinlicher wird. Das würde Russland zur größten Macht der „Dritten Welt" auf dem Globus machen.

Angesichts eines bedrohlichen und destabilisierenden „aggressiven Nationalismus" kamen in Wien die Führungen von 32 westlichen und europäischen Ländern zusammen und gaben eine Erklärung zur Förderung der Rechte und des Schutzes nationaler Minderheiten ab. Der tschechische Präsident Vaclav Havel mahnte die Anwesenden nüchtern, dass eine Betonung der Rechte von Minoritäten zu erneuter Unruhe in vielen Teilen Europas, die bereits von ethnisch motivierten Auseinandersetzungen geplagt seien, führen könne. „Dem Europa der Gegenwart fehlen ein Ethos, Vorstellungskraft, Großzügigkeit und die Fähigkeit, über den Horizont partikularer Interessen hinaus zu sehen", erklärte er. Die Konferenz stimmte dafür, einen ständigen Gerichtshof für Menschenrechte in Straßburg in Frankreich einzurichten. Hoffentlich wird dieser wichtige erste Schritt weiter führen, einschließlich internationaler Erklärungen zum Schutz der „Menschenrechte".

Seit dem Ende des Zweiten Weltkriegs ist eine Vielzahl von Organisationen entstanden, die sich den Menschenrechten verschrieben haben. Dennoch sind wir noch weit von der Schaffung einer effektiven weltweiten Autorität zur Durchsetzung solcher Rechte entfernt. Es liegt in der Natur abtrünniger Staaten, einer solchen internationalen Autorität eine lange Nase zu zeigen. Doch die neueste Geschichte zeigt, dass selbst die Volksrepublik China, die schwerwiegend und offensichtlich gegen die grundlegenden Menschenrechte verstößt, nachgab, als deutlich wurde, dass der Handelsstatus als „meistbegünstigter Staat" sowie die Hoffnungen auf die Ausrichtung der Olympischen Spiele gefährdet waren. Es ist klar, dass ein internationaler Bund für Menschenrechte die Macht zur Verhängung wirtschaftlicher und politischer Sanktionen haben müsste. Die gegenwärtige Zunahme von Fremdenfeindlichkeit, Rassismus, Antisemitismus und aggressivem Nationalismus in Osteuropa verleihen dem universalen Schutz der Menschenrechte große Dringlichkeit.

Damit wir nicht dem Trugschluss erliegen, dass Menschenrechtsverletzungen auf kommunistische oder ehemals kommunistische Länder beschränkt seien, berichtet *amnesty international*, die respektierte und engagierte Nichtregierungsorganisation für Menschenrechte, zu Anfang des Jahres 1994: „110 Länder dulden noch Folter oder wenden sie an, 45 Länder dulden politische Morde oder verüben sie, 45 Länder dulden die Vergewaltigung und brutale Behandlung von Frauen durch Sicherheitskräfte und des weiteren wurden in wenigstens 40 Staaten Indigene verstümmelt und ermordet." Diese Staaten sind über die ganze Welt verstreut – Nordkorea, China, die Philippinen, Indien, Nepal und Burma in Asien; Saudi-Arabien, Irak und Iran im Mittleren Osten; Somalia, Liberia und Burundi in Afrika. Auf der westlichen Halbkugel müssen wir Haiti, Mexiko, Peru und Guatemala auflisten. Leserinnen und Leser aus den Vereinigten Staaten sollten sich nicht selbstgefällig zurücklehnen. In einigen dieser Länder kann die Unterstützung oder Mitwisserschaft der USA dokumentiert werden. Und außerdem bleibt das tragische Erbe von Jahren des Rassismus, das immer noch die grundlegenden Bürger- und Menschenrechte zahlreicher unserer Bürgerinnen und Bürger bedroht.

In diesem Buch habe ich in Einzelheiten über die Schrecken vergangener Regierungen, die mit harter Hand über die grundlegenden Menschenrechte vieler Tausender Einwohner ohne Staatsbürgerschaft hinweggingen, berichtet. Während diese fürchterlichen Tatsachen unser kollektives Gewissen erschrecken, müssen wir unsere Anstrengungen verdoppeln, eine Atmosphäre von Verbindlichkeit zu schaffen, die ihre Wiederholung nicht tolerieren wird. Diese Forderung bedarf einer gewissen Dringlichkeit, da Tausende von Technikern, Wirtschaftsexperten, Nuklearspezialisten, Landwirtschafts- und Bergbaufachleuten sowie Katastrophenhelfern in viele Länder Osteuropas und der Dritten Welt geströmt sind, um den Übergang zu einem freieren Leben und einer produktiveren Wirtschaftsweise zu erleichtern. Selbst heute gibt es keine Garantie, dass politische Kräfte diese Menschen nicht ihrer, wie sie glauben, „unveräußerlichen Rechte" berauben werden.

Die gegenwärtige Atmosphäre ist dem Respekt der Menschenrechte nicht förderlich. Viel von Osteuropa und fast jeder Teil der ehemaligen Sowjetunion (einschließlich Russlands selbst) sind geplagt von Inflation und wirtschaftlicher und politischer Instabilität. Wild wuchernder Nationalismus facht die Flammen schon lang glimmender ethnisch motivierter Spannungen von Tschetschenien bis in den Balkan an. Eine von autokratischer Herrschaft geprägte Geschichte legitimiert zentralisierte Autoritäten erneut als einzig richtige Erwiderung auf solche nationalen Herausforderungen. Außerdem ist das Fehlen jeglicher Rechtskultur und demokratischer Traditionen ein erschreckendes Hindernis für den Prozess des Wandels. Als ob all dies noch nicht ausreiche, die durchschnittlichen Männer und Frauen auf der Straße auf die Probe zu stellen, sind viele dieser Gebiete zudem noch in Konflikte verstrickt. Auf der einen Seite gibt es bewaffnete Kämpfe im Inneren (in Georgien, Armenien, Aserbajdschan und im ehemaligen Jugoslawien, um nur einige zu nennen); auf der anderen Seite gibt es „großrussischen Imperialismus". Währenddessen sehen Staaten jenseits der alten sowjetischen Grenzen genau hin, ob sich nicht die Möglichkeit ergibt, im Trüben zu fischen. Der Iran und die Türkei insbesondere haben ein Auge auf die Entwicklungen in Mittelasien.

Mit besonderem Interesse an den Menschenrechten habe ich viele bekannte Organisationen und Persönlichkeiten, die sich dem Schutz der individuellen Menschenrechte widmen, konsultiert. Ihre Antworten sind zwar mitfühlend, doch bieten sie nur geringe Anhaltspunkte für eine Unterstützung und unterstreichen damit, wieviel von der internationalen Gemeinschaft noch zu leisten ist. Die Vereinten Nationen, an die man sich logischerweise als erstes wendet, antworteten schnell. Unterschrieben vom Hohen Kommissar für Flüchtlinge, der für ausländische Arbeiter verantwortlichen Abteilung der UN, kam die Warnung, dass der Schutz „bei den betroffenen Regierungen" liege. Wenn jedoch ein ausländischer Arbeiter als „politischer Flüchtling" anerkannt sei, könnten die UN einschreiten. Die Internationale Arbeitsorganisation *(International Labor Organisation,* ILO, d. Ü.), eine weitere Unterabteilung der UN mit einer viel längeren Geschichte und einer einzigartigen dreiteiligen Struktur aus offiziellen Regierungsvertretern, Arbeitgeber- und Arbeitnehmerorganisationen (vor allem Gewerkschaften) hat einen bescheidenen Anfang mit der Anregung von Konventionen über Arbeitsmigration gemacht. Doch auch hier sind die Anstrengungen beschränkt, da nicht jede Regierung diese spezifischen Konventionen „ratifiziert". Außerdem hat eine Arbeiterin oder ein Arbeiter nicht das Recht auf eine Beschwerde bei der ILO. Nur Regierungen, Arbeitgeber oder Arbeitnehmerorganisationen können eingreifen. Trotz dieser Schwächen ist der große Vorteil die Schaffung eines internationalen Forums zur Diskussion über und Fokussierung der Kritik an solchen Staaten oder Regimes, die fundamentale Menschenrechte verletzen.

Welche internationalen Organisationen auch immer geschaffen werden oder welche Konventionen sie auch verabschieden, in der Schlußanalyse werden Staaten nur hartnäckigem und überwältigendem Druck der Öffentlichkeit nachgeben. Ohne die Fähigkeit, harte politische und wirtschaftliche Maßnahmen einzusetzen, wird der Schutz der leidenden Massen jenseits unserer Reichweite bleiben. Die Geschichte hat wiederholt bewiesen, dass selbst wohlmeinende Regierungen nur dann handeln können, wenn eine engagierte Bürgerschaft beständig Verletzungen beobachtet und dokumentiert und dann Proteste auf den Weg bringt, die zum Handeln bewegen. Das beste Beispiel dafür ist der bemerkenswerte Erfolg von *amnesty international*, die weit über eine Million Freiwillige weltweit mobilisiert hat. Mit privaten Mitteln, minimal im Vergleich zu Regierungsressourcen, hat *amnesty* Berge versetzt und verdient unser Lob, um nicht zu sagen unsere beständige und verstärkte Unterstützung.

Um mit einem Hoffnungsschimmer zu enden, ohne den kein Fortschritt gemacht werden kann, rufe ich die Worte auf der Titelseite einer neuen UNICEF-Publikation, *Der Fortschritt der Nationen,* in Erinnerung:

> „Der Tag wird kommen, an dem der Fortschritt von Nationen nicht an ihrer militärischen oder wirtschaftlichen Stärke, noch an der Großartigkeit ihrer Hauptstädte und öffentlichen Gebäude, sondern am Wohlergehen ihrer Völker gemessen werden wird; an ihrer Gesundheit, Ernährung und Bildung; an ihren Möglichkeiten, einen fairen Lohn für ihre Arbeit zu verdienen; an der Fähigkeit, an Entscheidungen, die ihr Leben betreffen, mitzuwirken; an dem Respekt, der ihren bürgerlichen und politischen Freiheiten entgegengebracht wird; an den Vorkehrungen, die für die Schwachen und Benachteiligten getroffen werden; und an dem Schutz, der den Kindern in ihrer körperlichen und geistigen Entwicklung geleistet wird."

Sich für das Erreichen dieses Tages einzusetzen, ist ein angemessener Tribut an die mutigen Leben Leonardo Damianos und der anderen ausländischen Arbeiterinnen und Arbeiter, deren Geschichte dieses Buch erzählt hat und die in ihrer Zeit einen so hohen Preis für ihr Engagement für den „Fortschritt der Nationen" bezahlt haben. Lasst uns sie nicht ein zweites Mal verraten, indem wir die Werte, für die sie einstanden, preisgeben!

Anmerkungen

1 Die Neue Ökonomische Politik (NÖP): ein Programm wirtschaftlicher Maßnahmen, das die sowjetische Regierung zu Ende des Bürgerkriegs 1921 einführte, das die drakonische Politik wirtschaftlicher Zentralisierung des Kriegskommunismus beendete und eine gemäßigte Politik einleitete, die staatliche Kontrolle und Marktmechanismen kombinierte. Die NÖP dauerte bis 1928 an, bis sie ihrerseits durch Stalins Politik der beschleunigten Industrialisierung und Kollektivierung im Rahmen von Fünfjahresplänen ersetzt wurde.

2 Kulaken: Nach dem russischen Begriff für „Faust" benannt, waren Kulaken die wohlhabenderen Bauern in Russland. Während es auch in der sowjetischen Landwirtschaft Bauern gab, die besser gestellt waren als andere, wurde der Begriff in den dreißiger Jahren politisiert und als Bezeichnung für jeden Bauern, der Widerstand gegen die Kollektivierung leistete, gebraucht.

3 Der „Kommunistische Samstag". Der *Subbotnik* blieb mindestens bis in die achtziger Jahre ein Teil des Alltags in der UdSSR, wurde aber bereits in den frühen dreißiger Jahren vom Staat institutionalisiert und formalisiert, so dass er seinen echt freiwilligen und revolutionären Charakter verlor.

4 Die genaue Zahl ausländischer Arbeiter und Arbeiterinnen, die während dieser Jahre zeitweise oder unbefristet in die Sowjetunion einwanderten, ist unbekannt. Auf der Basis des zugänglichen Archivmaterials erscheint 80.000 als realistischer Schätzwert. Siehe die Aufzeichnungen von MOPR im RGASPI.

5 Die Stadt Kemerowo ist das Verwaltungszentrum des Kusbass-Gebietes.

6 Während die Große Säuberung erst 1936 begann, hatte Stalin bereits viel früher Verhaftungen und Säuberungen sowohl sowjetischer als auch ausländischer Fachleute angeordnet. Der erste Fall dieser Art war die Schachty-Affäre 1928, bei der sowjetische und deutsche Experten der Sabotage beschuldigt wurden, das heißt, der absichtlichen Zerstörung von Maschinen und Gütern mit dem Ziel, die sowjetische Macht zu unterminieren. Von diesem Zeitpunkt an verfolgte die sowjetische Führung eine mal feindlich, mal freundlich gesonnene Politik gegenüber ausländischen Fachleuten, so dass eine extrem angespannte Atmosphäre unter den Industrieangestellten entstand. Vertiefend zu diesem Thema siehe Kendall E. Bailes, Technology and Society under Lenin and Stalin: Origins of the Soviet Technical Intelligentsia, Princeton 1978, und Mark R. Beissinger, Scientific Management, Socialist Discipline, and Soviet Power, Cambridge 1988.

7 Tatsächlich war die Zahl der Nordamerikaner größer, als Reuther hier berichtet. Nach einer Quelle waren bis 1925 mehr als 20.000 Menschen aus den USA und Kanada in der UdSSR eingetroffen. Siehe Paula Garb, They Came to Stay: North Americans in the USSR, Moskau 1987, S. 18.

8 GOSPLAN war die zentrale staatliche Planungskommission der Sowjetunion, die die gesamte wirtschaftliche Aktivität in der UdSSR durch die Fünfjahrespläne kontrollierte.

9 Lawrentij Berija war zu diesem Zeitpunkt der Kopf der politischen Polizei Stalins, des *Narodnij Komissariat Wnutrennich Del* (NKWD), zu deutsch Volkskommissariat für innere Angelegenheiten.
10 Reuthers vorheriger Hinweis weiter oben, „vielleicht um fünf- oder sechshundert" deutsche Arbeiter seien 1921 nach Russland eingewandert, muss angesichts des im Text zitierten Komintern-Berichtes näher erläutert werden. Die Einwanderungsrate deutscher Arbeiter, vor allem von Aktivisten der Kommunistischen Partei und der Gewerkschaften, stieg in den Jahren nach Hitlers Machtergreifung 1933 dramatisch an. Reuthers Schätzung, dass sich in den späten dreißiger Jahren 40.000 ausländische Arbeiter in der UdSSR aufhielten, liegt wahrscheinlich zu niedrig. Russische Kollegen vom Zentrum für die Erforschung von Dokumenten der Neuesten Geschichte haben keine gesicherten Zahlen, doch schätzen sie eher eine Zahl um die 80.000 Personen. Der größte Teil dieser Arbeiter waren Deutsche, so dass eine Zahl von 842 Verhaftungen sich im historischen Kontext niedrig ausnimmt.
11 Komintern: die Kommunistische (Dritte) Internationale, ein Zusammenschluss kommunistischer Parteien und Bewegungen aus der ganzen Welt, 1919 von den Bolschewiken gebildet, nachdem die Parteien der Zweiten Internationale aus verschiedenen europäischen Ländern ihre jeweiligen Regierungen in der Frage der Beteiligung am Ersten Weltkrieg unterstützt hatten. Die Komintern wurde 1943 von Stalin aufgelöst.
12 *Trud* (Arbeit, d. Ü.) war die Zeitung der sowjetischen Gewerkschaftsorganisation.
13 Beim Tempern wird Eisenguss durch Glühverfahren schmiedbar gemacht. Anm. d. Ü.
14 Wenn auch zutrifft, dass die Möglichkeiten für Frauen in den meisten Arbeitsbereichen in der Sowjetunion nach der Revolution besser waren als im vorrevolutionären Russland wie auch in westlichen Ländern im gleichen Zeitraum, sollten die Unterschiede dennoch nicht überbewertet werden. Trotz gegenteiliger offizieller Politik konzentrierten sich Frauen in der Sowjetunion statistisch in weniger qualifizierten Positionen und erhielten durchschnittlich geringeren Lohn. Für weitere Informationen zu diesem Thema siehe Donald Filtzer, Soviet Workers and de-Stalinization, und Anastasia Posadskaya (Hg.), Women in Russia, London 1994.
15 BRIZ: *Bjuro Razionalisazii i Izobretatel'stwa,* oder Büro für Rationalisierung und Entwicklung – eine der vielen ideologisch motivierten Institutionen in sowjetischen Fabriken mit dem Ziel, durch Selbstverwaltung die „Arbeiter zu Herren der Produktion" zu machen.
16 Die Unabhängigkeit der Gewerkschaften wurde nach der Revolution weitgehend beschnitten: Die Forderung der Gewerkschaften nach einer entscheidenden Rolle in der Leitung der Wirtschaft wurde durch die Niederlage der Arbeiteropposition unter der Führung Schljapnikows beim X. Parteikongress 1921 torpediert; während der gesamten Phase der Neuen Ökonomischen Politik verteidigten die Gewerkschaften weiterhin die Rechte der Arbeiterinnen und Arbeiter, zumindest bis zur Entfernung des Stalingegners Michajl Tomski aus der Führung des Zentralen Rates der Gewerkschaften im Juni 1929.
17 „Tschekisten" waren Mitglieder der Außerordentlichen Kommission für den Kampf gegen Konterrevolution und Sabotage, *Tschreswytschajnaja Komissija po*

Anmerkungen 255

Bor'be s Kontrrevoljutsiej i Sabotaschem oder TschK (gesprochen TscheKa, d. Ü.), wie die sowjetische politische Polizei ursprünglich bezeichnet wurde. 1922 änderte man den Namen der Organisation in GPU, dann in OGPU um – *(Ob-edinennoe) Gosudarstwennoe Polititscheskoe Uprawlenie* oder (Vereinigte) Staatliche Politische Verwaltung. 1934 wurde die Organisation in NKWD umbenannt und 1943 wurde sie unter zwei Institutionen aufgeteilt, das Ministerium für innere Angelegenheiten *(Ministerstwo Wnutrennych Del,* MWD) und das Ministerium für Staatssicherheit *(Ministerstwo Gosudarstwennoj Besopasnosti,* MGB). Nach Stalins Tod im Jahr 1953 wurde die politische Polizei erneut umstrukturiert und in Komitee für Staatssicherheit *(Komitet Gosudarstwennoj Besopasnosti,* KGB) umbenannt.

18 Diese Passage ist im englischen Original zitiert nach Lenins „letztem Testament", einer Sammlung von Dokumenten über die Revolution, die Partei und die Zukunft der Sowjetunion. Siehe Robert C. Tucker (Hg.), The Lenin Anthology, New York 1975, für die vollständigen Dokumente.

19 Auf Russisch *Meschdunarodnaja Organisazija Pomoschtschi Borzam Revoljuzii.*

20 *Papirosy:* eine Sorte sowjetischer Zigaretten, die aus einem längeren Pappfilter mit einem kürzeren Röllchen Tabak in Wachspapier bestehen. Dies waren eher Zigaretten der arbeitenden Schichten, obwohl auch Stalin sie bevorzugte.

21 Bis die Gesetzgebung unter Nikita Chruschtschow 1956 geändert wurde, bildete unentschuldigte Abwesenheit vom Arbeitsplatz in der Sowjetunion einen kriminellen Straftatbestand.

22 Der genaue Zeitrahmen dieser Ereignisse liegt zwischen der Unterzeichnung des Hitler-Stalin-Paktes am 23. August 1939 und der Invasion der Sowjetunion durch Hitler (am 22. Juni 1941, d. Ü.). Die sowjetische Führung, die zuvor eine antifaschistische Linie vertreten hatte, begann in ihren Aussagen gegenüber faschistischen und nationalsozialistischen Regierungen in Europa einen konzilianteren Ton anzuschlagen. Dies erschwerte das Leben der ausländischen Arbeiterinnen und Arbeiter in der Sowjetunion, die vor faschistischer oder nationalsozialistischer Herrschaft in Europa geflohen waren, ebenso wie das politische Handeln der europäischen kommunistischen Parteien und der Komintern.

23 Palmiro Togliatti war seit den zwanziger Jahren eine der führenden Persönlichkeiten der italienischen Kommunistischen Partei und wurde nach dem Zweiten Weltkrieg Parteivorsitzender.

24 TASS: *Telegrafnoje Agenstwo Sowetskogo Sojusa,* die Nachrichtenagentur der Sowjetunion (d. Ü.).

25 MWD: *Ministerstwo Wnutrennych Del,* gebildet 1943 als eine von zwei Nachfolgeinstitutionen des NKWD. (Reuther verwendet unabhängig vom Datum die Abkürzungen NKWD und MWD synonym für die Behörden, die die Lager leiteten und für die Dokumente der Häftlinge zuständig waren, d. Ü.)

26 Gemeint ist das so genannte „Ärztekomplott", die Anklage gegen mehrere Kreml-Ärzte, angeblich gemeinsam den Mord an Stalin geplant zu haben. Dieses „Komplott" war reine Erfindung, wie so viele davor; die meisten Historiker stimmen überein, dass das „Ärztekomplott" als erster Schritt einer neuen Welle von Säuberungen, die Stalin 1952 vorbereitete, geplant war.

27 „Tauwetter" nannte man die Politik der Entstalinisierung unter Chruschtschow in den fünfziger und frühen sechziger Jahren (nach einer 1953 erschienenen Novelle von Ilja Ehrenburg, d. Ü.).
28 Der folgende Absatz bezieht sich auf Chruschtschows „Geheimrede", die er bei einer geschlossenen Sitzung des XX. Kongresses der KPdSU 1956 hielt. Die Rede handelte von den Verbrechen der Stalinzeit und signalisierte die Intensivierung von Chruschtschows Politik der „Entstalinisierung". Die Rede befasste sich vor allem mit den Verbrechen, die an Mitgliedern der Kommunistischen Partei begangen worden waren, und war selbst in dieser Hinsicht zurückhaltend und einschränkend formuliert. In der Rede wurden Verbrechen gegen andere Gruppen oder Mitglieder der Gesellschaft nicht thematisiert.
29 In mancher Hinsicht waren die von der tschechischen Führung eingeleiteten Reformen weit reichender als diejenigen Chruschtschows, vor allem was die Rechte von Arbeitskollektiven und oppositionellen politischen Gruppen betraf. Siehe Zdenek Mlynár, Nachtfrost in Prag. Erfahrungen auf dem Weg vom realen zum menschlichen Sozialismus, 1978, und H. Gordon Skilling, Czechoslovakia´s Interrupted Revolution, 1976.
30 Das Gesetz über Unternehmen von 1983 gab Arbeitskollektiven gewisse beratende Rechte in der Fabrikpolitik, doch es schränkte die Macht der Industrieministerien und der Fabrikverwaltungen nicht ein. Das Gesetz diente allerdings als Modell für die spätere Gesetzgebung Gorbatschows über Staatsbetriebe (Vereinigungen), was Fabrikkollektiven mehr Rechte gab, aber in sowjetischen Betrieben nie einheitlich in die Praxis umgesetzt wurde.
31 Diese Zahlen spiegeln die Veränderungen, die die Politik der Preisfreigabe der Regierung Jelzin brachte. Zwar sind sie schwer zu vergleichen, wenn man nicht die genauen Daten kennt, doch die allgemeinen Statistiken weisen darauf hin, dass der Lebensstandard in Russland im Durchschnitt zwischen 1991 und 1997 um ein Drittel sank; für viele Rentner noch mehr. Für Einzelheiten siehe Bertram Silverman, Murray Yanowitch: New Rich, New Poor, New Russia, Armonk 1997.
32 Robert V. Daniels: The End of the Communist Revolution, London 1993, S. 172.